HUMAN RESOURCES

现代人力资源
开发与管理探析

杨富云 崔涵 李王琦 ◎著

XIANDAI RENLI ZIYUAN
KAIFA YU GUANLI TANXI

人力资源规划与开发、人员的招募甄选
录用与培训、绩效管理、薪酬与员工激励
员工关系管理、职业规划与职业管理

中国出版集团
中译出版社

图书在版编目（CIP）数据

现代人力资源开发与管理探析 / 杨富云，崔涵，李
王琦著. -- 北京 ：中译出版社，2024.4
　ISBN 978-7-5001-7854-5

　Ⅰ．①现… Ⅱ．①杨… ②崔… ③李… Ⅲ．①人力资
源开发－研究②人力资源管理－研究 Ⅳ．①F240
②F243

　中国国家版本馆CIP数据核字(2024)第078475号

现代人力资源开发与管理探析

XIANDAI RENLI ZIYUAN KAIFA YU GUANLI TANXI

著　　者：杨富云　崔　涵　李王琦
策划编辑：于　宇
责任编辑：于　宇
文字编辑：田玉肖
营销编辑：马　萱　钟筱童
出版发行：中译出版社
地　　址：北京市西城区新街口外大街28号102号楼4层
电　　话：（010）68002494 （编辑部）
由　　编：100088
电子邮箱：book@ctph.com.cn
网　　址：http://www.ctph.com.cn

印　　刷：北京四海锦诚印刷技术有限公司
经　　销：新华书店
规　　格：710 mm×1000 mm　1/16
印　　张：19
字　　数：306千字
版　　次：2024年4月第1版
印　　次：2024年4月第1次印刷

ISBN 978-7-5001-7854-5　　　　定价：68.00元

前　言

　　建立现代企业制度，加强人力资源战略管理，实现企业管理现代化，增强企业市场竞争能力，已成为我国大中型企业面临的十分迫切而又重要的任务。管理是生产力中的软件，只有通过科学管理才能将劳动者、劳动资料和劳动对象这三个要素合理地结合起来，加速生产力的发展，促进国民经济的增长和社会进步。对于企业来说，人力资源是重要的无形资产，是发展的关键基础。如何做好人力资源的开发工作，对于人力资源的效能进行最大化的发挥，已经成为企业发展战略中的一部分工作内容。

　　随着知识经济和经济全球化的迅速发展，人力资源的有效开发与利用能够帮助企业赢得可持续发展的竞争优势，这一点已经成为人们的共识。因此，加强人力资源的管理工作，充分调动企业员工的积极性、主动性、创造性，发挥人力资源的潜能，已成为企业管理的中心任务。

　　本书是现代人力资源开发与管理方向的书籍，共分为八章。本书从现代人力资源管理理论介绍入手，针对现代人力资源管理的内容与职能、现代人力资源管理的相关理论、现代人力资源管理发展的新环境与新方向进行了分析和研究。另外，对人力资源规划与开发，人员的招募甄选、录用与培训，绩效管理、薪酬与员工激励做了一定的介绍；还剖析了员工关系管理、职业规划与职业管理等内容。

　　由于作者水平有限，书中难免存在不足之处，敬请各位专家、读者不吝赐教。

作　者

2024 年 1 月

目　录

第一章　现代人力资源管理理论

第一节　现代人力资源管理的内容与职能

一、人力资源与人力资源管理初探

（一）人力资源初探

现代企业人力资源管理的对象是企业所拥有的人力资源。因此，要研究人力资源管理，必须首先对人力资源的概念进行明确界定。

1. 人力资源的界定

广义地说，具备一定劳动能力的人都是人力资源。

狭义地说，人力资源的定义有许多种。①人力资源是指能够推动整个经济和社会发展的具有智力劳动能力和体力劳动能力的人口的总和，它应包括数量和质量两个指标。②人力资源是指一个国家或地区有劳动能力的人口的总和。③人力资源是指具有智力劳动能力和体力劳动能力的人口的总和。④人力资源是指包含在人体内的一种生产能力。若这种能力未发挥出来，它就是潜在的劳动生产力；若开发出来，就变成了现实的劳动生产力。⑤人力资源是指能够推动整个经济和社会发展的劳动者的能力，即在劳动年龄的已直接投入建设或尚未投入建设的人的能力。⑥人力资源是指所有为社会创造物质文化财富、为社会提供劳务和服务的人。

2. 人力资源的主要特性

（1）生物性、再生性与时效性

人力资源蕴藏于人体之中，是人体各部分器官功能的总和，是一种"活"的资源，这是它的生物性。人力资源可生生不息，只要人种不绝，人力资源便不会消亡，这是它的再生性。劳动人口 16~60 岁这 44 年左右的时间，是人力资源可被利用的主要时段，如果在这个时段人力资源不投入或不被利用，就将丧失资源的作用，所以它具有时效性。

（2）能动性

人力资源效能发挥的目的、程度和意识等，具有很明显的主观能动性。人力资源的载体——人，能有意识、有目的地进行活动。他可以积极热情、兢兢业业，也可以消极冷淡、疲疲沓沓；他可以全心全意地投入，也可以三心二意。

（3）连续性

人力资源能新老交替，这是它的连续性的一个表现。其连续性的第二个表现是人力资源可以多次开发使用，即"使用—开发—再使用—再开发"。其连续性的第三个表现是人力资源的使用成效，为人力资源的开发工程创造条件；人力资源的开发成效，又为人力资源的使用开辟更深、更广的天地。

（4）时代性和社会性

人力资源的数量和质量都受时代条件的制约，具体来讲，受人类生育条件、生存条件、社会经济条件和特定的生产方式的制约。人力资源的特点，决定人力资源管理的理论、政策、方法和手段。新的人力资源管理的理论、方法、手段，正在取代旧的人事管理。

（二）人力资源管理初探

1. 人力资源管理认知

人力资源管理理论最早是由美国学者在 20 世纪 80 年代初提出的，随后迅速传入欧洲和世界其他地区。

人力资源管理是指组织为了实现既定的目标，运用现代管理措施和手段，对人力资源的取得、开发、保持和运用等方面进行管理的一系列活动的总和。

人力资源管理的基本任务是吸引、保留、激励与开发组织所需的人力资源，促成组织目标的实现。其职能通常包括人力资源规划、工作分析、招聘与选拔、职业生涯规划、培训与发展、绩效管理、薪酬福利管理、劳动关系等内容，人力资源管理的理论和实践基本上是围绕这些职能展开的。

2. 人力资源管理的发展阶段及其特点

企业对人的管理大致经历了三个发展阶段：人事管理、人力资源管理和战略性人力资源管理。各阶段在转变过程中具有以下三个主要特点。

（1）转变管理角色

随着企业人力资源管理目标、部门性质和地位的转变，从事人力资源管理的人员的角色也随之发生了重大变化。近几年，国际一些人力资源管理专家，从管理程序、管理对象、管理期限（短期与长期）和管理性质（战术性与战略性）等四个维度，剖析了战略性人力资源管理在企业经营管理中的角色转变和新的定位。

第一，从作业程序与短期的战术性操作维度上看，人力资源经理是构建人力资源各项管理基础工作、组织绩效评估、进行薪酬制度设计、实施员工管理的行政管理专家。

第二，从短期的战术性操作与管理的对象——员工的维度上看，人力资源经理是了解并尽可能满足员工的需求，使员工为企业做出贡献的领跑者、带头人，即领导者。

第三，从员工与企业长期发展战略的维度上看，人力资源经理是企业员工培训与技能开发的推动者、组织发展和组织变革的设计师、企业改革的代理人。

第四，从长期发展战略与管理作业运作的维度上看，人力资源经理是企业经营的战略合作伙伴，他不但要把人力资源管理与企业发展战略有机地结合起来，制订出适应企业内外环境和条件的战略规划，而且能够运用各种工具和手段，对规划进行有效的实施、监督、控制和反馈，最终保障战略规划目标的实现。

（2）转变管理职能

人力资源部门性质和人事经理角色的转变，实质上是人力资源管理职能的转变。现代人力资源管理之所以得以不断演进，其根本原因在于人力资源管理具有经营性和战略性的双重职能。经营性职能是基础和起点，人力资源管理要支撑企业日常的生产经营活动正常运行，实施企业短期的年度计划，保障基本经营目标的实现；战略性职能是从企业的总体出发，立足全局，关注长远，力求管理理念、组织制度和方法的创新，不断提升人力资源竞争的优势。随着企业外部经营环境的变化，人力资源管理战略职能的重要性正在日益增强。

（3）转变管理模式

战略性人力资源管理实现了从交易性的实务管理到方向性的战略管理的转变，交易性实务管理只强调"用正确的方式、方法做好事情"，而方向性战略管理强调"运用正确的方式、方法，做正确的事情"。因此，战略性人力资源管理在管理思想和管理模式上发生了角度上的飞跃，更加突出以下三个方面：

①管理的开放性和适应性，即人力资源管理要全方位地面对市场，不仅要考虑企业内部的条件，还要重视和适应企业所处的环境。

②管理的系统性和动态性，人力资源管理是企业总体系统的重要支持分系统，企业的人力资源处在一个不断发展与变化的系统中，人力资源管理需要随机应变，不断地变化管理方式、方法。

③管理的针对性和灵活性，人力资源管理对象的特殊性，以及人力资源管理目标和要求的多样性，决定了人力资源管理的针对性和灵活性，为了满足更高更新管理目标的实现，要求战略性人力资源管理采用和选择系统的权变的管理模式，因人、因事、因时、因地，随机制宜才能达到理想的境界。

总之，战略性人力资源管理与传统人力资源管理相比，最大的区别就在于：在战略性人力资源管理中，人力资源管理部门能够直接参与组织的战略决策，在明确的组织战略前提下，与其他部门协调合作，共同实现组织的战略目标。但是战略性人力资源管理和传统人力资源管理又是不可完全分开的，战略性人力资源管理是在传统人力资源管理的基础上，随着企业发展和市场变化的需要逐渐提升和发展起来的，并包含传统人力资源管理的部分，二者密不可分。

二、现代人力资源管理工作的内容

（一）制订人力资源计划

根据组织的发展战略和经营计划，评估组织的人力资源现状及发展趋势，收集和分析人力资源供给与需求方面的信息和资料，预测人力资源供给和需求的发展趋势，制订人力资源招聘、调配、培训、开发及发展计划等。

（二）人力资源费用核算工作

人力资源管理部门应与财务等部门合作，建立人力资源会计体系，开展人力资源投入成本与产生效益的核算工作。人力资源会计工作不仅可以改进人力资源管理工作本身，而且可以为决策部门提供准确和量化的依据。

（三）人力资源的招聘与配置

根据组织内的岗位需要及工作岗位职责说明书，用各种方法和手段，如受推荐、刊登广告、举办人才交流会、到职业介绍所登记等从组织内部或外部吸引人员；并且经过资格审查，如受教育程度、工作经历、年龄、健康状况等方面的审查，从应聘人员中初选出一定数量的候选人，再经过严格的考试，如通过笔试、面试、评价中心、情景模拟等方法进行筛选，确定最后的录用人选。人力资源的选拔，应遵循平等就业、双向选择、择优录用等原则。

（四）工作分析和设计

对组织中的各个工作岗位进行分析，确定每一个工作岗位对员工的具体要求，包括技术及种类、范围和熟练程度，学习、工作与生活经验，身体健康状况，工作的责任、权利与义务等方面的情况。这种具体要求必须形成书面材料，这就是工作岗位职责说明书。这种说明书不仅是招聘工作的依据，也是对员工的工作表现进行评价的标准，以及进行员工培训、调配、晋升等工作的依据。

（五）雇用管理与劳资关系

员工一旦被组织雇用，就与组织形成了一种雇用与被雇用的、相互依存的劳资关系，为了保护双方的合法权益，有必要就员工的工资、福利、工作条件和环境等事宜达成一定协议，签订劳动合同。

（六）入职教育、培训和发展

任何应聘进入一个企业的新员工，都必须接受入职教育，这是帮助新员工了解和适应企业、接受企业文化的有效手段。入职教育的主要内容包括企业的历史、发展状况和未来发展规划、职业道德和组织纪律、劳动安全和卫生、社会保障和质量管理知识与要求、岗位职责、员工权益及工资福利状况等。为了提高广大员工的工作能力和技能，有必要开展富有针对性的岗位技能培训，对于管理人员，尤其是对即将晋升者有必要开展提高性的培训和教育，目的是促进他们尽快具有在更高一级职位上工作的全面知识、熟练技能、管理技巧和应变能力。

（七）绩效考评

工作绩效考评，是对员工的胜任能力、工作表现及工作成果等进行理性评价，并给予量化处理的过程。这种评价可以是自评，也可以是他评，或者是综合评价。考核结果是员工晋升、接受奖惩、发放工资、接受培训等人力资源管理的有效依据，它有利于调动员工的积极性和创造性以及检查和改进人力资源管理工作。

（八）帮助员工的职业生涯发展

人力资源管理部门和管理人员有责任鼓励和关心员工的个人发展，帮助其制订个人发展计划，并及时进行监督和考察。这样做有利于促进企业的发展，使员工有归属感，进而激发其工作积极性和创造性，提高企业效益。人力资源管理部门在帮助员工制订个人发展计划时，有必要考虑它与企业发展计划的协调性或一致性。只有这样，人力资源管理部门才能对员工实施有效的帮助和指导，促进个人发展计划的顺利实施并取得成效。

（九）员工工资报酬与福利

保障合理、科学的工资报酬与福利体系关系到企业中员工队伍的稳定。人力资源管理部门要从员工的资历、职级、岗位、表现和工作成绩等方面，为员工制定相应的、具有吸引力的工资报酬与福利标准和制度。工资报酬应随着员工工作职务的升降、工作岗位的变换、工作表现的好坏与工作成绩进行相应的调整，不能只升不降。员工福利是社会和组织保障的一部分，是工资报酬的补充或延续。它主要包括政府规定的退休金或养老保险、医疗保险、失业保险、工伤保险、节假日以及为了保障员工的工作安全卫生，提供必要的安全培训教育、良好的劳动工作条件等。

（十）建立员工档案

人力资源管理部门有责任保管员工入职时的简历以及入职后关于工作主动

性、工作表现、工作成绩、工资报酬、职务升降、奖惩、接受培训和教育等方面的书面记录材料。

三、现代人力资源管理的职能分析

（一）人力资源管理的角色

1．现代人力资源管理部门的七种角色

（1）发展战略的策划者

人力资源管理人员参与企业发展战略的制定，并配合企业发展战略制订人力资源发展规划，以促进企业发展战略的实现。

（2）业务部门的战略伙伴

人力资源管理人员直接了解业务部门的具体业务、发展方向，为业务部门提供管理咨询和人事技术支持，为业务部门提供主动式服务，如主动提供建议和解决方案；通过交流沟通和开设课程，培训并指导业务部门的直线经理，使之能够在日常工作中贯彻人力资源管理观念、娴熟地应用各种管理方法和技巧。

（3）组织管理的技术参谋

人力资源管理部门要加强自身的能力培养，提升人力资源管理水平，成为企业人力资源管理的技术幕僚，帮助企业在薪资设计、招聘渠道、培训方法、绩效管理、员工职业生涯规划等领域进行系统分析和科学诊断，并提供专业化的解决方案。

（4）员工的代言人

人力资源管理部门要通过关注员工的需求，倾听员工的呼声，来提高员工的整体满意度；协调并整合员工个人利益与企业利益，帮助员工个人发展，在员工与直线经理之间扮演中间人的角色，人力资源管理部门要成为企业的润滑剂，推动企业内部横向、纵向的沟通；通过沟通创造凝聚力和团队精神，推进企业文化和核心价值观的形成。

（5）变革的推进者

转型组织最关键和困难的是如何处理企业内部的人事事务。企业不仅要妥善安排老员工，更重要的是要为每一个岗位找到合适的人选。要从企业的发展战略

出发，调动员工的积极性，积极支持企业变革。人力资源管理者通过为企业直线经理提供关于管理技巧、系统分析技术、组织变革、人员变革的咨询，协助直线经理消除员工面对变化和不确定因素的恐慌，帮助员工调整心态，重新定位，从而顺利平稳地推进企业的变革。

（6）行政事务专家

档案建立得是否完整，员工信息收集是否到位，招聘流程是否控制得当，培训、薪资、福利、考核和岗位调整是否合理，基本资料的建构、数据分析、资料信息传输是否准确及时等，都能够反映人力资源管理部门管理技术和管理水平的高低。人力资源管理人员要成为人事行政专家，为企业提供行政事务支持。

（7）内部公关专家

人力资源管理部门是企业和员工之间的桥梁，既要站在企业的角度进行管理，又要站在员工的角度思考问题，使企业与员工之间相互沟通，妥善处理员工之间、部门之间、企业与员工之间的各种关系，协调在薪资、福利、考核、招聘、培训、工作环境等过程中出现的种种内部矛盾和冲突，使企业与员工和谐共处。

2. 现代人力资源管理者的角色

（1）企业人力资源从业人员

现代企业人力资源从业人员应具备四方面的才能。第一，功能性才能。它是指对员工能力的评估、企业人力资源效率的评估、绩效系统和薪酬系统的设计等方面的才能。第二，企业管理的才能。包括企业内政治和权力的协调、企业及财务的整体评估、企业组织和工作设计、发展战略和策略联盟等方面的能力。第三，组织才能。包括提升全员效率的策略、构建企业文化、兼容多元化的价值观等方面。第四，个人的才能。包括个人的影响力、感召力、专业知识技能和技巧、领导风格等。

（2）企业人力资源经理

人力资源管理部门的核心人员——人力资源经理的胜任特征有以下六个方面：

第一，要有战略思维。这一点非常重要，因为人力资源管理工作是企业的核心工作之一，支撑着企业的发展，所以人力资源经理必须充分了解企业的经营情况和企业领导的思想，紧紧把握人力资源管理的核心地位，通过人力资源管理工作推动其他各项工作的进展，起到企业发动机的作用。一个合格的人力资源经理要了解企业各部门的技术特征，能把各部门的职能有机地组合起来，从而形成企业文化。

第二，人力资源经理要在管理层面为企业战略提供管理方法，薪酬设计、组织建设、绩效考评以及核心人员的管理和流程。这些内容都要围绕企业战略发展需要进行，与企业战略紧密地统一在一起。

第三，要达到上述要求，人力资源经理必须懂管理，熟悉人力资源管理工作的相关技术和经验，还要了解企业市场发展的相关技术，以便企业业务的展开，这样才能明白企业领导的需要，才能在和各部门沟通时有共同语言。

第四，人力资源经理要有很强的沟通能力，要善于同企业领导、职业经理和员工沟通，要有相应的技巧和方法，以及较强的主动性。

第五，人力资源经理要有较强的信息把握和处理能力，要有较强的敏感性。例如要随时把握企业员工队伍，特别是核心人力资源的动态。因为对核心人员来说，市场诱惑力很大，核心人员一旦松动，会对企业造成很大的影响。所以，人力资源经理要时刻有危机意识，并具备危机处理能力。

第六，和其他经理人一样，人力资源经理要有很强的责任心，要对企业忠诚，应该自觉地使自己的目标和企业的目标保持一致。要当好企业文化和管理制度的执行者，促进各部门的工作，扮演好凝聚企业向心力的重要角色。

(二) 人力资源管理的常见职能模式

1. 以产品为导向

产品导向的职能模式是传统人力资源职能模式的主要代表，这一模式的本质特征在于其组织模式是以工作内容为基础，专注于职能管理的内容。其主要职能有以下三个方面。

(1) 组织、计划与获取职能

人力资源的组织、计划与获取职能是指人力资源管理在企业的组织结构设计与调整、人力资源规划、人员招聘与选聘等方面所发挥的功能。

组织职能：①根据企业战略进行组织设计；②根据企业内外环境的变化及企

业发展的要求进行组织、工作再设计；③根据工作分析的结果调整组织结构等。

人力资源规划。它是人力资源管理计划职能的体现，是企业为了达到组织的目标，按照有关人事政策、程序、惯例所进行的，确保有适当数量、质量和结构的人力资源在适当的时候担任适当的职务的计划活动。

人员招募与选聘。人员招募是企业寻找员工的可能来源并吸引他们到企业应征的过程，人员选聘是企业根据用人条件和标准，运用适当的方法手段对应征者进行审查、选择的过程。

（2）激励与开发职能

人力资源的激励职能主要体现在绩效考核、薪资管理等环节上；人力资源的开发职能主要体现在员工引导、员工培训、员工开发、员工职业生涯设计与管理等环节上。

①绩效管理。通过绩效考核，明确员工的工作绩效状况，然后有针对性地对员工进行激励与开发。

②薪资管理。从人力资源管理的角度来看，工资与奖金主要体现和发挥激励职能。

③员工引导、培训与开发。员工引导是企业引导新员工熟悉环境，消除他们的焦虑感，促使他们尽快社会化及"企业化"的过程；员工的培训和开发主要着眼于企业人力资源的保值与增值。

④员工职业生涯设计与管理。职业生涯设计是员工对自己在未来一段时间甚至一生的工作情况所做的规划和设计。企业从组织发展和人力资源开发的角度出发，应主动帮助并积极引导员工进行职业生涯设计。

（3）维持与维护职能

人力资源的维持与维护职能主要体现在以下四个方面：①福利管理。企业福利包括员工的生活福利和文化福利，做好福利工作有利于稳定员工队伍和提高他们的工作绩效。②职业安全与卫生。职业安全与卫生包括安全管理、职业病防治、工伤管理、女职工保护等。③辞退与辞职管理。人力资源管理包括"进""管""出"等环节，辞职与辞退管理属于"出口"管理。企业为了保证人力资源的整体数量和质量，一方面要尽量避免优秀员工辞职，另一方面又要保证能辞退不合格员工。④人事纪律。纪律是一种带有强制约束力的行为规范，是维护组织正常运转的重要保障。为了保证企业人力资源管理的效率与效果，制定一些纪律并配合一定的奖惩措施是非常必要的。

以产品为导向的人力资源职能模式存在明显的功能缺陷：只关注完成现有流程，不关注企业和客户需求的变化；只计算做了哪些工作，不在意这些工作为企业和员工创造了多少价值。这种工作方式的价值导向是只计"产品"不计"回报"，它使人力资源管理远离组织战略和服务对象，难以证明人力资源管理者在企业价值增值中的贡献，甚至无法回避人力资源管理者被精简、被外包的风险。

2. 以客户为导向

客户导向的人力资源职能模式首先要清楚客户是谁，他们的实际需求是什么。在该模式中，客户是价值链的起点和最终环节，是人力资源业务流程的核心，客户需求表示对人力资源服务的期待，满足特定客户需求的过程就是人力资源职能发挥和职能体现的过程。

理论上讲，人力资源职能的客户可以分为内部客户与外部客户：内部客户是指存在于组织内部并对人力资源具有需求的个人或组织，包括企业高管、各职能部门、员工和组织内工会等；外部客户是指存在于组织之外的组织，包括企业客户、供应商、政府机构和公益性组织等。根据上述分类，对人力资源管理的需求大致归类见表1-1。

表1-1　人力资源管理的客户类型及客户需求

客户类型	客户需求
员工	良好的人事行政服务、雇员开发、公平的薪酬体系、良好的领导关系、雇用合同的弹性、具有挑战性的工作环境、开放性的沟通氛围、工作—家庭平衡等
直线管理者	人力资源专业知识的转移、行政支持、招聘与培训的顺利展开、员工具有良好的沟通意愿、员工具有企业愿景等
高层管理者	人力资源管理效率、人力资源管理效能、生产率、员工承诺与激励情况、公司战略与人力资源管理系统的匹配等

客户类型	客户需求
工会	雇员的安全性与稳定性，雇员的安全健康，公正、公平、公开、合理的雇员待遇，良好的劳资关系与谈判氛围等
政府与其他机构	对于劳动关系法律法规的遵守、社会责任的履行、就业问题、社会公正问题、社会正义问题等的协调与解决

人力资源管理部门则根据所要满足的顾客需要本身的不同来分别确定需要运用哪些技术来满足顾客的需要。甄选系统需要确保所有被挑选出来的求职者都具有为组织带来价值增值所必需的知识、技术和能力。培训和开发系统则需要通过向员工提供发展的机会来确保他们不断地增加自身的人力资本，从而为企业提供更高的价值，最终满足直线管理人员和员工双方的需要。绩效管理系统则需要向员工表明企业对他们的期望是什么，并且向直线管理人员和战略制定者保证：员工的行为将会与组织的目标相一致。薪酬管理系统需要为所有客户（直线管理人员、战略规划者以及员工）都带来一定的收益。同时，薪酬管理系统也为员工的技能投资和他们所付出的努力提供了等价的回报。这些管理系统将向直线管理人员保证，员工们将会运用他们的知识和技能来服务于组织的利益；这些管理系统还向战略规划者提供相应的措施，以确保所有员工都采取对企业的战略规划具有支持性的行为。

以顾客服务为导向的人力资源管理思想为人力资源管理职能提供了一个很重要的思考方法，它帮助人力资源管理部门确认谁是自己的顾客，这些顾客有什么样的需求，以及应当如何来满足这种需求，从而有助于公司的人力资源管理部门尽快成为企业的战略伙伴。

第二节　现代人力资源管理的相关理论

一、人性假设理论

人力资源管理是对人所进行的管理。因此，对人的看法不一样，制定的管理政策与采用的管理措施就会有所不同。对人的基本看法将直接决定人力资源管理具体的管理方式与管理方法。人力资源管理的最终目的是实现企业的整体战略和目标，这一目的的达成是以每个员工个人绩效的实现为基本前提的。一般来说，员工的个人绩效又是由工作能力和工作态度两大因素决定的。一个人的工作能力是相对稳定的，在短时期内改变的难度较大。工作态度却是可以改变的，正因为如此，如何激发员工的工作热情、调动他们的工作积极性和主动性就成为人力资源管理需要解决的关键问题。从这一角度理解，激励理论就构成了人力资源管理的另一个重要理论基础。

对于人性假设理论，很多学者都进行过深入的研究，其中最有代表性的就是X理论、Y理论以及四种人性假设理论。

（一）　X 理论和 Y 理论

麦格雷戈认为，有关人的本性和人的行为的假设在某种程度上决定了管理人员的工作方式。不同的管理人员之所以会采用不同的方式来组织、控制和激励人们，原因就在于其对人的本性的假设是不同的。

1. X 理论

传统的人们对人性的假设被称为X理论，这一观点的内容被归纳为七个方面：第一，大多数人生性都是懒惰的，尽可能地逃避工作；第二，大多数人都缺乏进取心、责任心，不愿对人和事负责，没有什么雄心壮志，不喜欢负什么责任，宁可让别人领导；第三，大多数人都是以个人为中心的，这会导致个人目标与组织目标相互矛盾，为了达成组织目标必须靠外力严加管制；第四，大多数人都是缺乏理智的，不能克制自己，很容易受别人影响；第五，大多数人具有欺软怕硬、畏惧强者的弱点，习惯于保守，反对变革，安于现状，为此，必须进行惩罚，以迫使其服从指挥；第六，大多数人干的工作都是为了满足物质与安全的需要，人工作是为了钱，是为了满足基本的生理需要和安全需要，将选择那些在经济上获利最大的事去做；第七，只有少数人能克制自己，这部分人应当担负起管理的责任。

X理论的观点非常类似于我国古代的性恶论，认为"人之初，性本恶"，在这种理论的指导下，必然会形成严格控制的管理方式，以金钱作为激励人们努力工作的主要手段，对怠工的行为采取严厉的惩罚，以权力或控制体系来保护组织本身和引导员工。

2. Y 理论

在 X 理论之后，与之完全相反的 Y 理论又被提出，这一理论的内容主要有六点：第一，一般人并不是天性就不喜欢工作的，大多数人愿意工作，愿意为社会、为他人做贡献，工作中体力和脑力的消耗就像游戏和休息一样自然。工作可能是一种满足，因而自愿去执行；也可能是一种处罚，因而只要可能就想逃避。到底怎样，要看环境而定。第二，大多数人是愿意负责的，愿意对工作、对他人负责任，外来的控制和惩罚并不是促使人们为实现组织的目标而努力的唯一方法。它甚至对人是一种阻碍，并放慢了人成熟的脚步。人们愿意实行自我管理和自我控制来完成应当完成的目标。第三，人具有自我指导、自我表现控制的愿望，人的自我实现的要求和组织要求的行为之间是没有矛盾的，如果给人提供适当的机会，就能将个人目标和组织目标统一起来。第四，一般人在适当条件下，不仅学会了接受职责，而且学会了谋求职责。缺乏抱负以及强调安全感，通常是经验的结果，而不是人的本性。第五，所谓的承诺，与达成目标后获得的报酬是直接相关的，它是达成目标的报酬函数。第六，人具有独创性，每个人的思维都有独特的合理性，在解决组织的困难问题时，都能发挥较高的想象力、聪明才智和创造性；但是在现代工业生活条件下，一般人的智慧潜能只是部分地得到了发挥。

Y 理论的观点非常类似于我国古代的性善论，认为"人之初，性本善"，以这一理论为指导，管理的方式方法必然也会不同，管理者的重要任务不再是监督控制，而是创造一个使人得以发挥才能的工作环境，发挥出员工的潜力，使员工在完成组织目标的同时也实现自己的个人目标；同时对人的激励主要是给予来自工作本身的内在激励，让员工承担具有挑战性的工作，担负更多的责任，满足其自我实现的需要。

3. 超 Y 理论

该理论的主要观点包括四个方面。首先，人们是抱着各种各样的愿望和需要加入企业组织的，人们的愿望和需要有不同的类型。有的人愿意在正规化、有严格规章制度的组织中工作；有的人却需要更多的自治和更多的责任，需要有更多发挥创造性的机会。其次，组织形式和管理方法要与工作性质和人们的需要相适应，不同的人对管理方式的要求是不一样的。对上述的第一种人应当以 X 理论为指导来进行管理，第二种人则应当以 Y 理论为指导来进行管理。再次，组织机构和管理层次的划分，员工的培训和工作的分配，工资报酬、控制程度的安排都要从工作的性质、工作的目标和员工的素质等方面考虑，不可能完全一样。最后，当一个目标达成以后，可以激起员工的胜任感和满足感，使之为达成新的更高的目标而努力。

按照超 Y 理论的观点，在进行人力资源管理活动时要根据不同的情况，采取不同的管理方式和方法。

（二）四种人性假设理论

1. 经济人假设

经济人假设的观点可以总结为：①人是由经济诱因来引发工作动机的，其目的在于获得最大的经济利益；②经济诱因在组织的控制之下，因此，人总是被动地在组织的操纵、激励和控制下从事工作；③人以一种合乎理性的、精打细算的方式行事，总是力图用最小的投入获得满意的报酬；④人的情感是非理性的，会干预人对经济利益的合理追求，组织必须设法控制人的感情。

2. 社会人假设

①人类工作的主要动机是社会需要，人们要求有一个良好的工作氛围，要求与同事之间建立良好的人际关系，经过与同事的关系获得基本的认同感；②工业革命和工作合理化的结果，使得工作变得单调而无意义，因此必须从工作的社会关系中寻求工作的意义；③非正式组织有利于满足人们的社会需要，因此非正式组织的社会影响比正式组织的经济诱因对人有更大的影响力；④人们对领导者的最强烈期望是能够承认并满足社会需要。

3. 自我实现人假设

①人的需要有低级和高级的区别，从低级到高级可以划分为多个层次，人的最终目的是满足自我实现的需要，寻求工作上的意义；②人们力求在工作上有所

成就，实现自治和独立，发展自己的能力和技术，以便富有弹性，能适应环境；③人们能够自我激励和自我控制，外部的激励和外部的控制会对人产生威胁，产生不良的后果；④个人自我实现的目标和组织的目标并不是冲突的，而是能够达成一致的，在适合的条件下，个人会自动调整自己的目标使之与组织目标相配合。

4. 复杂人假设

经济人假设、社会人假设和自我实现人假设并不是绝对的，它们在不同的环境下针对不同的人分别具有一定的合理性，由于人们的需要是复杂的，因此不能简单地相信或使用某一种假设，为此复杂人的假设被提出，这一假设包括以下观点：

①每个人都有不同的需要和不同的能力，工作的动机不但非常复杂而且变动性也很大，人们的动机安排在各种重要的需要层次上，这种动机阶层的构造不但因人而异，而且对于同一个人来说在不同的时间和地点也是不一样的。

②人的很多需要不是与生俱来的，而是在后天环境的影响下形成的，一个人在组织中可以形成新的需要和动机，因此在组织中表现的动机模式是他原来的动机模式与组织经验交互作用的结果。

③人们在不同的组织和不同的部门中可能有不同的动机模式，例如有人在正式组织中满足物质利益的需要，而在非正式组织中满足人际关系方面的需要。

④一个人在组织中是否感到心满意足，是否肯为组织奉献，取决于组织的状况与个人的动机结构之间的相互关系，工作的性质、本人的工作能力和技术水平、动机的强弱以及同事之间的关系等都可能对个人的工作态度产生影响。

⑤人们依据自己的动机、能力以及工作性质，会对一定的管理方式产生不同的反应。

按照复杂人假设，实际上不存在一种适合于任何时代和任何人的通用的管理方式和方法，管理必须是权变的，要根据不同人的不同需要和不同情况，采取相应的管理方式。

二、激励理论

激励就是激发人内在的行为动机并使之朝着既定目标前进的过程。由此可见，激励是与人的行为联系在一起的，因此首先要简要了解一下行为的形成过程。心理学的大量研究表明，人的行为都是由动机决定和支配的，动机则是在需求的基础上产生的，当人产生了某种需求而这种需求又没有得到满足时，就会在内心出现一种紧张和不安的状态，为了消除这种紧张和不安，人就会去寻找满足需求的对象，从而产生进行活动的动机，在动机的支配下，人就会为了满足需求而表现出相应的行为。当人的需求得到满足后，紧张和不安的心理状态就会消除，然后就会产生新的需求，形成新的动机，引发新的行为。

（一）内容型激励理论

内容型激励理论主要是研究激励的原因和起激励作用的因素有哪些。代表性的内容型激励理论有 ERG 理论、双因素理论、需求层次理论等。

1. ERG 理论

人的需求主要有三种：生存需求（existence），包括心理与安全的需求；关系需求（rclatcdncss），包括有意义的社会人际关系；成长需求（growth），包括人类潜能的发展、自尊和自我实现。由于这三个词的首字母分别是 E、R、G，因此这一理论又被称为 ERG 理论。

首先，生存需求，是人类最基本的需求，如生理上和物质上的需求，这类需求相当于马斯洛提出的生理需求和安全需求。

其次，关系需求，指与他人进行交往和联系的需求，这相当于需求层次理论中的社交需求和尊重需求中他人尊重的那部分。

最后，成长需求，指人们希望在事业上有所成就、在能力上有所提高，不断发展、完善自己的需求，这可以与需求层次理论中自我实现的需求以及尊重需求中自我尊重的部分相对应。

各个层次的需求得到的满足越少，人们就越希望满足这种需求；较低层次的需求得到越多的满足，人们就越渴望满足较高层次的需求，但是如果较高层次的需求受到挫折、得不到满足，人们的需求就会退到较低层次，重新追求低层次需求的满足。据此阿尔德弗提出，在需求满足的过程中既存在需求层次理论中提到的“满足—上升”趋势，也存在“挫折—倒退”趋势。此外，人们所有的需求并不都是天生就有的，有些需求是经过后天学习和培养得到的，尤其是较高层次的需求。

尽管 ERG 理论假定激励行为类似于马斯洛需求层次理论的层次而上升，但两者间还是有两个重大区别。首先，ERG 理论认为可以同时有两种或两种以上需求占主导地位。例如人们可以同时被对金钱的欲望（生存需求）、友情（关系需求）和学习新技能的机会（成长）所激励。其次，ERG 理论有"挫折—倒退"的机制。如果需求迟迟不能满足，个体会感受到挫折，退回较低的层次，并对较低层次的需求有更强烈的欲望。例如以前由金钱（生存需求）激励的员工可能获得了一次加薪，从而满足了这方面的需求。假定他接下来试图建立友情，以满足关系需求。如果由于某些原因他发现不可能同工作中的其他同事成为好朋友，他可能遭受挫折并且退缩，进而会去争取更多的金钱来满足自己的生存需求。

在人力资源管理过程中，为了调动员工的工作积极性和主动性，管理者必须首先了解员工的哪些需求没有得到满足以及员工最希望满足的是哪些需求，然后有针对性地去满足员工的这些需求，这样才能最大限度地刺激员工的动机，发挥激励的效果。

2. 双因素理论

双因素理论，又称作"激励—保健因素"理论，是美国行为科学家弗雷德里克·赫茨伯格（Frederick Herzberg）提出的一种激励理论。20 世纪 50 年代末，赫茨伯格及其同事对匹兹堡地区 9 家工业企业的 200 多位工程师和会计师进行了访谈，访谈主要围绕两个问题：在工作中，哪些事项是感到满意的，并估计这种积极情绪持续多长时间；哪些事项是感到不满意的，并估计这种消极情绪持续多长时间。赫茨伯格以对这些问题的回答为材料，着手去研究哪些事情使人们在工作中得到快乐和满足，哪些事情造成不愉快和不满足。在此基础上，他提出了双因素理论。

调查的结果表明，使员工感到满意的因素往往与工作本身或工作内容有关，赫茨伯格将其称为"激励因素"，包括成就、认可、工作本身、责任、晋升、成长等六个方面；使员工感到不满意的因素则大多与工作环境和工作条件有关，赫茨伯格将其称为"保健因素"，主要体现在公司的政策和管理、监督、与主管的关系、工作条件、薪酬、与同事的关系、个人生活、与下属的关系、地位、安全感等十个方面。

保健因素的满足对员工产生的效果类似于卫生保健对身体健康所起的作用。保健从人的环境中消除有害健康的事物，它不能直接提高健康水平，但有预防疾病的效果；它不是治疗性的，而是预防性的。这些因素恶化到人们认为可以接受的水平以下时，就会产生不满意。但是，当人们认为这些因素很好时，它只是消除了不满意，并不会导致积极的态度，这就出现了一种既没有满意也没有不满意的中性状态。根据赫茨伯格的发现，管理者应该认识到保健因素是必需的，但只有激励因素才能使人们更努力地工作，有更好的工作绩效。对于激励因素，如果员工得到满足，往往会使员工感到满意，具有较高的工作积极性和主动性，当这些因素缺乏时，员工的满意度会降低或消失，但是并不会出现不满意的情况。也就是说，激励因素只会产生满意，却不会导致不满意。保健因素与激励因素是彼此相对独立的。

据此，赫茨伯格针对传统的工作满意/不满意，提出了自己不同的看法。传统的观点认为，"满意"的对立面就是"不满意"，因此消除了"不满意"就会产生"满意"。赫茨伯格则认为，"满意"的对立面是"没有满意"，"不满意"的对立面是"没有不满意"，消除"不满意"只会产生"没有不满意"，并不能导致"满意"。

双因素理论与马斯洛需求层次理论有相似之处，保健因素就相当于马斯洛需求层次理论的生理需求、安全需求、社交需求等较低级的需求；激励因素则相当于尊重需求、自我实现需求等较高级的需求，但是这两个理论解释问题的角度是不同的；相比需求层次理论，双因素理论更进了一步，它使管理者进行激励时的目标更加明确，也更有针对性。

当然，这一理论同样也有不足的地方。首先，调查样本的代表性不够，工程师和会计师这类白领和一般工人存在较大差异，因此调查得到的结论并不具有广泛的适用性；其次，人们总是把好的结果归结于自己的努力而把不好的结果归罪于客观条件或他人，问卷调查没有考虑这种一般的心理状态；最后，有许多行为科学家认为，高度的工作满意不一定就产生高度的激励，不论是有关工作环境的因素，还是工作内容的因素，都有可能产生激励作用，这取决于环境和员工心理方面的许多条件。

双因素理论对于人力资源管理的指导意义在于，能够促使管理者注意工作内容方面因素的重要性。促使管理者在激励员工时去区分激励因素和保健因素，对于保健因素不能无限制地满足，这样做并不能激发动机，调动积极性，而应当更多地从激励因素入手，满足员工在这方面的需求，这样才能使员工更加积极主动地工作。也就是说，物质需求的满足是必要的，没有它会导致不满意，但是，它的作用往往也是有限的、不能持久的。要调动人的积极性，不仅要注意物质利益和工作条件等外部因素，更重要的是要注意工作安排，量才适用，各得其所，给予认可，注重给人以成长、晋升的机会。此外，在人力资源管理过程中要采取有效的措施，将保健因素尽可能地转化为激励因素，从而扩大激励的范围。

3. 需求层次理论

第一，生理需求。这是人类维持自身生存所必需的最基本的需求，包括衣、食、住、行的各个方面，如食物、水、空气、住房等。生理需求如果得不到满足，人们将难以生存下去。

第二，安全需求。这种需求不仅指身体上的，希望人身得到安全、免受威胁，还包括经济上的、心理上的、工作上的等多个方面，如有一份稳定的工作、不会受到刺激或者惊吓、退休后生活有所保障等。

第三，社交需求。有时也称作友爱和归属的需求，是指人们希望与他人进行交往，与同事和朋友保持良好的关系，成为某个组织的成员，得到他人关爱等方面的需求。这种需求如果无法满足，可能会影响人们的心理健康。

第四，尊重需求。包括自我尊重和他人尊重两个方面。自我尊重主要是指对自尊心、自信心、成就感、独立权等方面的需求；他人尊重是指希望自己受到别人的尊重、得到别人的承认，例如名誉、表扬、赞赏、重视等。这种需求得到了满足，人们就会充满信心，感到自己有价值，否则就会产生自卑感，容易使人沮丧、颓废。

第五，自我实现需求。这是最高层次的需求，指人发挥自己最大的潜能，实现自我发展和自我完善，成为自己所期望的人的需求。

人们的这五种需求是按照生理需求、安全需求、社交需求、尊重需求、自我实现需求的顺序从低级到高级依次排列的，满足需求的顺序也同样如此，只有当低一级的需求得到基本满足以后，人们才会去追求更高一级的需求；在同一时间，人们可能会存在几个不同层次的需求，但总有一个层次的需求是发挥主导作用的，这种需求就称为优势需求；只有那些未满足的需求才能成为激励因素；任何一种满足了的低层次需求并不会因为高层次需求的发展而消失，只是不再成为行为的激励因素而已；这五种需求的次序是普遍意义上的，并非适用于每个人，一个人需求的出现往往受到职业、年龄、性格、经历、社会背景、受教育程度等多种因素的影响，有时可能会出现顺序颠倒的情况。

马斯洛需求层次理论将人们的需求进行了内容上的区分，揭示了人类心理发展的一般规律，这对于管理的实践具有一定的指导意义，但同时也存在一些问题，这一理论并没有得到实证研究的证明。此外，他将需求层次看成机械的固定上升模式，没有考虑人们的主观能动性；已满足的需求将不再成为人们行为的动机，但是对于满足的意义解释却不是很明确。

(二) 过程型激励理论

过程型激励理论关注激励是如何发生的。过程型激励理论并不试图弄清楚有哪些激励因素，而是关注为什么人们选择特定的行为来满足其需求；为了激励员工，管理者在激励过程中应该如何做。代表性的过程型激励理论有期望理论与公平理论。

1. 期望理论

人之所以有动力去从事某项工作并实现目标，是因为这些工作与组织目标的实现反过来会帮助他们实现自己的目标，满足自己某些方面的需求。因此，激励的效果取决于效价和期望值两个因素，即：

激励力（motivation）= 效价（valence）×期望值（expectance）

$M = V \times E$

在公式中，激励力表示人们受到激励的程度。效价指人们对某一行动所产生结果的主观评价，取值范围在 $+1 \sim -1$，结果对个人越重要，效价就越接近 $+1$；如果结果对个人无关紧要，效价就接近于 0；如果结果是个人不愿意让它出现而尽力避免的，效价就接近于 -1。期望值是指人们对某一行动导致某一结果的可能性大小的估计，它的取值范围是 0~1。由公式可以看出，当人们把某一结果的价值看得越大，估计结果能实现的概率越大，那么这一结果的激励作用才会越大；当效价和期望值中有一个为 0 时，激励就会失去作用。

根据以上公式，只有当效价与期望值都较高时，才会产生比较强的激励力。因此，当人们预期某一行为（个人努力）能够完成任务（个人绩效），而任务完成后能够得到组织的奖励，且组织奖励有助于个人目标时，个体就会有动力去实施这一行为。也就是说，个体是否会有动力，取决于三个关系：第一个是个人努力和个人绩效之间的关系；第二个是个人绩效和组织奖励之间的关系；第三个是组织奖励和个人目标之间的关系。这三个关系中任何一个减弱，都会影响整个激励的效果。

按照期望理论的观点，人力资源管理要达到激励员工的目的，必须对绩效管理系统和薪酬管理系统进行相应的改善。在绩效管理中，给员工制定的绩效目标要切实可行，必须是员工经过努力能够实现的；要及时对员工进行跟进，帮助员工实现目标；同时，要能对员工的绩效进行客观、公正的评价。对于薪酬管理而言，一方面要根据绩效考核的结果及时给予各种报酬和奖励，另一方面要根据员工不同的需求设计个性化的报酬体系，以满足员工不同的需求。

2. 公平理论

公平理论是以社会比较理论为基础，研究个人所做的贡献与所得的报酬与他人（或自己）比较之后的结果，及其对员工积极性的影响。

公平理论对管理的意义是显而易见的。首先，影响激励效果的不仅有报酬的绝对值，也有报酬的相对值。其次，激励时应力求公平，即使有主观判断的误差，也不会造成严重的不公平感。再次，在激励过程中应注意对被激励者公平心理的引导，使其树立正确的公平观：①要认识到绝对的公平是不存在的；②不要盲目攀比；③不要按酬付劳。在薪酬管理方面，就是要实施具有公平性的报酬体系，这种公平体现在内部公平、外部公平和自我公平三个方面，要使员工感到自己的付出得到了相应的回报，从而避免员工产生不满情绪。

第三节 现代人力资源管理发展的新环境与新方向

一、现代人力资源管理发展的新环境

(一) 全球化与现代人力资源管理发展

1. 全球化概述

全球化是 20 世纪 80 年代以来在世界范围日益凸显的新现象,是当今时代的基本特征。全球化没有统一的定义,一般地讲,从物质形态看,全球化是指货物与资本的越境流动,经历了跨国化、局部的国际化及全球化这几个发展阶段。货物与资本的跨国流动是全球化的最初形态。在此过程中,出现了相应的地区性、国际性的经济管理组织与经济实体,以及文化、生活方式、价值观念等精神力量的跨国交流、碰撞、冲突与融合。总的来讲,全球化是一个以经济全球化为核心,包括各国各民族各地区在文化、科技、安全、生活方式、价值观念等多层次、多领域的相互联系、影响、制约的多元概念。全球化可概括为科技、经济、政治、法治、管理、组织、文化、思想观念、人际交往、国际关系十个方面的全球化。

经济、工业技术的发展使得通信、社会活动、政治活动和人类活动在范围和特点上都呈现出越来越国际化的趋势。同时,人们对生活方式和工作方式有了更多的认识。因此,全球化对人类的智力、情感、社会、政治、经济和文化等诸方面都产生了广泛而复杂的影响,可以说形成了一种多维的影响。

2. 全球化对现代人力资源管理产生的影响

全球化的快速发展增加了全球各个领域竞争的激烈程度,这种更为激烈的竞争必然把人力资源管理的效率摆到一个更加突出的位置。全球化要求组织内的员工们以不断提升自我的知识与技能为发展目标,通过学习来提升与更新自我,人力资源开发与管理的任务就是要在组织或社区内部全面地激发这种能力,促进持续学习。无论是对组织还是个人，这种理念对其他任何过程而言都是基本的。

在人力资源开发与管理活动中，全球化的力量已经体现在诸多公司尤其是跨国公司对多元文化及多国人力资本日益加深的重视程度上。一方面，这样有利于引进、吸纳多种管理技术、组织文化和优秀人才；另一方面，也对如何适应、利用这些有利因素提出了新的要求与观点。随着全球化的迅速发展，管理者需要努力平衡两方面的矛盾，即思考全球化与考虑本地需求的兼顾。这种需求要求企业把人、思想、产品及信息发送和传播到全世界，以满足当地的需求。因此，这就要求企业在制定策略的时候，在纷繁复杂的情况中把新的、重要的元素考虑进去，如有争议的全球贸易事件、汇率的波动及不熟悉的文化背景等。简言之，全球化要求所有的组织提高学习与合作，以及处理变化、辨别复杂和模糊问题的能力。

全球化要求员工必须胜任在国际环境与开放环境中工作，并且具备跨文化敏感性及外语技能，以及了解彼此间的政策体制和网络工作。而以上对于员工的新要求也对人力资源管理提出了新的目标，即努力在国际层面上进行人力资源投资。以发展和维护适当的全球监控和平衡及民主平等。

因此，未来人力资源开发与管理在全球化影响下的一个主要作用是，根据不同环境安排适合于个体的学习，同时促进社会性内容的学习和团队学习，而正是这种不断增加的压力使得个体能做出接受个体学习的承诺、个体行动规划和绩效评估。未来的人力资源开发与管理将关注那些能使员工在一生中以个体学习或小组学习的方式，以及进行反复自我培训的项目。人们希望中等收入水平的工作能够改变自己的专业而不仅仅是工作，希望一生中能够调换几次工作。劳动力和企业可能会越来越依靠教育机构来提供人力资源开发与管理方面的培训。

在信息革命中，大学和其他教育机构将会使用多种模式在继续教育中起到极大的作用，这就要求企业和教育机构之间建立合作伙伴关系。企业将不断对其雇员的进修培训进行投资，其利益将大体上属于社会，而潜在地属于世界性组织。自由职业者和临时工要对自己持续的专业发展负责。企业将不得不用新的诱惑来吸引最优秀的人才，并努力留住他们。

（二）信息技术革命与现代人力资源管理发展

信息技术革命是指人类社会储存、处理、传播、利用信息的形式所发生的划时代的革命变化。新技术革命自兴起至今大致经历了两个基本阶段：首先是以原子能、电子计算机和空间技术的诞生为标志的形成阶段（20世纪四五十年代），其中计算机技术开辟了人类智力的新纪元；其次是以信息高速公路即网络技术等为标志的全面发展的新阶段（20世纪70年代开始至今）。网络是现代通信的新表现方式，从技术的角度来看，网络是由计算机技术与通信技术等技术相结合而成的。

最近一次的信息革命是以电子计算机技术为主导的高度综合现代高科技"多媒体技术"的更高阶段的信息革命，这是一次信息综合处理手段的更进一步的革命。多媒体技术就是应用数字化技术，综合利用各种传播媒体，将各种不同媒体所记载、传播、表述的信息融为一体，自如地分析组合成新的信息技术。多媒体技术的产生与应用，会使社会生产的场所、组织形式，甚至整个生产方式都发生较大的变化，使人类的整个生存环境都发生根本性的变革，它将是人类历史上又一次伟大的信息革命。因此，信息高速公路是建立在电子计算机技术、现代通信技术等高科技基础上的、立体的、广域的、交互的、数字化的、高智能化的多媒体信息网络系统。

在当今这个高度发达的信息社会，人力资源管理正面临着空前的机遇与挑战。一方面，人力资源管理以其朝气蓬勃的生命力，为新兴信息技术的使用和发展提供了广阔的空间；另一方面，依托互联网和应用系统平台，人力资源管理正在向企业战略性伙伴的目标稳步迈进。

（三）大数据时代与现代人力资源管理发展

在人力资源管理领域，首先应从企业管理者到每一个员工，形成全方位的大数据思维，以便从战略及实践等各方面创新人力资源管理模式和方法。在大数据思维的指导下，在人力资源管理的各个模块运用新的方法。例如人才测评。传统的人员素质测评属于小数据预测，该时代的素质测评一般从工作分析入手，基于传统的数据库，强调随机的、整体的而非个体的统计学样本，能力模型的构建是模糊和笼统的，缺乏个性，在理论和方法上存在先天性缺陷。而大数据下的人才测评，由重技术（T）向重信息（I）转变。大数据预测的模型构建不再基于随机样本，而是越来越面向全体数据；测评的结果不再追求精确度和因果关系，而是突出其"预测性";承认混杂性和探索相互关系,不再草率地给人才下"应然"或"必然"的结论,而是预测人才的"将做",并制定适当的应对预案和管理决策。

因此,未来的人才测评理论和方法在测评原理、素质模型构建、数据获得、数据计算和分析、测评专家与数据分析专家的角色区分、数据分析结果应用等诸多方面必将发生重大变革,并且为思想品德、价值观等人才测评难题提供新思路和新方法。再如招募与甄选上,逐渐与社交网络相结合,从而纵深了解应聘者各个方面的信息,不局限于学历、工作经历等传统信息,更包括个人爱好、人际关系等,有助于企业对应聘者形成全方位立体认识,从而更好地进行人岗匹配。

二、现代人力资源管理的新方向

人力资源是资源要素中最活跃、最积极的生产要素,是企业经济进步和发展的真正动力和源泉,是唯一具有能动性的因素。生存在这一特定时代背景下的任何一个企业,都将面临全新的挑战和机遇。作为企业生产要素之一的人力资源,因富有主观能动性、创造性以及个体多样性的特点,在现代企业的发展中越来越受到企业领导者的重视。建立自身的人力资源优势已成为企业参与竞争、持续发展的关键所在。

与之相应的人力资源管理在企业各项工作中的位置也由支撑转向主导,成为企业发展战略的重要组成部分。对人力资源进行科学而有效的开发与管理,最大限度地发挥人力资源的效能,以促进企业的发展,是人力资源管理的出发点和最终归宿。在这一过程中,采取何种方式和手段对人力资源的个体采取何种态度并且加以开发利用,已成为企业领导者和人力资源管理者必须且不断进行探索和研讨的话题。因此,人力资源管理也展现出新的发展方向。

(一)组织文化发生转变

组织文化是管理实践和管理理论中的重要内容。在当代组织中,组织文化由一般的"文化"拓展到"技术—经济—文化"体系,它更加深刻地反映组织的环境背景和对人力资源多角度、全方位的开发利用与管理。

第一,从行为管理到观念管理。从行为管理到观念管理,是当今管理针对知识型员工劳动的特殊性而进行的管理范式的转变。这一转变说明当今文化管理的对象是知识型员工的思想、观念乃至心灵。从管理行为到管理观念，表明当代管理迈入了一个全新的时代。

第二，从控制式管理到支持式管理。从"控制"管理到"支持"管理，不仅适用于知识型员工的管理范式转变，也适用于当代产业工人的管理范式转变。今天的产业工人对文化管理的需求程度也在空前地提高。面对这一切，当代管理者不应该仅仅是顺应时势，而是要走在时代的前列。

第三，从他人管理到自我管理。当今的管理是从他人管理到自我管理的发展，也是一种管理境界的提升。所谓自我管理，就是让知识型员工按照自己的意愿、方式，自己进行时间和空间统筹而完成工作任务的管理方式。由于自我管理模式很适合知识型员工高智商、高创造性和高主观能动性等特点，所以很受他们的欢迎。对于他们而言，自我管理范式可以使其获得最大限度的尊重，他们的智慧也将得到最大限度的发挥。

第四，从过程管理到目标管理。知识型员工的独立性及难掌控性，导致对知识型员工的过程管理从根本上是无效的，这使得目标管理成为当今管理实践中的普遍范式。知识经济时代的目标设定与工业化生产目标的设定具有完全不同的特征。在工业生产目标设定中，可以轻而易举地设定数字，可以通过科学的手段或工具进行精确的测度；而知识型员工生产目标的设定却更多的是一种艺术，它设定的准确与否取决于管理者对这种类型员工的专业素质、创造力、意志力等心理因素的把握程度。互动模式的设定对目标管理的实施具有重大意义。目标管理中的互动模式，应该以员工主动提出问题，要求与管理者对话、商讨、解决问题为原则。管理者原则上不主动过问员工工作过程中的事务，以避免造成干涉员工自由创造或打破员工自我管理的平衡状态，招致员工的不满并影响其工作质量与工作效率。

第五，从制度、规章管理到情感、智慧管理。现代企业通常具有完善而庞大的管理制度系统，这是现代企业获得成功的基本保证。面对变动的当今社会，以及知识型员工工作的灵活性、创造性等特征，过于死板的规章制度是无法适应最新的管理状况的。制度、规章管理让位于情感、智慧管理，是当今管理的必然趋势。情感和智慧管理成功的奥秘在于通过创造宽松的工作氛围，而使员工获得情感上的愉悦，从而提高其工作积极性和工作效率。这种制度之所以是智慧的，是因为它体现了水一般的流动性和变通性。变通是最古老的智慧，也是后现代的智慧，它体现了一种文化，因而是具有生命力的。

（二）人力资源开发与管理在组织中呈现的发展特点

正因为组织文化发生了以上变化，因此，人力资源开发与管理在组织中呈现出了不同的发展特点。

1. 人力资源管理需要促进企业与员工的和谐发展

人力资源管理是指会对员工的行为、态度及绩效产生影响的各种政策、实践和制度，是现代的人事管理。它包含了企业为了取得、开发、保持和有效利用在生产和经营过程中必不可少的人力资源，通过运用科学、系统的技术和方法所进行的各种相关的计划、组织、指挥及控制活动，是影响企业与员工之间关系的所有决策和行为。企业与员工之间的关系是辩证的，两者是利益的结合体，又在某种程度上相互矛盾。企业与员工之间的和谐发展是现代人力资源管理追求的目标。这里的"和谐发展"有三层意义：一是两者要共同发展；二是彼此促进；三是互不矛盾。

2. 组织管理模式发生转变

随着知识经济时代的到来，原来金字塔式管理所带来的刚性管理开始柔性化。这其中的原因在于：在知识经济时代条件下，劳资双方的关系将发生革命性的变化，这乃是人力资源管理从刚性转向柔性的物质原因。柔性管理本质上是一种以人为中心的管理，要求用柔性的方式去管理和开发人力资源。人力资源的柔性管理是在尊重人的人格独立与个人尊严的前提下，在提高广大员工对企业的向心力、凝聚力与归属感的基础上所实行的分权管理。柔性管理的最大特点在于它主要不是依靠外力，而是依靠人性解放、权利平等、民主管理，从内心深处来激发每个员工的内在潜力、主动性和创造精神，使他们能心情舒畅、不遗余力地为企业不断创造新的优良业绩。

3. 人际关系发生转变

企业员工之间，尤其是上级和下级之间的人际关系是影响人力资源效能的一个重要因素。要重视每一位员工，主观上认为他们都是有用的人才，客观上为其创造可以体现个人价值的岗位和机遇。管理者要相信每一位员工都会把工作做好，并在工作中引导员工不断学习、交流、借鉴和创新。在使用人的同时，还要培养人，帮助员工进行职业生涯规划，让他们做愿做想做的工作。企业内部的员工无论其所处职位、地位如何，相互之间都应倡导一种朋友、伙伴关系，要加强人与人之间的沟通、协调与合作，形成浓厚的相互理解、相互尊重的氛围。如何通过组织内外人与人之间关系的管理，达到组织文化与价值观的重塑、团队精神与学习能力的培养、沟通与交流效率的提升、合作与互动模式的创新、协调与整合方法的改进，以及组织内外人际关系资源的有效开发和最佳配置等，已成为未来管理取胜的关键。

4. 企业文化建设发生转变

通过建设积极强烈的企业文化来推动企业的发展和强化企业的竞争地位，成为许多企业孜孜以求的目标。但是，许多国有企业对企业文化存在一种误解，他们往往把服装、口号、徽标等企业文化的外壳作为企业文化的全部，而事实上，企业文化本身并不是一种可以脱离企业管理实践而发生作用的纯粹的精神号召。换言之，企业文化实际上是以企业的具体管理制度和政策为基础所形成的一种人文环境或心理体验。更准确地说，真正有生命力的、强烈的企业文化是蕴藏在企业所有活动中的一种内在东西，只有以企业的人力资源管理政策与实践作为制度支撑的企业文化才能真正深入每一位企业员工的心中，从而具有强大的生命力。

5. 激励机制发生转变

激励的形式分为精神的和物质的。物质是人类生存的基础和基本条件，衣食住行是人类最基本的物质需要，从这个意义上讲，物质利益对人类具有永恒的意义，是一个永恒的追求。同时现代心理理论认为，人类的行为是一个可控的系统，借助心理的方法，对人的行为进行研究和分析，并给予肯定和激励，可以达到定向控制的目的，并使其强化。因此，现代人力资源管理必须建立科学、合理、有效的，并且让员工明了、认同的绩效管理机制。

（三）组织领导的新使命

1. 发展方向：建立经济文化型愿景

新的时代赋予了企业领导特殊的职责和使命，即建立企业的经济文化型愿景。这也是一个艰巨而复杂的过程，需要领导者担负起物质财富与精神财富创造的双重劳动，身兼企业家和文化学者的双重角色，成为社会经济发展的推动者。

建立企业的经济文化型愿景是一项系统工程。它包括企业战略系统、企业伦理和价值系统、企业终极目标系统和企业形象识别系统。这与通常意义上的企业文化建设存在着本质的区别。因为当代企业的愿景构筑是反文化的，它改变了传统企业文化建设的虚假、苍白和表面化色彩，是建立在真实、朴素、深刻、尊重人性、尊重社会与自然、追寻终极意义的基础之上的。

2. 建设目标：建立学习超越型组织

自我学习与更新已经成为当代企业考察员工能力的重要标准之一，可见学习对于企业的重要性。创新则是非常实际的活动，在当代社会，创新发生于每一天，发生在每一个人的身上。创新不一定就是伟大的、轰轰烈烈的行动，它只是当代社会的一项基本人类活动，它体现于任何一件细小的事上。也就是说，当代社会的创新已经平民化、日常化和非伟大化，而不是通行创新的精英化、非常化和伟大化。

学习和创新在当代社会的普遍性和平民化，对于企业而言，建立学习超越型组织才更显重要。其建立不是一项孤立的任务，它与企业愿景体系的构筑及其他后现代领袖的任务是相互依存的。如果一家企业没有构筑成功的愿景体系，它的员工培训计划的导入就将没有正确的方向，最终会走向失败。

3. 体制支撑：构建内部营销对话体系

目前，在世界范围内企业内部营销得到的重视还远远不够。在当代社会，企业内部营销对于企业的发展也非常重要。内部营销看似简单，但跨出这一步却异常艰难。目前推行内部营销模式最大的障碍在于企业领袖拘泥于传统的价值观，担心对员工太好会失去自己的权威。

构建内部营销对话体系，需要全新的价值观，需要企业领袖放弃精英意识，换之以敬畏生命的平民意识。应该放弃使用"员工"这一传统的带有强烈统治意识的词汇，而使用"伙伴""朋友"这样温情的词汇。

一个内部营销家式的企业领袖应当知道怎样规避领导者与被领导者互不信任的局面，知道应该如何对被领导者进行积极的开放式管理。他具有博大的胸怀，使任何一名成员即使在选择离开企业之际也能得到友好的对待，甚至是无私的帮助。

4. 管理理念：构建目标管理分权体系

对于当代企业而言，多元化的企业管理模式已经成为发展的必然趋势。而对于当代企业总部与其各分支机构的松散关系而言，它的管理难度要高于传统企业。克服当代企业管理瓶颈的唯一方法是构建科学的分权体系。

由于企业的各个分支机构都是独立的法人单位，所以从战略层面上已经解决了分权管理的问题。但除此之外，企业还要在微观层面上建立分权管理体系。分权模式与目标管理模式是水乳交融的，在分权模式中存在着目标管理，在目标管理模式中也存在着分权。作为企业领袖，要把这两种模式有机地融合起来。

目标管理的内涵在当代企业中必须进行新的拓展，即企业设定的目标应该既包括经营目标，又包括文化目标。后者是当代企业对管理提出的新任务，它的重要性甚至超过了前者，它彻底改变了传统经济型企业领袖的形象，使得当代企业领袖必须成为经济—文化型领袖。

5. 发展原则：建立传播诚信成功体系

当今时代，诚信和形象已经成为企业的生命线。作为企业领袖，他必须是一个真正的传播家，善于利用一切机会和手段随时将自己的企业介绍给公众。没有科学系统的传播策略，就没有企业的成功。

同时，企业的理论或思想不是凭空捏造出来的，而是建立在对社会与市场的深入分析、洞察和前瞻的基础之上的。企业的传播诚信成功体系不允许企业以虚假的包装欺骗公众。诚信的意义在后现代超过了以往的任何时代，这是保证社会道德与秩序的必要手段。因为在互联网和各种传媒高度发达的后现代时期，公众在各种信息面前难辨真伪，这要求企业做出一种姿态，成为让公众可以信赖的对象。

　　因此，企业应该挺身维护社会的公正，通过自己的产品、自己回馈社会的行为树立企业在公众心目中的形象。因为诚信危机已经危及社会的持续发展，主持正义的企业才能得到公众的信赖并赢得巨大的成功。

第二章　人力资源规划与开发

第一节　人性假设与人力资源管理

一、人性假设概述

管理归根到底是人的管理，现代管理理论都以人性假设为前提，不同的人性假设在实践中体现为各种不同的管理观念和管理行为。因此，管理学在一定意义上又可被称为"人性之学"。由于人性假设不仅决定着管理理论的形成与发展，同时还制约着人类的管理实践活动，因此对于人性的正确、深刻认识和理解对于人力资源管理的意义十分重要。

（一）人性假设的含义

人性是指人所特有的区别于动物的一切人普遍具有的各种属性的总和。它包括社会属性、精神属性和自然属性。因此，人性是人的一般特性，是人类的共性。

管理学中的人性假设是指人们根据一定社会时期内管理活动赖以成立的特定经济、政治和文化条件，对管理活动中人的需要和人的本性所做出的一种预设。它属于管理理论的深层次结构，通过间接地影响管理理论和人们的管理思想、管理制度来发挥自己的作用。

人性假设概括起来有三点：管理的理论与管理者的观念是第一位的，而管理的政策与具体措施是第二位的，不能本末倒置、不加区别；强调在管理中要着重开发人力资源，发掘人的潜在力量；管理人员要采取哪种理论假设要看具体情况，但是所持理论的观点要旗帜鲜明。

(二) 人性假设对管理的意义

人力资源管理在本质上是对人的管理，如果不能把人管理好，也就不能管理整个组织。所以，对人的管理是一切组织管理的首要任务和核心问题，而要管理好人，就离不开对人的正确认识，也就必须从人性出发，采取符合人性的特点的管理措施。

21 世纪最激动人心的突破会因为人性论的发展而发生。这是因为人是一种最珍贵的资源，是一种可以开发其他各种资源的资源，一旦人的资源被开发，21 世纪的社会经济就会获得空前的繁荣。

在管理学的发展历程中，不同的人性假设形成了不同的管理理论，这些理论都是当时管理实践状况的反映，在当时特定的社会状况中，都蕴含着某种程度的合理性，但也不可避免地存在着片面性和局限性。人性假设理论一方面对管理理论的形成和发展有着决定性的作用。另一方面又对人类的管理活动起着制约的作用，因此，对于人性正确、深刻的认识和理解，直接影响着现代企业管理的成效，管理者总是把自己对人的理解或对人性的看法作为出发点，来选择、制定和实施一套合理、有效的对人的管理方式。也就是说，不同的人性假设在实践中体现为各种不同的管理观念、管理方法和管理行为。因此，对人性有一个客观、全面、正确的认识是进行人力资源管理工作的前提。

二、"经济人"人性假设

(一) "经济人"人性假设和 X 理论的含义

"经济人"人性假设源于劳动交换的经济理论。人都是趋利避害的，自私自利是人的本性，是与生俱来的。人们在自私自利的本性驱使下从事各种各样的活动，目的就在于实现个人利益的最大化，这些活动在客观上又有利于社会与他人。

"经济人"又称"唯利人"，这种理论认为人的行为就是为了追求最大利益，满足个人利益最大化的基本动机。当人们在经济活动中面临若干不同的选择机会时，总是倾向于选择能给自己带来更大经济利益的那种机会，工作的目的是为了获得经济报酬。这种假设导致把管理工作的重点放在提高生产率上，管理者关注的焦点是各种有形的资源，如资金、机器设备、原材料等，忽视了员工的情感需要，形成一种"以事为中心"的管理。

X理论阐述的是：假设人都是"经济人"，管理会采取与这一假设相一致的管理措施。这种理论的主要内容有：

①一般人的天性是懒惰的，而且只要有机会，总是想法逃避工作。

②一般人是没有雄心壮志的，他们喜欢逃避责任，对安全感的需要高于一切，宁可接受别人的指挥也不愿承担责任。

③一般人的个人目标和组织目标是矛盾的，为了达到组织目标，就需要依靠强制、惩罚的办法。

④人生来就以自我为中心，漠视组织的需要。

⑤人习惯于守旧，反对变革，把个人的安全看得高于一切。

⑥一般人是缺乏理智的，不能自制的，容易受他人影响，所以，要用外在控制的手段来管理人。

⑦多数人的目标是满足基本的需要，只有金钱才能鼓励他们努力工作。

⑧人大致可以划分为两类，多数人都是符合上述设想的人，另一类是能够自己鼓励自己，能够克制感情冲动的人，这些人应担当管理的责任。

（二）"经济人"人性假设相对应的管理方法

在这种人性假设的基础上，管理的重点是生产任务和劳动生产率。组织以金钱来刺激员工的劳动积极性，对消极的员工采取严厉的惩罚措施，并制定严格的管理制度、工作规范，加强各种法规管制。这是典型的"胡萝卜加大棒"的管理方式，对提高组织的效率起到了积极作用。

依据"经济人"人性假设的理论，可以采取下述管理方法：

①制定各种严格的工作规范，加强各种管理制度，同时严厉惩罚消极的员工。

②管理者的主要责任是执行管理职能，保证生产任务的有效完成。管理工作是少数人的事，与广大员工无关，员工的责任就是干活，俯首帖耳地听从管理者的指挥。

③管理工作的目的不再将稳定与权威放在第一位，而是将效率放到了首位。为了提高效率而强调科学、理性、精密性和纪律性，强调标准化的作业方式、理性化的组织结构、集权化的领导方式。

④用经济报酬来激励工作生产，把员工的工作动机归于经济需求，认为只要满足了员工的经济需求，员工就会为组织提供劳动，从而实现劳资双赢的局面，所以，激励手段主要是经济刺激。

在这种假设的思想的指导下，对员工实施的管理只想"控制"，缺乏尊重，强调了人的较低层次的需求，而忽视了人的社会心理需求。在这种管理模式下，员工的工作缺乏主动性和积极性，工作绩效平平。

（三）"经济人"人性假设的评价

"经济人"人性假设改变了当时放任自流的管理状态，加强了社会上对消除浪费和提高效率的关心，促进了科学管理体制的建立。其中的一些管理方法，直到现代仍然被广泛使用。

首先，它注意到了人的最基本需要——生理与安全需要，并且强调生理和安全需要对人的生存发展的重要性，这是值得肯定的；其次，尽管"经济人"假设忽视了员工的情感和思想，把员工看成机器人，但是它在任务管理中强调劳动定额，强调实行完善的监督，强调明确的分工和激励作用，特别是强调实行绩效工资制，对调动员工的积极性是有意义的。

"经济人"人性假设的不足主要表现在：首先，把金钱作为唯一的管理手段，忽视组织中思想工作的重要性；其次，只重视任务的完成，不注重员工的心理需要；再次，把员工看成被动的服从者，作为一种"机器"来看待，没能看到员工的能动性，否认了员工的自觉性、主动性、创造性与责任心；最后，认为大多数人缺少雄心壮志，只有少数人起统治作用，因而把管理者与被管理者绝对对立起来，反对员工参与管理，否认员工在生产中的地位与作用。

三、"社会人"人性假设

（一）"社会人"人性假设的含义

"社会人"又称社交人，"社会人"假设认为人不是各自孤立存在的，不是机械的、被动的动物，而是作为某一个群体的一员有所归属的"社会人"，是一种社会存在。人具有社会性的需求，如良好的人际关系的需求，人与人之间的关系和组织的归属感比经济报酬更能激励人的行为。因此，管理者应建立和谐的人际关系来促进工作效率和效益的提高。

"社会人"的基本假设是：

①从根本上说，人是由社会需求而引起工作的动机，并且通过同事的关系而获得认同感。

②建立新型的人际关系，领导者要了解员工，善于倾听并和员工沟通，使正式组织的经济需要和非正式组织的社会需要取得平衡。

③人是"社会人"，影响人的积极性的因素除物质因素外，还有社会的心理因素。人与人之间的关系在调动员工积极性方面起着决定作用，员工对同事的社会影响力，比管理者所给予的经济诱因更为受重视。

④生产效率的高低，主要取决于员工的士气，而士气则取决于家庭生活、社会生活及企业中的人与人之间的关系是否协调一致。

⑤在正式组织中存在着非正式群体，这些非正式群体有其特殊的行为规范，对其成员有着很大的影响。

⑥技术进步和工作合理化，使得员工对工作本身失去了意义。这些丧失的意义必须从工作中的社会关系中寻求。

"社会人"人性假设注意到了员工精神方面的需要，这和以前的理论相比是一个重大的进步，使人性第一次受到了尊重。"社会人"人性假设不仅看到员工具有满足自然性的需要，并且进一步认识到员工还有尊重的需要、社交的需要等其他一些社会需要。

(二)"社会人"人性假设相对应的管理方法

①管理人员不仅要注意完成生产任务，在完成生产任务的同时更应该关心员工，满足员工的需要。

②管理人员不能仅仅重视生产过程中的指挥、计划、组织和控制，而更应该重视员工之间的关系，培养并形成员工的归属感和整体感，更应该重视非正式组织的作用。

③在实行奖励时，着重提倡集体奖励，不主张个人奖励制度。

④管理人员不应只限于制订计划、组织工序、检验产品等，其职能应该发生相应的改变，即在员工与上级之间起联络作用。一方面，要听取员工的意见和要求，了解员工的思想感情；另一方面，又要向上级呼吁、反映。

⑤注重"参与管理"的新型管理方式，让员工不同程度地参加企业决策的研究和讨论。

(三)"社会人"人性假设的评价

①随着社会生产力的发展，企业之间竞争的加剧和企业劳资关系的紧张，使得管理者开始重新认识"人性"问题。社会人假设下的管理对策不再把重点放在正式组织的运作上，而是着眼于对员工的关心和移情理解，不是强调控制而是强调支持。在这方面，西方的许多企业都收到了显著的效果。

②"社会人"人性假设的出现开辟了管理和管理理论的新领域，并且弥补了古典管理理论的不足，为之后行为科学的发展奠定了基础。"社会人"的假设认为人与人之间的关系对于激发动机、调动员工积极性比物质奖励更为重要。因此，这一点对于企业制定奖励制度有一定参考意义。

③这种假设中的人际关系，并未改变资本主义社会的雇佣关系、剥削关系，也没涉及社会生产关系的改变，因此它不能解决资本主义社会的阶级矛盾与冲突。它过于偏重非正式组织的作用，对正式组织有放松研究的趋势；这是一种依赖性的人性假设，对人的积极主动性及其动机研究还缺乏深度；它在追求团体归属感的同时否定了个性和独立性；它过分否定了人的现实的经济需求。

四、"自我实现人"人性假设

(一)"自我实现人"人性假设和 Y 理论的含义

"自我实现人"人性假设出现在 20 世纪 50 年代，当时物质文明与精神文明都很丰富，资本主义工业发展到高度机械化程度。由于大工业生产的发展，员工被束缚在狭窄的工作范围之内，只是重复简单的单调动作，看不到自己的工作与整个组织任务的联系，因此，工作的"士气"低落，影响了产量和质量的提高。

"自我实现人"这个概念最早由美国心理学家马斯洛（A. H. Maslow）提出，他把人的需要分为五个层次：生理需要、安全需要、爱和归属需要、尊重需要和自我实现需要。当最基本的需要得到满足时，人们就会致力于较高层次需要的满足，即自我实现。所谓自我实现，是人所具有发挥自己的潜力、表现自己才能的需要。麦格雷戈将"自我实现人"人性假设进一步深化，把它称为"Y理论"，这种理论的主要观点是：

①人并非生来就是懒惰的，要求工作是人的本能；工作需要消耗体力和脑力，正如游戏和休息一样，都是自然需要。

②外部的控制力量和惩罚性措施并不是使员工为达到组织目标而努力工作的唯一手段，员工在为承诺的目标服务的过程中会实现自我引导和自我控制。

③人有追求满足欲望的需要，对目标的参与能使自我意识和自我实现的需要得到满足，通过参与将使个人目标与组织目标统一起来。

④在适当的条件下，一般人不仅会接受某种责任，而且还会主动承担责任，规避责任、缺乏志向等现象，是后天习得的结果。

⑤在现代工业中，员工的智慧和潜能只被使用了很少一部分，有待于深入地开发和利用，关键是如何调动员工的积极性。

⑥员工并非必然会对组织目标产生抵触和采取消极态度，造成这种情况的原因，主要是组织压力。

⑦大多数员工都有解决组织问题的想象力和创造力，敢于面临各种挑战，善于开拓性的工作。

⑧员工最大的工作报酬不是外部的而是内部的，是通过实现组织目标而获得个人的自我满足、自我实现的需要。

（二）"自我实现人"人性假设相对应的管理方法

在"自我实现人"人性假设的基础上，管理的重点是为员工创造适宜的工作环境和工作条件，以利于充分发挥其潜能。管理者的角色转变成了一个搜寻者，管理者的职责在于以搜寻者的身份了解环境，并根据不同员工的不同需求，安排富有挑战性的工作，并采取各种激励方法来调动员工的积极性。在这种理论假设下，管理人员应把工作重点放在创造机会、发掘潜力、消除障碍、鼓励成长和提供指导等方面。

依据"自我实现人"人性假设理论，应当采取下述管理方法：

①"自我实现人"人性假设重视环境因素，管理者的主要职能不是生产的指导者，主要任务是创造一个适当的工作环境和工作条件，使员工能充分挖掘自己的潜力，减少和消除员工自我实现的障碍，在完成任务的过程中产生自豪感，达到自我实现。良好的环境主要包括政策导向、人际关系环境、福利、设备等。

②扩大工作范围，尽量降低工作的单调乏味，尽可能让员工从事多项具有挑战性的工作，满足员工自我实现的需要，让员工在工作中获得知识、增长才干、实现自我成就感。

③管理制度应能保证员工充分发挥自己的才能，重视员工参与管理，下放权力，建立决策参与制度、提案制度，在不同程度上让员工参与企业各级管理工作的研究，能充分体现公司对员工的尊重、信任，从而使员工产生强烈的归属感、责任感和成就感。

④鼓励员工对自己的工作绩效做出评价。要求员工为自己制定目标，对自己评定，这种方法可以鼓励员工个人对制订计划和评价自己对组织目标所做的贡献承担更大责任，有助于员工充分发挥自己的才能，满足自我实现的需要。

⑤注重薪酬的内部公平性，鼓励创新，激励措施灵活多样。奖励制度重视员工内部的激励，只有内在奖励才能满足人的自尊和自我实现的需要，从而极大地调动员工的积极性。

（三）"自我实现人"人性假设的评价

"自我实现人"是在资本主义高度发展的条件下提出的一种人性观，符合当时的实际情况，该理论促使企业采取弹性工作时间，实行参与决策制度，把注意力放到创造工作环境上，重视内在的激励，解决了管理中的一些弊端。"自我实现人"人性假设并不是一个完美的人性假设，它也有片面性和局限性，人不是天生懒惰，也不是天生勤奋，人是否追求"自我实现"要取决于后天社会环境的影响。

五、"复杂人"人性假设

(一)"复杂人"人性假设和超 Y 理论的含义

随着管理心理学研究的不断深入,管理学者发现,人类的需要和动机是复杂多变的,人的需要在不同的情境、不同的年龄是有区别的。不仅人们的需要与潜在欲望是多样的,而且这些需要的模式也是随着年龄与发展阶段的变迁,随着所扮演的角色的变化,随着所处境遇及人际关系的演变而不断变化的。"经济人""社会人""自我实现人"反映着人性的各个侧面,但每种人性观都不够全面,应该有一种全新的人性观,综合前三者的合理内核,即是"复杂人"人性假设。

"复杂人"人性假设理论的基本内容为:

①人的需要是多种多样的,随着人的发展和生活条件的改善而不断变化,需要的层次也不断改变,人的需要须用多种方式来满足。

②人在同一时间内会有各种需要和动机,并且各种需要和动机又互相作用、相互影响,形成错综复杂的动机模式,共同决定人的行为。例如两个人都想得到奖金,但其动机可能不一样。

③由于人在组织中的工作和生活条件是不断变化的,因而会不断产生新的需要和动机,在人生活的某一特定时期,动机模式的形式是内部需要与外界环境相互作用的结果。

④人在不同单位或同一单位的不同部门工作,会产生不同的需要。一个在正式组织中受到冷遇的员工,可能在非正式群体中找到自己的社交需要与自我实现需要的满足。

⑤由于人的需要不同、能力各异,对同一管理方式会有不同的反映,因此,没有一种管理方式适用于任何人,管理要根据不同的时间、地点、情况,因人而异,也就是说要进行动态管理。

(二)"复杂人"人性假设相对应的管理方法

①管理者要有权变的观念,要依据企业所处的内外环境的变化确定不同的管理方式。在特定情景中,管理者要学会采取适合该情景的管理或领导方式。

②管理者要善于发现员工的需要和动机的差异，充分关注员工的需要，从人的角度和环境的角度考虑采用不同的管理方式，因人而异，因时而异，不能千篇一律。

③根据组织形式不同采取不同的管理策略和措施，不能过于简单化和一般化，要具体情况具体分析。有的采取较为固定的组织形式效果好，有的则采取灵活、变化的形式效果较好。

④绩效考核采取多种方法，既看工作结果，也看行为表现，考核标准不能一致，应根据工作的特点而改变。

(三) "复杂人"人性假设的评价

管理理论对人性的认识，从"经济人"人性假设到"社会人""自我实现人""复杂人"人性假设，经历了一个不断发展、逐步深化的过程。"复杂人"人性假设吸收了前三种假设的优点，但没有取得突破性进展，而是进行调和与完善，具有辩证思想，认为没有普遍使用的管理方法，强调从具体情况出发，根据不同的场合、不同的对象，灵活采用不同的措施，提倡管理人员应该掌握各种管理的原则并灵活使用。

"复杂人"人性假设是有片面性的，过于强调人的差异性，而在一定程度上忽视了人的共同性，从而使"复杂人"人性假设陷入了不可知论的境地。"复杂人"人性假设不能从"人"所处的个体的生产关系出发去认识人的需要，认识人的生产积极性，因而它也只是看到了"人性"的复杂这个现象，无法认识"复杂人性"的本质。

第二节　人力资源规划

一、人力资源规划概述

(一) 人力资源规划的含义

对于什么是人力资源，目前学术界的认识不尽相同，普遍被大家接受的定义是，人力资源是指一定范围内人口总体所具有的劳动能力总和，或者说是指能够推动社会和经济发展的具有体力和智力劳动能力的人的总和。从人力资源管理角度分析，人力资源等同于劳动力资源；从开发角度看，人力资源开发是为了提供更高素质的劳动者。人才是人力资源中素质层次较高的那一部分，人才资源在人力资源中的比值是衡量一个国家人才资本存量和综合国力的重要指标，也是衡量事业单位人力资本存量和竞争能力的重要指标。

伴随着人力资源管理理论的兴起，人力资源规划也日益受到事业单位的重视。人力资源规划就是一个国家和组织科学地预测、分析自己在环境变化的人力资源的供给和需求状况，制定必要的政策和措施，以确保自身在需要的时间和需要的岗位上获得各种所需要的人才（包括数量和质量两个方面），并使组织和个体得到长期的利益的规划。事业单位的人力资源规划，就是根据其发展目标，为贯彻落实事业单位的战略规划而制订的有关人力资源配置、流动、培训、升迁等方面的规划。人力资源规划与战略规划密切相关，两者形成了一个有机整体。

（二）人力资源规划的目标

人力资源规划是为了确保组织实现下列目标：

第一，得到和保持一定数量的具备特定技能、知识结构和能力的人员。

第二，充分利用现有人力资源。

第三，能够预测事业单位组织中潜在的人员过剩或人力不足。

第四，建设一支训练有素、运作灵活的劳动力队伍，增强单位适应未知环境的能力。

第五，减少单位在关键技术环节对外部招聘的依赖性。

（三）人力资源规划的内容

人力资源规划包括两个层次，即总体规划与各项业务计划。人力资源总体规划是有关计划期内，人力资源开发利用的总目标、总政策、实施步骤及总预算的安排。人力资源规划所属业务计划包括人员补充计划、提升或降职计划、教育培训计划、薪资计划、人员使用计划、减员计划、劳动关系计划等。这些业务计划是总体规划的展开和具体化。

人力资源规划按其应用的用途及时间幅度而言，可分为战略性的长期规划（5年或5年以上）、策略性的中期规划（2~5年）和作业性的短期计划（1~2年），它们与组织的其他规划相互协调、联系，既受制于其他规划，又为其他规划服务。人力资源规划是单位整个发展规划的重要组成部分，其首要前提是服从单位整体经济效益的需要。

在制订人力资源规划时，不管哪种规划，都必须与单位的战略目标相适应，只有这样才能保证单位目标与单位资源的协调，保证人力资源规划的准确性和有效性。

人力资源规划主要包括以下几个方面。

1. 晋升规划

晋升规划实质上就是根据组织的人员分布状况和层次结构，拟定人员的提升政策。它一般由晋升比率、平均年资、晋升时间等指标表达。

2. 补充规划

补充规划即拟定补充的政策，目的在于使单位能够合理地、有目标地在中长期内把所需数量、质量、结构的人员填补到可能产生的职位空缺上。补充规划与晋升规划密切相关，因为晋升规划也是一种补充，只不过补充源在单位内部。晋升表现为单位内低职位向高职位的补充运动，运动的结果使职位空缺逐级向下推移，直至最低职位空缺产生，这时内部补充就须转化为外部补充。此外，补充规划与培训开发规划和配备规划也有类似的联系。

3. 培训开发规划

培训开发规划是为单位中长期发展所需要的一些职位准备人才，是围绕改善配合关系而制订的。

4. 配备规划

配备规划表示中长期处于不同职位或工作类型的人员分布状况。它可以解决下述问题：①当从事某种职务的人员须同时具备其他类型职务的经验知识时，就要进行有计划的水平流动。这意味着未来职务对人员质量要求高，若水平流动量小，则满足不了对人员质量的要求。②当上层职位较少而提升人员较多，则通过配备规划增强流动，这样不仅可以减少对工作的不满，又可以等待上层职位空缺的出现。③在超员情况下，通过配备规划可以改变工作的分配方式，从而减少负担过重的职位数量。

5. 职业规划

职业规划是职业发展的一个子系统，它是规划一个人工作生活的人事程序。通过职业规划，把个人的职业发展与组织的发展结合起来，使两者的利益在发展过程中得到实现。人的职业发展要与组织发展对人的需求结合起来，脱离组织需求的个人职业发展，必将导致人员的流失。

6. 薪酬规划

薪酬规划是为确保以最合理的成本既吸引人才、留住人才又不至于超过合理的支付界限导致约束组织的发展而事先进行财政预算控制的过程。

（四）人力资源规划的作用

1. 人力资源规划的战略作用

人力资源是组织最重要、最核心的资源，制约着组织的其他资源效益的发挥，是组织管理的重要依据，在组织中的角色已由传统的被动地位转向组织发展战略伙伴的地位。将人力资源规划提升到组织发展战略的高度，与组织其他发展策略结合起来，为组织人力资源管理提供了方向、指明了道路，可以保证从人这一组织最重要的资源方面协助组织各部门实现组织目标，提高组织工作绩效。

2. 人力资源规划的先导作用

人力资源规划具有前瞻性，通过对组织未来环境的预测，可以及时为组织人员的录用、晋升、培训、调整以及人工成本的控制等提供准确的信息和依据。人力资源最大的特点在于其供需刚性，从人力资源的供应而言，组织要寻觅到有助于组织发展的高层次人才，在人才竞争激烈的今天实属不易，而人的天赋、个性等较难改变，人的素养是个长期累进提高的过程，其事实又决定了组织培养自己现有的人才，使之合乎组织需要这一过程也是"冰冻三尺，非一日之寒"。人力资源规划由于能预先掌握组织发展对人才需求的动向，可以及早引导组织开展相应的人事工作，以免面对环境的变化措手不及。所以，人力资源规划可以把握组织的发展趋向，引导组织的人事决策，有助于组织帮助员工就此开展职业生涯设计和职业生涯发展计划。

3. 人力资源规划的保障作用

预测人力资源供求差异并调整差异，是人力资源规划的基本职能。组织的生存和发展与人力资源的结构、人员素质密切相关，人力资源规划为组织生存发展过程中对人力的需求从数量、质量、结构上提供了保障。对于一个动态的组织来说，组织的内外环境由于种种原因处在不断变动之中，外界环境的变化、组织内部人员的离职等都会造成人力资源的缺口，导致需求与供给的不平衡。这种缺口和人力资源需求和供给的不平衡不可能自动修复，人力资源规划可以通过分析供求的差异，并采取适当的措施吸引和留住组织所需人员，以此调整这种差异，保障适时满足组织对人力资源的各种需求。

（五）人力资源规划的基本程序

人力资源规划是以组织对人力资源的需要为基础的，既包括对人力资源供给的确定，又包括对人力资源需求的确定。人力资源规划的过程可分为四个阶段：①收集、分析和预测信息，以便进行人力资源供给预测（并形成一个人力资源信息系统）和人力资源需求预测（并附加到人力资源信息中）；②建立人力资源目标和政策，并获得高层管理者的支持；③组织并执行为了达到人力资源目标而进行的招收、培训和晋升等活动设计方案；④控制和改善人力资源方案，以便组织实现人力资源规划的目标。

人力资源规划步骤的第一阶段包括五个方面，每一方面对于人力资源规划的成功都是很重要的，而第一步的人力资源分析是合理规划的基础。人力资源分析从核查组织目前拥有的人力资源和目前的工作岗位入手，这两个因素的分析对于组织确定其满足目前和未来的人力资源需求的能力来说都是必要的，缺一不可。

二、人力资源需求供给预测

（一）人力资源需求预测

1. 人力资源需求预测的含义

人力资源需求预测是指根据事业单位的发展规划和单位的内外条件，为实现既定目标选择适当的预测技术，对人力资源需要的数量、质量和结构进行预测。人力资源规划的目的是使组织的人力资源供需平衡，保证组织长期持续发展和员工个人利益的实现。

2. 人力资源需求预测的分类

人力资源需求预测可以分为现实人力资源需求预测、未来人力资源需求预测和未来流失人力资源需求预测。

（1）现实人力资源需求预测

主要包括根据工作分析的结果来确定职务编制和人员配置；对现有人力资源进行清点；根据以上统计结果与有关职能部门进行讨论，修正结论。

（2）未来人力资源需求预测

主要包括根据事业单位发展规划，确定各部门的工作量；根据工作量增长情况，确定需要增加的职务和人数，并进行汇总统计，该统计结论即为未来人力资源需求。

（3）未来流失人力资源需求预测

主要包括对预测期内退休人员进行统计；根据市场变化，对未来可能发生的离职情况进行预测。

将现实人力资源需求、未来人力资源需求和未来流失人力资源需求汇总，即可得到单位整体人力资源需求预测。

3. 人力资源需求的影响因素

（1）事业单位的人力资源政策

事业单位人力资源政策特别是薪酬政策对内部和外部人力资源的影响很大，如单位的薪酬政策是否处于同行业的领先水平等。这些对内部和外部的人力资源的吸引都有重要的决定意义。

（2）劳动力成本的变化趋势

随着我国经济的不断发展，劳动力成本呈逐年上升趋势，这对于事业单位来讲影响很大，单位会最大限度地使用内部员工，尽量不对外招聘新员工，因此会对单位人力资源需求分析产生影响。

（3）市场的动态变化

从市场动态看，由于消费者的需求复杂、供求矛盾频繁，加之随着城乡交往、地区间往来的日益频繁，旅游事业的发展，国际交往的增多，人口的流动性越来越大，购买力的流动性、多样性也随之加强。因此，事业单位要密切注视市场动态，提供适销对路的产品，才能在竞争中立于不败之地。这就要求对单位的人力资源结构进行不断调整，在进行单位人力资源分析时要充分注意市场的变化。

（4）事业单位的发展阶段

根据单位发展的生命周期中的不同阶段，在对人力资源进行预测的时候有不同的策略和不同的要求，同时也要考虑在不同的阶段可能影响人力资源的不同因素。可以说在单位生命周期的各个阶段，单位的人力资源供需始终处在不同的状态，也就是说供需平衡的状况是很少的，而供需的矛盾却是经常的。如在单位的稳定发展阶段，由于内部存在退休、离职、晋升等问题，空缺岗位开始增多，人力资源需求增大，这个时期需要做好人力资源的需求分析工作，适当引进人才，从而能够保障单位渡过难关。

（5）其他因素

除上述因素外，社会安全福利保障、工作小时的变化、追加培训的需求等因素也应该加以考虑。

4. 人力资源需求预测的步骤

事业单位人力资源需求预测是一个从收集信息和分析问题，到找出问题解决办法并加以实施的过程。这一过程大致包括如下环节：

第一，根据工作分析的结果来确定职务编制和人员配置，包括工作分析和工作评价两部分内容。即借助一定的分析手段，确定工作的性质、结构、要求等基本因素的活动，然后根据工作分析的结果，按照一定标准，对工作的性质、强度、责任、复杂性及所需资格条件等因素的程度差异，进行综合评价，用以确定单位各部门的人员编制及具体要求。

第二，进行人力资源盘点，统计出人员的缺编、超编及是否符合职务资格要求。人力资源盘点包括统计现有人员的数量、质量、结构以及人员分布情况，单位应当弄清楚这些情况，为人力资源规划工作做好准备。这项工作要求单位建立人力资源信息系统，详细记载单位员工的各种信息，如个人的自然情况、录用资料、工资、工作执行情况、职务和离职记录、工作态度和绩效表现等。只有这样，才能全面了解单位人员的情况，才能准确地进行单位人力资源规划。

第三，将上述统计结论与部门管理者进行讨论，修正统计结论，该统计结论为现实人力资源需求。

第四，根据单位发展规划，确定各部门的工作量。

第五，根据工作量的增长情况，确定各部门还需要增加的职务及人数，并进行汇总统计；该统计结论为未来人力资源的需求。

第六，对预测期内退休的人员进行统计。

第七，根据历史数据，对未来可能发生的离职情况进行预测。

第八，将第六和第七统计和预测结果进行汇总，得出未来流失人力资源需求。

第九，将现实人力资源需求、未来人力资源需求和未来流失人力资源需求汇总，即能得出单位整体人力资源需求预测。

（二）人力资源供给预测

人力资源供给预测是人力资源预测的又一关键环节。只有进行人员拥有量预测，并把它与人员需求量相比之后，才能制订各种具体的规划。人力资源供给预测需要从组织内部和组织外部两方面进行。在供给分析中，要考察组织现有的人力资源存量，在假定人力资源政策不变的前提下，结合单位的内外条件，对未来的人力资源供给数量进行预测。

1. 人力资源供给预测的步骤

第一，进行人力资源盘点，了解单位员工现状。

第二，分析单位的职务调整政策和历史员工调整数据，统计出员工调整的比例。

第三，向各部门的人事决策人了解可能出现的人事调整情况。

第四，将第二和第三的情况汇总，得出单位内部人力资源供给预测。

第五，分析影响外部人力资源供给的地域性因素。

第六，分析影响外部人力资源供给的全国性因素。

第七，根据第五、第六的分析，得出单位外部人力资源供给预测。

第八，将单位内部人力资源供给预测和单位外部人力资源供给预测汇总，得出单位人力资源供给预测。

2. 人力资源供给预测的方法

（1）内部供给预测

单位内部人力资源供给预测是单位满足未来人力资源新需求的基础，是人力资源的内部来源。内部供给分析的思路是：先确定各个工作岗位上现有员工的数量，然后估计下一个时期在每个工作岗位可能留存的员工数量，这就需要估计有多少员工将会调离原来的岗位或离开组织。由于实际情况比较复杂，如组织的职位安排会发生变化等，因此在进行预测时，需要依据管理人员的主观判断加以修正。常用的内部供给预测方法有以下几种。

技能清单：技能清单是用来反映员工工作能力特征的列表，这些特征包括培训背景、以前的经历、持有的证书、通过的考试、主要的能力评价等。技能清单是对员工竞争力的反映，可以帮助人力规划工作者估计现有员工调换工作岗位的可能性，决定哪些员工可以补充单位未来的职位空缺。人力资源规划不仅要保证为单位中空缺的工作岗位提供相应数量的员工，还要保证每个空缺都由合适的人员补充。因此，有必要建立员工的工作能力记录，其中包括基层操作员工的技能和管理人员的能力，包括这些技能和能力的种类及所达到的水平。

技能清单可以用于晋升人选的确定，管理人员接替计划的制订，以及对特殊项目的人员分配调动、培训、工资奖励、职业生涯规划、组织结构分析等。员工频繁调动的单位或经常组建临时性团队或项目组的单位，其技能清单应包括所有骨干员工，而那些主要强调管理人员接替计划的单位组织，技能清单可以只包括管理人员。

管理人员接替图：管理人员接替图也称职位置换卡，它记录各个管理人员的绩效、晋升的可能性和所需的训练等内容，由此决定有哪些人员可以补充事业单位的重要职位空缺。制订这一计划的过程是对管理人员的状况进行调查、评估，列出未来可能的管理人员人选，又称管理者继承计划，该方法被认为是把人力资源规划和单位战略结合起来的一种较好的方法。管理人员替换模型主要涉及的内容是：对主要管理者的总的评价；主要管理人员的现有绩效和潜力，发展计划中所有接替人员的现有绩效和潜力；其他关键职位上的现职人员的绩效、潜力及对其评定意见。

马尔可夫分析法：主要用于市场占有率的预测和销售期望利润的预测，也是组织内部人力资源供给预测的一种方法，用于具有相等时间间隔的时刻点上各类人员的分布状况。在具体运用中，假设给定时期内从低一级向上一级或从某一职位转移到另一职位的人数是起始时刻总人数的一个固定比例，即转移率一定，在给定各类人员起始人数、转移率和未来补充人数的条件下，就可以确定出各类人员的未来分布状况，做出人员供给的预测。这种分析方法通常通过流动可能性比例矩阵，来进行预测某一岗位上工作的人员流向组织内部另一岗位或离开的可能性。简言之，就是找出过去人事变动的规律，以此来推测未来的人事变动趋势。

（2）外部供给预测

当单位内部的人力供给无法满足需要时，单位就要分析单位外部的人力供给情况。一般来说，进行外部供给预测，应考虑以下几个方面的因素：

宏观经济形势和失业率预期的影响：主要了解劳动力市场供给情况、判断预期失业率。一般来说，失业率越低，劳动力供给越紧张，招聘员工就越困难；失业率越高，劳动力供给越充足，招聘员工就越容易。相关数据可以参考各类统计资料和公开出版物。

地域性因素：单位所在地的人力资源整体现状、单位所在地的有效人力资源的供求现状、单位所在地对人才的吸引程度、单位薪酬对所在地人才的吸引程度、单位能够提供的各种福利对当地人才的吸引程度、单位本身对人才的吸引程度等。外部供给是单位在劳动力市场采取的吸引活动引起的。所以，外部供给分析也需要研究单位可能吸引的潜在员工的数量、能力等因素。单位可以根据过去的招聘与录用经验，了解那些有可能进入组织的人员状况，以及这些潜在员工的工作能力和经验、性别和成本等方面的特征，从而把握他们能够承担组织中的哪些工作。

劳动力市场状况的影响：劳动力市场是人力资源外部供给预测的一个重要因素，据此可以了解招聘某种专业人员的潜在可能性。有些机构定期为单位进行外部劳动力市场条件的预测和劳动力供给的估计。劳动力市场对单位人力资源外部供给预测有十分重要的影响，主要涉及以下几个方面：劳动力供应的数量，劳动力供应的质量，劳动力对职业的选择，当地经济发展的现状与前景，为员工提供的工作岗位数量与层次，为员工提供的工作地点、工资、福利等。这种分析的主要意义在于为单位提供一个研究新员工的来源和他们进入单位方式的分析框架。

国家政策法规的影响：特别是国家的教育政策、产业政策、人力资源政策等，对人力资源供给的影响更大。对于一个国家来说，为了及时有效地供给人力资源，要从政策环境运行机制上努力培育劳动力和人才市场，完善劳动力和人才市场体系，健全各种必需的法律和法规，充分发挥劳动力或人才市场对人力资源的有效配置作用。

科学技术的发展：科学技术的发展，特别是互联网技术和电脑技术的迅速发展，对人力资源的外部供给产生很大影响。随着办公室自动化的普及、中层管理人员大规模削减，有创造力的人员更显珍贵；科学技术的发展使人们从事生产的时间越来越少，闲暇时间越来越多，因此服务行业的劳动力需求量越来越大。

三、人力资源规划制订程序及信息系统

（一）人力资源规划制订程序

一般来说，人力资源规划的过程包括四个步骤，分别为准备阶段、预测阶段、实施阶段与评估阶段。

1. 准备阶段

信息资料是制订人力资源规划的依据，要想制订出一个有效的人力资源规划，就必须获得丰富的相关信息。影响人力资源规划的信息主要有以下几种：

（1）外部环境信息

主要包括两类，一类是宏观经营环境的信息，如经济、政治、文化、教育以及法律环境等。由于人力资源规划与组织的生产经营活动密切相关，所以这些影响组织生产经营的因素都会对人力资源的供给与需求产生作用。另一类是直接影响人力资源供给与需求的信息，如外部劳动力市场的政策、结构、供求状况，劳动力择业的期望与倾向，政府的职业培训政策、教育政策以及竞争对手的人力资源管理政策，等等。

（2）内部环境信息

这类信息也包括两个方面：一是组织环境信息，如组织发展战略、经营计划、生产技术以及产品结构等；二是管理环境信息，如组织的结构、管理风格、组织文化、管理结构、管理层次与跨度及人力资源管理政策等。这些因素都决定着组织人力资源的供给与需求。

（3）现有人力资源信息

即对组织内部现有人力资源的数量、质量、结构和潜力等进行调查，包括员工的自然情况、录用资料、教育资料、工作经历、工作能力、工作业绩记录和态度记录等方面的信息。组织人力资源的状况直接关系到人力资源的需求和供应状况，对于人力资源规划的制订有着直接的影响，只有及时准确地掌握组织现有人力资源的状况，人力资源规划才有效。

2．预测阶段

预测阶段的主要任务是在充分掌握信息的前提下，选择使用有效的预测方法，对组织在未来某一时期的人力资源供给与需求做出预测。人力资源的供需达到平衡，是人力资源规划的最终目的，进行需求与供给的预测就是为了实现这一目的。在整个人力资源规划的过程中，这是最为关键的一部分，也是难度最大的一个阶段，它直接决定着人力资源的规划是否能够成功。人力资源管理人员只有准确地预测出人力资源的需求与供给，才能采取有效的平衡措施。

3．实施阶段

在需求与供给的基础上，人力资源管理人员根据两者的平衡结果，制订人力资源的总体规划和业务规划，并制定出实现供需平衡需要的措施，使组织对人力资源的需求得到满足。需要说明的是，人力资源管理人员在制定相关措施时，应当使人力资源的总体规划和业务规划与组织的其他规划相互协调，这样制订的人力资源规划才能得以有效实施。

4．评估阶段

对人力资源规划的实施效果进行评估，是整个规划过程的最后一个阶段，由于预测不可能做到完全正确，因此人力资源规划也需要进行修订。在实施过程中，要随时根据变化调整需求与供给的预测结果，调整平衡供需的措施；同时，也要对预测的结果及制定的措施进行评估，对预测的准确性和措施的有效性做出评价，吸取经验教训，为以后的规划提供借鉴和帮助。

（二）人力资源信息系统

1. 人力资源管理信息系统概述

事业单位越来越多地应用人力资源管理信息系统进行人力资源规划，以实现单位人力资源的高效管理目标。

（1）人力资源信息

人力资源信息是反映人力资源状态及其发展变化特征的各种消息、情报、语言、文字、符号等具有一定知识性内涵的信号的总称。

人力资源信息分为原始信息和再生信息（二次信息）。原始信息是相对简单、接近信息源的信息；二次信息是通过某种模式从原始数据中提取的信息。

人力资源规划的制订与实施是以人力资源信息为前提的，单位获取的人力资源信息的质量如何，直接影响人力资源规划的效果。相对于外部的人力资源信息而言，单位内部的人力资源信息更容易获取。

（2）人力资源管理信息系统介绍

人力资源管理信息系统是管理信息系统的一个子系统，指通过建立一种信息平台，将信息技术与人力资源管理技术切入组织的管理实践活动之中，旨在使之满足单位各部门的具体需要，能够处理包括规范和例外的、普遍存在和特殊的、相对简单和错综复杂情境下的结构工具。

（3）人力资源管理信息系统的功能

第一，为人力资源规划和其他人力资源管理活动提供快捷、准确的信息；第二，为单位制定发展战略、提供人力资源数据；第三，为单位管理效果的评估提供反馈信息；第四，提高人力资源管理活动的工作效率。

（4）人力资源的信息管理过程

人力资源的信息管理过程同所有信息管理过程一样，包括人力资源信息的收集、加工、传递和贮存。

第一，人力资源信息收集工作包括以下步骤：确定收集信息的目标、制订收集计划、收集信息和汇集、整理信息。

第二，人力资源信息加工的两个基本要求是保证信息的客观性和提高信息的可用性。一般来说，人力资源信息的加工要经过信息的分类、信息的统计分析、信息的比较和信息的综合处理等环节。

第三，人力资源信息的传递方式有计算机网络传递、出版物传递、广播电视传递、文件资料传递和会议传递等。

第四，人力资源信息存储的程序为信息登记、信息编码和信息存储。所谓信息编码就是按照一定的规律对人力资源信息按相应的顺序编制上统一的数码或代码。对人力资源信息的编码有利于信息的规范化管理，具体的编码方法有顺序编码法、分组编码法、数字式编码法和表意式文字编码法等。涉及信息存放时，要考虑存储量、信息格式、存储方式、使用方式、存储时间、安全保密、使用授权等方面的要求，使组织信息不丢失、不失真、不外泄、使用方便。

2. 人力资源信息管理系统的建立

组织内人力资源信息管理系统的建立不能教条化，而应该根据不同组织的不同情况来具体设计。在这个过程中要考虑以下五个因素：①组织发展战略及现有规模；②管理人员对人力资源有关数据要求掌握的详细程度；③组织内信息复制及传递的潜在可能性；④人力资源管理部门对本系统的运用程度及期望程度；⑤社会上其他组织关于人力资源信息系统的建立及运用情况。

一般来说，建立一个高效运行的人力资源信息管理系统需要经过以下四个步骤：

（1）研究现有系统

在确定要求或评价现有信息系统时，需要回答三个问题：①对新系统的要求是什么？目前信息是如何传递的？②信息使用情况如何？③这些信息对决策的价值如何？

（2）制定信息的优先顺序及概念设计

在全面理解现有信息系统后，就要确定所需信息的优先顺序。人力资源信息管理系统的设计必须确保排序在前的信息的提供；而生成排序在后的信息，只有在其带来的收益大于获得这些信息的成本时才是合理的。

（3）开发新信息系统

整个组织的优先顺序名单支配着人力资源信息管理系统的设计。

（4）确定人力资源信息管理系统

在最终确定了正式模式之后，就具备了新系统运行的基本条件。

3．人力资源信息管理系统的类型

（1）人力资源业务处理系统

人力资源业务处理系统是为组织日常业务处理提供信息服务的子系统，如公司内员工基本信息系统、招聘信息系统、晋升与绩效考核系统、职位分派系统等。影响人力资源信息业务系统的主要变量包括单位类型、组织结构、业务性质、职位配置和员工的个人特征等。

（2）人力资源管理信息系统

人力资源管理信息系统以服务于组织内的管理为目的，包括组织内人力资源的数量及质量等存量管理、人力资源生产力及效率指标的管理和成本与效益管理。

（3）人力资源决策支持系统

人力资源决策支持系统是专门为各级、各层、各部门决策提供人力资源信息的支持系统。决策支持系统大都依靠专用模型产生的专用数据库，结合某一类具体的决策做出决定，它的最新发展是智能支持系统和专家系统或知识工程，一般由数据库、模型库和用户接口组成。人力资源决策支持系统突出了用户接口的重要性。

第三节　人力资源开发

一、公共部门人力资源开发与管理概述

（一）公共部门的内涵与特征

1．公共部门的内涵

社会经济主体一般分为公共部门和私人部门。公共部门是负责提供公共产品

或进行公共管理，致力于增进公共利益的各种组织和机构。私人部门则是提供私人产品，谋求实现自身利益最大化的个人和组织。

私人部门包括个人、家庭和私人企业；而公共部门则在不同的国家有不同的具体分类。我国公共部门一般划分为：国家政权组织、事业单位、公共企业和民间组织。

国家政权组织是指拥有公共权力，依法管理社会公共事务，以增进社会公共利益为目的的国家政权机构；事业单位是指国家为了社会公益目的，由国家机关举办或者其他组织利用国有资产举办的，从事教育、科技、文化、卫生等活动的社会服务组织；公共企业是指部分或者全部由国家投资，由国家委任代表参与和监督经营管理，以提供公共产品为主要经营内容，不以营利为主要经营目标的经济组织；民间组织是指民间自发组织的不以营利为目的的公益性组织。

公共部门的职责之一是提供公共产品。公共产品指的是共享性物质产品和服务，其在调节宏观经济、稳定社会秩序、改善市场条件、提高生活质量、发展文化教育、巩固国家安全、保护生态环境和推进经济增长等方面起主导作用，公共产品和私人产品两者的消费模式具有明显差异。

公共部门的职责之二是进行公共管理以完善市场机制的问题。因此，就需要公共部门在维护市场秩序、稳定宏观经济、优化资源配置、调节收入分配等方面发挥作用。

在我国，民间组织的发展还不够充分，而国家政权组织、事业单位和公共企业在公共部门中则居于主导地位。

2. 公共部门的特征

经济学家斯蒂格利茨认为，公共部门与私人部门的重要区别在于两个方面：一是经营公共部门的负责人所拥有职务的合法性直接或间接地从政治选举过程中产生；二是政府被赋予一定的强制力，这种权力是私营机构所没有的。

从作用的范围来看，私人部门与公共部门之间似乎不存在清晰的界限，特别是当私人部门的行为具有很强外溢性的时候更是如此，但是将典型的公共部门和典型的私人部门进行比较分析以凸显差别将有利于把握它们各自的特质。

(二)公共部门人力资源的内涵

1. 公共部门人力资源

公共部门人力资源是指在公共部门中工作的具有劳动能力的各类人员的总和，即在职人员的总称，是整个社会人力资源的重要组成部分。

2. 公共部门人力资源的数量和质量

（1）公共部门人力资源数量

从数量上来说，公共部门人力资源包括国家政权组织公职人员、事业单位人员、公共企业人员和民间组织从业人员等四个部分。

衡量公共部门人力资源的数量有两个相对量指标：一是财政供养比，是指支出财政供养的国家政权组织和事业单位人员占全体人口的比重；二是国家全部公共部门人员占全体人口的比重，称之为公共部门从业比。这两个指标可用于衡量公共部门的人员数量是否合理，比例高表示公共部门人员充足，可能提供较好的公共服务，但同时也意味着公共部门占用的人力资源较多，财政负担较重；比例低表示公共部门人员较少，意味着公共部门占用的人力资源少，财政负担较轻，但也蕴含公共服务供给不足的风险。公共部门人力资源相对量没有统一的标准，但是市场经济国家为了避免公共部门占用太多的公共资源，一般都倾向于将这一比例保持在较低的水平上。

（2）公共部门人力资源质量

从质量上来看，公共部门人力资源一般是指公共部门从业人员单个个体素质的有机集合，通常由道德素质、身体素质与智能构成。

公共部门人力资源不仅要求单个个体素质较高，同时还要求总体素质结构合理。要提高公共部门人力资源总体质量，除了提高个体素质之外，还要特别注意进行人员的合理调配。只有双管齐下才可能实现公共部门人力资源总体质量的大幅提升。在进行人力资源调配过程中，年龄结构、性别结构、专业结构等因素是不可忽视的内容。

（三）公共部门人力资源开发与管理

1. 公共部门人力资源开发与管理的内涵

公共部门人力资源开发与管理是指公共部门依照相关法规对管辖范围内的人力资源所进行的规划、获取、维持和开发等一系列管理行为。

2. 公共部门人力资源开发与管理的四大功能

（1）人力资源规划功能

公共部门人力资源规划的主要目标是预算准备和人力资源计划，在政府官员之间划分与分配工作任务（工作分析、职位分类和工作评估）、决定工作的价值（工资或薪酬），公共部门人力资源管理者应承担技术人员、专业人员、人力资源管理专家及周旋者的角色。预算过程表现了政治回应性和效率的价值，科学的工作分类与分析，能够提高行政效率，而且有利于对社会公正和个人权利更多地加以关注。工资与福利制度不仅有利于改善员工的经济生活，而且还有助于提供评判员工个人价值的相对客观的经济尺度，同时还能够体现个人权利的价值。

（2）人力资源获取功能

公共部门人力资源获取的主要目标是招聘、选录和甄补政府雇员。公平就业机会、弱势群体保护行动和劳动力多样化计划对公共部门人力资源管理的功能产生了重要影响。这些计划均建立在社会公平和个人权利的价值，以及用于实现这些价值的弱势群体保护行动的法律和程序的基础上。由于公共职位是稀缺资源，因而在其分配过程中存在着影响人力资源获取功能实现的价值冲突。这些价值是分配公共职位的基础，主要包括回应性、效率、个人权利和社会公平等。

（3）人力资源开发功能

公共部门人力资源开发的主要目标是适应、培训、激励及评估雇员，提高其知识、技能与能力。人力资源开发是建立健全现代公共部门和人力资源制度的重点和核心。

（4）纪律与惩戒功能

公共部门纪律与惩戒的主要目标是确立、保证雇员和雇员之间的期望、权利与义务的关系，建立惩戒途径与雇员申诉程序等。纪律与惩戒是人力资源开发与管理四个核心功能中最重要的功能。

总的来看，公共部门人力资源开发与管理的四大功能之间是相互关联、环环相扣的，并且与外部环境处于动态的平衡之中。其中，人力资源规划是基础，是整个人力资源开发与管理体系的蓝图和基石；人力资源获取是手段，是整个人力资源开发与管理体系的砖石；人力资源开发是核心，是整个人力资源开发与管理体系的心脏；纪律与惩戒是保障，是整个人力资源开发与管理体系的安全阀。上述四个方面的功能构成一个有机整体，各个部分之间相对独立，但又相互影响、相互制约。

3. 传统人事管理与现代公共部门人力资源管理的比较

现代公共部门人力资源管理是从传统人事管理学科发展而来的。人事就是指在"用人治事"的过程中发生的人与人、人与组织、人与事（工作）之间的相互关系，所谓人事管理，就是人事关系的管理，其目的在于使人与事、共事的人与人之间实现最佳的关联，有效地实现组织目标。人事管理的全部内容都围绕人与事的关系来展开和进行，追求最终实现事得其人，人尽其才，才尽其用，人事相宜。

4. 公共部门人力资源开发与管理模式

公共部门人力资源开发与管理系统包括宏观环境、公共部门内部人力资源开发与管理系统、人力资源开发与管理社会服务体系三个部分。公共部门内部人力资源开发与管理系统和人力资源开发与管理社会服务体系两者都受宏观环境的影响，两者之间密切协作、共同作用于人力资源绩效。

宏观环境包括政治、经济、劳动力、科学技术和社会文化等因素，这些方面的差异决定了不同国家或地区的公共部门人力资源开发与管理系统之间差异显著。例如，公共部门人力资源绩效的首要影响因素是公共部门内部的人力资源开发与管理系统。这一系统和私人部门企业组织内部的人力资源开发与管理体系类似。在组织战略、组织结构和组织内部环境影响之下，公共部门内部的人力资源管理部门负责组织开展人力资源规划、工作分析、甄选、培训与开发、职业发展、绩效评价、激励、工资与福利、晋升与调配等工作，其中的培训开发和职业发展是典型的部门内部进行的人力资源开发工作。

人力资源开发与管理社会服务体系是处于组织之外，但和公共部门人力资源管理关系密切的一些公共服务体系。它包括正规教育体系、职业培训体系、就业服务体系、社会保障体系和监督维护体系等几个部分，正规教育体系主要是指大、中、小学等教育机构，它们主要提供就业前的素质教育服务；职业培训体系指组织内外的各类职业培训机构，主要对就业后或处于就业预备期的人员提供有针对性的培训服务；就业服务体系是指遍布各地的就业服务机构，为人员就业和流动服务；社会保障体系包括各种为劳动者提供医疗保健服务的机构，相关的各种社会保障基金的管理和营运机构也包括在内；监督维护体系是维护正常劳动秩序的各类机构，主要指劳动纠纷处理机构和组织内部的工会组织等。

人力资源绩效不仅和各个公共部门内部的人力资源开发和管理体系有关。而且还和人力资源开发与管理社会服务体系关系密切。因为公共部门提供的是公共产品，其最终绩效不仅取决于公共部门内部管理水平的高低，相关人力资源开发与管理服务体系的素质也对公共部门人力资源绩效影响重大。

二、我国公共部门人力资源开发与管理的变革和展望

（一）我国公共部门人力资源开发与管理的沿革

进入 21 世纪，中共中央提出了人才强国战略，强调着力建设党政人才、企业经营管理人才和专业技术人才等几支队伍，掀开了我国公共部门人力资源管理工作新的一页。

（二）我国公共部门人力资源开发与管理思想的更新

结合我国的实际情况，在推进社会发展过程中同时必须坚持以人为本，我国当前要着重抓好培养吸收和用好人才两个环节，具体体现在以下方面：加强人才资源能力建设，深化人才工作体制改革，大力培养各类人才，加快人才结构调整，优化人才资源配置，促进人才合理分布。

（三）新时期我国公共部门人力资源开发与管理变革的成果和深化的关键

目前，我国公共部门人力资源开发与管理变革还存在一定的问题，如人力资源流动环境改善迅速，但人力资源投资多元化、一体化仍有进步空间；公共部门人力资源培训力度大大加强，但市场化不足；法律规章制度日渐完善，但要实现良治还需要多方共同努力；信息服务系统电子化和网络化发展迅速，但体系尚需完善。这些都是新时期我国公共部门人力资源开发与管理变革的成果和深化的关键。

第三章 人员的招募甄选、录用、培训

第一节 工作分析

一、工作分析的内容、原则及作用

只有明确工作分析的内容，才能按照科学的原则，进行系统的工作分析，并形成工作分析的相关文件，为人力资源管理中的其他工作提供依据。

（一）工作分析的概念

工作分析是运用科学、系统的方法，明确某项特定工作岗位需要完成工作任务特征以及胜任这一工作职位任职者所需要具备的知识、技能条件的过程。

（二）工作分析的内容

一般来说，工作分析应当包括对以下六个方面信息的分析：

1. 工作名称

工作名称是指要确定分析的是什么岗位，根据工作性质和其在组织中的位置，确定工作名称、所属部门名称、职位等级、工作代号等工作特征，并进行恰当的表述，以便对各种工作进行识别、登记、分类。

2. 工作过程分析

工作过程分析是指企业中的成员为了完成某一特定任务需要做的一系列相关工作。清晰的工作流程有助于管理者和员工清楚地认识到工作是如何完成的。

3. 工作责权分析

工作责权分析包括工作任务、工作责任的重要程度、工作负荷、设备和材料的运用、核查是否具备完成工作所需的权限、监督管理和被监督管理是否实现责权对等的原则。

4. 工作关系分析

在组织中每一个岗位必然与其他岗位有着紧密的联系，工作关系分析主要是指分析岗位的直属上级、下属，如何协作以及可升迁和调换的岗位等。

5. 工作环境分析

工作环境分析指劳动者工作的条件和环境，主要包括物理环境（温度、湿度、噪声、粉尘等）、安全环境（工作环境的危险性、职业病、卫生条件等）、社会环境（工作所在地的生活环境、人际关系等）。

6. 任职资格分析

任职资格分析是对任职者所必须具备的知识、经验、技能、素质、心理及生理因素的分析。在此基础上，企业可以根据员工的特点将其安排到最适合的工作岗位上，达到人尽其才的目的。

（三）工作分析的原则

进行工作分析，必须遵守如下原则：

1. 系统性原则

任何组织或单位都是一个相对独立的系统，它们之间是相互联系、相互影响的，因此，在对某一工作进行分析时，要注意该工作与其他工作的关系以及该工作在整个组织中所处的地位，从总体上把握该工作的特征及对人员的要求。

2. 动态性原则

工作分析的结果是工作说明书，但工作说明书不是一成不变的，当企业面临重大调整、新的管理理念和新技术的引进时，都要根据组织的战略意图、内外部环境的变化、业务的调整，经常性地对工作分析的结果进行调整。工作分析是企业人力资源部门一项常规性的工作，需要定期修订和完善。

3. 目的性原则

目的不同，工作分析的重点就不同。如果工作分析是为了明确工作职责，那么，分析的重点就应侧重于工作范围、工作职能、工作任务的划分；如果工作分析的目的在于选聘人才，那么工作分析的重点在于任职资格界定；如果工作分析的目的在于决定薪酬的标准，那么，重点就在于对工作责任、工作量、工作环境、工作条件的界定等。

4. 经济性原则

工作分析的内容细致繁多，从确定工作分析的目的，制订计划，到最后形成工作说明书，是一个长期的过程。因此，应当本着经济性的原则，根据工作分析的目的采取合理的方法，以最低的成本来实现更大的效益。

5. 职位性原则

工作分析的出发点是从职位出发，分析职位的内容、性质、关系、环境以及人员胜任特征，即完成这个职位工作的从业人员须具备什么样的资格与条件，而不是分析在岗的人员如何。否则，会产生社会赞许行为与防御心理等不利于工作分析结果的问题。

6. 应用性原则

应用性原则是指工作分析的结果形成工作说明书后要用于公司管理的实际中去，进而指导实践，而不能仅仅作为一种文档保存起来。无论是人员招聘、选拔培训，还是考核、激励，都应当严格按工作说明书的要求来做。

（四）工作分析的作用

1. 工作分析对人力资源规划的作用

人力资源规划的核心工作是人力需求与供给的预测，确定满足人力需求的方案，这些都离不开清晰的岗位层级关系和晋升、岗位转换关系，工作分析是人力资源规划的重要基础和依据。

2. 工作分析对招聘录用的作用

工作分析为招聘岗位提供了明确的学历、工作经验、专业技术水平、能力等人员方面的要求，为求职者提供了参考，也为企业提供了录用依据，提高了人事匹配的准确性，真正实现人—岗位—组织的协调发展。

3．工作分析对培训开发的作用

通过工作分析，才能明确员工是否具备基本的知识技能，是否具备进一步开发的潜力，考察哪些人员需要培训以此评估培训需求，制订完善的培训计划，使人员培训更具有针对性，才能指引组织的培训方向，编制出真正适合企业员工的培训课程，使培训做到有的放矢，避免资源浪费。

4．工作分析对绩效管理的作用

工作分析为科学的绩效管理提供了基础。在绩效管理体系中，无论是绩效考核方法的选择、考核指标的设定、考核指标权重的划分、考核周期的选择还是考核主体的选择，工作分析都发挥着重要作用，它的成果文件即工作说明书是绩效考核指标制定的重要依据，管理者可以据此设计考核指标和客观公正的绩效标准体系，使员工了解组织的期望，提高管理效率和工作质量，进而取得满意的工作绩效。

5．工作分析对薪酬政策的作用

工作分析为薪酬管理提供相关的工作信息，通过了解各项工作的内容、工作所需要的技能、学历背景、工作的危险程度等因素确定工作相对于组织目标的价值，根据工作差别确定薪酬差别，使薪酬结构与工作相挂钩，制定适当的薪酬比率，设计公平合理的薪资政策，提高员工的公平感和工作的积极性。

6．工作分析对职业生涯的作用

工作分析可以帮助员工明确工作权限、责任、工作关系、工作环境和胜任某些职位所需要的知识、技能，员工可以通过工作分析了解职业发展的路径与具体要求，从而确立自己的职业目标、调整自己的学习重点、提升自身的职业素养、缩小自身条件与岗位要求之间的差距。

二、工作分析的基本程序

工作分析虽然是人力资源管理最为基础的工作，但是也是一项技术性很强、复杂而细致的工作。为了保证工作分析的科学性和合理性，一般而言，工作分析可分为以下几个阶段：

（一）准备阶段

1. 建立工作分析小组

小组成员通常由分析专家构成。所谓分析专家，是指具有分析专长，并对组织结构、组织内各项工作有明确概念的人员。一旦小组成员确定之后，就分配任务，大家各司其职，保证高效地开展工作。

2. 明确工作分析的目的

有了明确的目的，才能正确确定分析的范围、对象和内容，规定分析的方式、方法，并弄清应当收集什么资料、如何去收集、用什么方法去收集，明确了工作分析的意义，才能有的放矢。

3. 明确工作分析的对象

为保证分析结果的正确性，应该选择有代表性、典型性的工作，界定工作分析的对象和样本，制订具体的工作分析的实施计划。

4. 建立良好的工作关系

为了搞好工作分析，还应做好员工的心理准备工作，建立友好的合作关系，与员工建立良好的沟通关系，能够消除其对工作分析的戒备和误解。

（二）调查阶段

调查阶段根据工作分析的目的，收集工作分析的相关背景材料，包括工作职责、内容、程序、工作环境、工作关系、任职资格等，对岗位进行详细的调查研究。

1. 编制调查提纲和问卷

分析人员查阅以往的书面资料和报告，根据实际应用的需要，编制合适的工作分析调查提纲和问卷。

2. 确定调查方法

工作分析的方法多种多样，多种方法各有优缺点，要根据工作特征确定收集信息使用何种调查方法，综合使用，相互补益，尽可能多地收集数据资料。

（三）分析阶段

分析阶段主要是对有关工作特征和工作人员特征的调查结果进行归纳、整理、分类，转化成标准化的书面文字，为最终形成工作说明书做准备。

1. 整理工作信息

将调查所得资料交于工作分析小组专业人员和调查对象仔细审核、筛选，提高工作信息的可靠性和准确性。

2. 分析工作信息

分析、揭示各职位的主要成分和关键问题，总结出工作分析的必需材料和要素，然后将信息分门别类地编入工作说明书的项目内，为下一阶段做准备。

（四）总结调整阶段

本阶段是工作分析的最后阶段，主要任务是根据工作分析的初步结果，在深入分析和总结的基础上编制工作说明书，将工作说明书应用到实际中，在实践中反馈与修正，最后形成完善的岗位说明书。

1. 形成工作说明书

根据工作分析的研究数据，编制有关工作任务、职责、工作内容、工作条件、工作环境的"工作描述"和包括员工工作要求和任职条件的"工作规范"，使用规范简洁的语言，按照统一的编写格式，形成工作说明书。

2. 工作说明书的运用

将草拟的工作说明书应用到实际工作中，收集应用的反馈信息进行对比，对信息进行修改和调整，不断完善工作说明书。

3. 工作说明书的反馈与调整

对工作分析进行总结，以文件形式确定工作说明书和调整记录并归档保存，为今后的工作分析提供经验，并指导企业的绩效薪酬、招聘和培训，在实际使用的过程中，发现问题并及时反馈与修正，最终形成完善的工作说明书。

三、工作分析的方法

工作分析的方法有很多，下面我们着重介绍几种比较有代表性的工作分析方法。

（一）访谈法

这是目前在国内企业中运用最广泛、最成熟、最有效的工作分析方法。访谈法是指工作分析者按事先拟定好的访谈提纲，与任职者面对面交谈，收集工作信息的方法。在这些情况下，接受过专门培训的工作分析者需要对任职者进行访谈，获得具体岗位的工作目标、工作范围和性质、工作内容和工作责任。访谈的对象可以是该职位的任职者、对工作较为熟悉的直接主管人员、与该职位工作联系比较密切的工作人员、任职者的下属。

根据访谈对象的多少，访谈可以分为个体访谈和群体访谈。个体访谈是指访谈者与访谈对象进行一对一的单独访谈；群体访谈是指将多个访谈对象集中在一起同时进行访谈。而根据工作分析访谈的结构化程度，访谈法可分为结构化访谈和非结构化访谈。结构化访谈是按照事先统一的标准，按照有一定结构的提纲进行的正式访谈。非结构化访谈是只按照一个粗线条的访谈提纲进行的非正式访谈。做结构化访谈可以根据实际情况灵活地收集工作信息，但所收集的信息缺乏完备性；通过结构化访谈能够收集全面的、系统的信息，但不利于被访谈者进行发散性思维。在工作分析访谈实践中，结构化访谈和非结构化访谈往往结合起来使用。

访谈法的优点是：能够对任职者的工作态度与工作动机等深层次的内容有比较详细的了解；能够迅速收集工作分析具体而准确的资料，适用面广；加强与员工的沟通，发现管理中的问题，完善工作系统。但是，访谈法也存在缺点。访谈法比较费时费力，成本高；访谈需要专门的技巧，需要专门训练的工作分析专业人员；访谈对象在访谈中易于夸大其承担的责任和工作难度，信息不一定真实；任职者可能不信任工作分析人员，尤其是在一些敏感问题上，也可能怀疑其动机，从而影响所获信息的客观性；访谈结果标准化的程度较低，不同的人对问题的理解不同，回答也不同，无法进行比较分析，访谈结果的推广受到限制。

（二）观察法

观察法是指工作分析人员借用人的感觉器官、观察仪器或计算机辅助系统进行实地观察、描述员工的实际工作活动过程，并用文字、图表或流程图等形式记录、分析和表现有关数据的方法。

观察法的优点是：观察法主要适用于周期性、重复性较强的工作，这些工作相对稳定，工作场所也应相对固定，利于观察。通过观察自然环境或工作场合中员工的工作行为，获得非言语行为信息，对于自我工作表述有障碍的任职者能够以肢体语言给予解释，从而避免信息二次加工带来的失真现象，取得的信息比较客观和正确。但观察法也有局限性：观察法主要适用于标准化的、周期短的、以体力活动为主的工作，不适用于工作循环周期长的、以智力活动为主的工作，因为并不是所有工作都能够被观察。例如，人们不可能观察管理者如何做出决策、如何规划工作，因为这些思维活动是难以观察的，而且观察法只能了解工作过程，不能得到有关任职者资格要求的信息；观察工作过程要花大量的时间；观察获得的信息大部分以文字的形式进行描述，不利于进行统计分析；观察的样本数通常较少，而且观察所需要的时间较长，因此影响所收集信息资料的全面性和时效性，可能存在观察者效应，通过观察获得的信息的准确性较低。

（三）问卷调查法

问卷调查法是根据工作分析的目的、内容等事先设计一套调查问卷，由被调查者填写，来收集工作分析信息的方法。作为工作分析中最常用的一种方法，收集工作分析信息的问卷可由工作的任职者来填写，也可以由管理者填写。问卷调查法的关键是问卷设计，主要有开放式和封闭式两种形式。开放式问卷的问题是统一的，事前并不提供答案供被试选择，由被试者根据自己的情况自由回答。封闭式问卷是将每个问题都事先列出几个可能的答案，由被试者根据自己的情况在其中选择一个或几个答案。

问卷调查法的优点表现在：费用低，速度快，节省时间；可以采集大量数据，被调查者可以在工作之余填写，不至于影响正常工作；不限工作类型；问卷内容客观统一，调查获得的数据便于量化；调查可以匿名进行，有利于保护被试者的隐私；问卷调查具有间接性，主试与被试的交互作用较小，提高了结果的客观性。问卷调查法也存在缺点：设计理想的调查问卷比较费时费力；被调查者可能不积极配合，或不认真填写，从而影响问卷调查的结果和质量；由于限定了问题，调查的灵活性不强；深入性不够，只能调查一些表面问题，对复杂问题难以进行深入探索。

具体来说，常用的有职位分析问卷法和管理职位描述问卷法。

1. 职位分析问卷法

职位分析问卷法是一种适用性很强的量化工作分析方法。目的在于开发一种通用的、以统计分析为基础的方法来建立具体职位的能力模型，同时，运用统计分析进行职位之间的比较，为制定薪酬标准提供依据。

职位分析问卷包含194个项目，其中187项被用来分析完成工作过程中任职者活动的特征（工作元素），另外7项涉及薪酬问题。所有项目被划分为信息来源、智力过程、工作产出、人际关系、工作环境、其他特征6个类别，问卷给出每一个项目的定义和相应的等级代码。表3-1为职位分析问卷法的内容。

表3-1 职位分析问卷法的内容

类型	内容	举例	工作元素项目
信息输入	员工从哪里和怎样获得完成工作所需的信息	使用哪些书面材料或其他视觉信息	35
思考过程	在工作过程中如何思考、推理、决策、规划、信息加工和处理	解决问题时的推理难度和水平	14
体力活动	工作需要进行哪些体力活动，需要使用哪些仪器设备	键盘式仪器、设备使用，装配和分解	49
人际关系	工作中与哪些有关人员有什么样的关系	与同事、客户的接触	36
工作环境	工作中的自然环境和社会环境怎样	高温、辐射以及人际间的冲突，心理及社会因素	19
其他特征	与工作相关的其他活动、条件或特征是什么	工作时间安排、报酬要求及职务要求、着装要求	41

职位分析问卷从 6 个方面进行评分：信息使用的程度、花费的时间、适用性、对工作的重要程度、发生的可能性以及特殊代码。

这些评价结果通过计算机处理，就可以得到每个工作在各个维度上的得分，共有 13 个总体性维度，涵盖了工作环境、工作的投入和产出以及工作过程的各个方面，能够得出每个工作在每一维度上的得分。

职位分析问卷法的优点是：将各工作所需要的基本技能与基本行为以标准化的方式列出，考虑员工与工作两个变量因素，具有广泛的适用性，操作性强，从而为人力资源调查、确定工作等级、薪酬标准的制定等提供了依据。另外，职位分析问卷不须修改就可用于不同组织、不同工作，使得比较各组织之间的工作更容易，也使得工作分析更准确、更合理。职位分析问卷的缺点是：由于问卷没有对职位的特定工作进行描述，因此，职位行为的共同性就使得任务间的差异较模糊，所以不能描述实际工作中特定的、具体的任务活动；只有具备较高文化水平的人才能理解其中的项目，分析人员也需要一定的阅读能力，使用范围受到限制。

2. 管理职位描述问卷

管理职位描述问卷是专门针对管理人员设计的工作分析系统。管理职位描述问卷根据因素分析，所有题目被划分为 15 个部分，即 15 个因素。每个因素都包含一定量的相关题目，管理职位描述问卷包括的 15 个因素包括一般信息、决策、计划与组织、行政、控制、监督、咨询与创新、联系、协作、表现力、监控业务指标、综合评价、知识技能与能力、组织结构图、评论与反应，共 274 个项目。使用管理职位描述问卷时，能让管理者根据描述对管理职位的重要性和发生频率进行 5 级计分，并在后面的空白处写下你认为在该维度中还应该包含的其他工作。

管理职位描述问卷适用于不同组织内管理职位的分析；为管理工作所需要的培训、薪酬设计和绩效评估工作提供了基础，但不能分析所有类型的管理工作，灵活性差；耗时太长，工作效率较低，成本高。

（四）工作日志法

工作日志法是由任职者按时间顺序详细记录工作过程，了解员工实际工作的内容、责任、权利、人际关系及工作负荷，经过归纳提炼，获得工作信息的工作分析方法。

工作日志法的优点是：信息的可靠性很高，适于确定有关工作职责、工作内容、工作关系、劳动强度等方面的信息，所需费用也较低；任职者认真负责，能够收集较多的信息量；对于高水平、比较复杂的工作的分析，显得比较经济有效。

工作日志法的缺点表现在：如果员工记日记的态度不认真，信息的可靠性就会降低；适用范围较小，只适用于工作循环周期较短、工作状态稳定的职位；整理、归纳信息的工作烦琐；任职者往往会遗漏很多工作内容，并在一定程度上影响正常工作。

（五）关键事件法

关键事件法是提高工作绩效的关键性因素的一种工作分析的方法。关键事件法是收集、整理导致某工作成功或失败的典型、重要的行为特征或事件。工作分析人员对反映特别有效和特别无效的工作绩效的行为进行记录，然后分类总结。其内容有：导致事件发生的原因和背景；员工的特别有效或多余的行为；关键行为的后果；员工自己能否支配或控制上述后果。

关键事件法的优点是：以可观察、可测量的工作行为为基础，有利于绩效评价标准的建立、甄选标准的开发以及员工培训；员工得到及时反馈，可以改善工作绩效。但关键事件法也有缺点，收集关键事件并加以概括和分类需要花费大量的时间；没有关注中等绩效员工和平均绩效，分析不够全面。因此，关键事件法需要与其他工作分析方法如访谈法和问卷调查法结合使用。

（六）职能工作分析法

职能工作分析法是美国培训与职业服务中心开发的一种以工作为中心的工作分析方法。职能工作分析法以任职者应发挥的职能为核心，对工作的每项任务要求进行详细分析，其基本理论基础是共同的人和工作关系理论，该理论认为，所有工作都涉及职位的任职者和数据、人、事三者的关系。它的框架主要包括：①任职者要完成什么与做什么，即什么样的工作行为产生了什么样的工作结果。②

任职者的职能。职能分为事物职能、数据职能和人员职能三部分，描述任职者与数据、人和事之间的重要联系。任职者与数据、人和事发生关系时所表现的工作行为，可以反映工作的特征、工作的目的和人员的职能。③完整意义上的任职者。工作者完成工作职能时必须具备的三种技能：通用技能、特定工作技能和适应性技能。最后，工作分析人员根据职能等级表得出每一项工作的等级。

职能工作分析法的优点是对工作内容提供一种非常彻底的描述，对绩效评估非常有用。但是职能工作分析方法对每项职位都要求做详细的分析，因而撰写起来非常费时费力。同时，职能工作分析方法不记录有关的工作背景，对于员工必备条件的描述也并不理想。

四、工作说明书的主要内容

工作分析的直接结果是工作说明书。工作说明书是对某类职位的工作性质、任务、责任、权限、工作内容和方法、工作环境以及任职人资格条件等方面要求的书面记录。通过工作分析获得的资料，经过归纳与整理，可撰写成工作说明书。

工作说明书的内容由两大部分组成：工作描述和工作规范。

（一）工作描述

工作描述具体说明了某一工作岗位的工作任务、职责、工作性质、工作关系和条件，主要包括以下几个方面：

1. 工作标志

工作标志包括工作名称、工作编码、所属部门、直接主管、薪酬等级等。

2. 工作概要

工作概要是对所要完成的工作进行性质和目标的总体概括，包括工作任务、工作责任、使用的原材料和机器设备、工作流程、与其他人的正式工作关系、接受监督以及进行监督的性质和内容等。

3. 工作内容

工作内容包括工作任务、责任、权限，所使用的工具以及机器设备、工作流程、绩效标准等。

4．工作关系

工作关系是指与其他人联系、所接受的监督以及所实施的监督和可晋升平调的岗位等。

5．工作环境

工作环境包括物理、社会、安全环境。工作地点的温度、光线、湿度、噪声，工作环境的危险性，职业病，所在地的生活环境等。

（二）工作规范

工作规范是任职者完成特定的工作所必须具备的知识、技能等任职资格和条件。主要包括：

1．基本要求

主要包括任职者的年龄、性别、学历、工作经验等基本信息。

2．身体要求

主要包括任职者的健康状况、力量和体力、运动的灵活性、感觉器官的灵敏度等完成工作所需的身体条件。

3．心理要求

包括任职者的观察能力、学习能力、解决问题的能力、语言表达能力、人际交往能力、性格特点、品格气质、兴趣爱好等。

4．知识和技能要求

主要指从事岗位所应具有的专业基础知识和技能要求，如必备的职业培训和资格证书等。

（三）编写工作说明书的注意事项

将工作描述和工作规范结合在一起即是工作说明书。在编写工作说明书时，要根据岗位的特点等实际情况，以客观公正的态度，使用通俗易懂的语言，规范统一的文字，生动细致地描述工作流程、技能和责任，内容清晰完整，格式统一，详略得当。在调查阶段要协调好各级管理人员和员工，保持沟通，获取他们的支持，在编写完成后，也要随着企业的变化及时更新和完善。

第二节　员工的招募录用

一、员工的招募甄选

招聘越来越受到单位的重视，有三个方面的原因：①单位之间的激烈竞争和自身发展速度使单位对人才的需求远大于自身的培养速度，招聘是最快捷地获取员工的手段。②单位的业务越来越趋向于复杂，对于综合性人才的需求越来越强烈，尤其是具备相应的知识、经验、能力和优秀素质的跨界人才。对于大多数单位而言，内部培养是不能完全满足需求的，必须借助外部招聘。③招聘是为组织补充新鲜血液最有效的方式。

（一）招聘方法与渠道

根据招聘面向的不同群体，可分为内部招聘和外部招聘。内部招聘指面向本单位内部员工开展招聘，最重要的原则就是坚持公平、公正和程序透明。内部招聘的优点是对员工激励性强，有利于保持单位文化和优良传统；缺点是不利于引入新思路、新方法，容易形成保守的单位文化。外部招聘又包括面向毕业生的校园招聘和面向有工作经验人员的社会招聘，针对不同的招聘对象可采用不同的招聘方式和渠道。

1. 校园招聘

校园招聘的优势是可以用较低的成本吸引到高潜力的人才，毕业生更容易接受单位文化，有利于扩大单位知名度，等等。常用的方式包括以下几个方面。

（1）网申系统

在自己单位的网站上开通网申系统，接受毕业生的申请。网申系统可以大大提高简历筛选效率，不符合条件的应聘者将被自动屏蔽。但如果单位在毕业生中的知名度不高，则收到的简历量就会很低。

（2）开展校企合作

开展校园巡回宣讲，让学生直接感受到单位的魅力。许多单位会请已经毕业的校友担任"宣讲大使"，进一步增强单位的吸引力。开展校企合作，有利于扩大在学生中的影响力，并发掘优秀人才。在开展校园招聘时要注意与各大高校的招生就业办或职业指导中心合作，并提前在高校内网上发布相关消息，并通过校方协助在学生中进行宣传和组织活动。学校会很乐意提供就业合作，并且通常是免费的，或者仅收取较低的场地费用。

2. 社会招聘

社会招聘最常用的渠道就是通过专业招聘网站。招聘网站现在很多，各有不同的侧重点，如专注于互联网人才的内推网等，专注于医药领域的医药网站，专注于服装领域的服装网站，专注于酒店领域的中国酒店招聘网等。

（二）招聘工作流程

招聘工作从制订年度招聘计划开始，直到岗位候选人入职结束。首先，制订年度招聘计划，根据人员规划和用人部门确定的用人需求表，确定招聘费用预算，包括差旅费、场地费、租赁费、材料费等。其次，确定面试方法，面试是考察候选人的非常重要的方法，技术性强。再次，要求候选人填写应聘登记表。最后，制作面试评价表。该表是对面试考察要点的指引，通过围绕这些要点提问，对候选人进行评价。

在确定招聘的录用条件时，许多单位都会对候选人提出一些素质层面的要求，如积极主动、抗压、善于沟通等，有些岗位对这些素质的要求甚至很高。要在面试中很好地对素质进行判断，就要设计好面试问题，一种有效的方法就是行为事件访谈法（Behavioral Event Interview，BEI），通过层层追问候选人过去实际经历的一些案例来判断。最初完整的 BEI 主要用于素质模型的建立，现在一些知名单位也掌握了 BEI 的方法，并在面试候选人过程中，取得了良好的效果。比如，许多单位要求员工具有"事业激情"，用 BEI 的方法可以提出以下问题：①请您列举一个对工作很投入、充满激情的事例；②请您列举一个近两年工作中受到巨大挫折的事例；③请您列举一个在工作中突破重重阻力和困难，最终取得成功的事例。

使用 BEI 时，重点挖掘事件关键节点的 FACT，即"Feeling"（你当时有什么感受）；"Act"（你当时做了什么）；"Circumstances"（当时是什么场景、什么背景下产生的）；"Thinking"（你当时有什么想法）。要挖掘行为的细节，对照目标素质解码其所展现的素质层级。

二、员工的录用

（一）人员录用的程序

单位通过人员甄选，做出初步录用决定后，接下来要对这些入选者进行背景调查、健康检查，合格者与单位签订试用协议。同时，单位应及时通知未被录用的应聘者。

1. 背景调查

背景调查的主要目的是了解应聘者与工作有关的一些背景信息，对应聘者做一个更为全面的了解，也可以通过背景调查对他的诚实性进行考察。背景调查主要包括：学历学位调查、工作经历调查以及不良记录调查等，这些信息可以向应聘者过去的雇主、过去的同事甚至客户了解。进行背景调查时，注意把重点放在与应聘者未来工作有关的信息上；尽量从各种不同的信息渠道验证信息，避免偏见；同时要注意避免侵犯应聘者的个人隐私。

2. 健康检查

健康检查后，如发现被录用者有严重疾病的，取消录用资格。

3. 签订试用协议

单位与被录用者签订试用协议，以法律形式明确双方的权利和义务。

4. 被录用者报到

被录用者携带录用通知书和其他材料到单位人事部注册报到。试用合格后，与单位正式签订用工合同；未被录用的应聘者的回复也不可忽视，因为未被录用的应聘者以后还有可能成为单位的一员，或成为单位的顾客与竞争者。不过，单位在回复未被录用的应聘者时要非常小心，首先可以对他们参加单位的招聘表示感谢，同时还可以对应聘者的某些优点表示欣赏，然后再告知单位暂时没有合适的职位给应聘者。

5. 测评

由于面试的信效度受面试官的影响非常大，尤其是当工作对候选人的深层次素质如个性、价值观甚至动机等有较高的要求时，仅靠面试会有较大风险，此时可以引入测评技术辅助判断。

测评是指采用科学的方法和工具，对人所具备的能力、素质进行评价，并对未来在工作中的表现进行预测。测评的理论依据有很多，其中比较著名的是麦克利兰教授的"冰山模型"。麦克利兰将个体素质的不同表现划分为表面的"冰山以上的部分"和深藏的"冰山以下部分"，其中冰山以上部分包括基本知识、基本技能，是外在表现，容易直接测量；而冰山以下部分包括社会角色、自我认知、特质和动机，是人内在的、难以直接观察和测量的部分，而且相对稳定，不太容易受到外界的影响而发生明显改变，却对个体的行为与表现起着关键性作用。冰山以下的部分，一般单位很难自己测量，因为这不但要求有很深厚的心理学背景，而且要有大量的样本进行对照，需要借助第三方专业机构开展。

借助互联网技术，许多第三方机构已经完全实现了标准化的测评，费用也因此大幅度降低。

6. 进行背景调查

对一些敏感岗位，如高管、财务、采购等，应在正式录用前对候选人进行背景调查，主要内容包括履历真实性、离职原因、职位及工作内容、工作表现等。

背景调查最合适的时机是在单位发出 offer，候选人同意所有条款并签字确认后，在其办理入职手续之前开展。为使背景调查更有法律依据，单位应在发出 offer 的同时附上一份授权书，由候选人书面同意单位对其进行背景调查，候选人必须同时在 offer 和授权书上签字，单位才认可 offer 的合意性。

（二）人员录用的原则及方法

1. 人员录用的原则

（1）补偿性原则

这是指求职者在招聘测评中成绩高的项目可以补偿成绩低的项目。一般来说，在评价时会对不同项目设置不同的权重，权重越高的项目，其录用价值也越高。但特殊情况下，不能光看总成绩的高低来确定录取结果，而应根据对不同职位的要求，侧重对某一项目的测评，从而确定录取结果。如果成绩高的项目恰是侧重的项目，这样我们就认为成绩低的项目就不重要了，可以录用。补偿原则可以用于选择具有特殊才能的人才，使其不至于因总成绩不高而被淘汰。

（2）多元最低限制原则

这是指求职者在测评的每个方面都必须达到某个最低的标准，如达不到就被淘汰。这一原则适合综合素质的测评项目，特别适合广度测试。

（3）混合原则

组织在录用过程中，经常会遇到这样的问题，即在某个方面对员工有最低的要求，但是在其他几方面对员工没有最低的要求，这时就可以运用混合原则。具体的步骤是首先对求职者运用多元最低限制原则淘汰一部分，然后运用补偿性原则对求职者进行综合评价。

2. 人员录用的主要方法

（1）逐渐筛选淘汰模式

在这种模式中，将每一步骤都视为一关，通过这一关的人方能进入下一关，在整个甄选过程中，求职者人数逐渐减少，选择目标逐渐集中。在人员甄选工作量较大的情况下通常可以采取这种模式。

（2）信息累积综合评价选拔模式

这种模式的甄选过程是为了了解求职者的情况、积累有关信息，在对每个求职者在每个步骤的表现或成绩进行综合评价和比较之后，再做出取舍。采用这种模式可以避免在甄选过程中淘汰不应淘汰的人，但甄选工作量比采取逐步淘汰方式的工作量要大。

（三）人员录用须注意的问题

单位招聘人员在录用新员工的过程中，必须注意以下问题。

第一，正式录用后，要及时通知已录用的应聘者。同时，对于未录用的应聘者，要由人事部经理亲笔签名，委婉地拒绝。

第二，录用后的合同签订、试用期的培训等工作必不可少，它是关系到单位形象的重要工作。

第三，除非这个职缺的工作有很大的发展前景，否则要小心，不要录用一个能力超强的人，对工作感觉不充实的员工很快就会对工作感到厌烦，并且很快就会离职。

第四，有些应聘者只想暂时先找一份工作安身，然后再慢慢找一个更稳定的永久工作，对这些人要特别留心，很可能在他们身上投入了三个月的人员培训，而他们却在工作快要进入状态之前离去。在甄选人员时，一定要就这一点对应聘者诚恳地表达质疑。

第五，对那些频频更换老板的求职者，要特别小心，他们现在也许会说以前老板的不是，一个不诚恳的应聘者并不是单位要用的人。

第六，在决定录取某一个人员时，要考虑这个人是否能跟小组的其他成员相处，邀请他到自己的部门待半天，便可知分晓。

第七，一个人的一生如果一直都很顺利，充满成就和许多成功的记录的话，那这种人往往也会继续成功；对那些自称运气不好的应聘者，要特别小心，不论他们解释得如何言之有理，也不要轻易相信。

第八，永远不要企图能在"百坏中选一好"。如果你明知某人不是很适合，但仍加以录用，那就等于告诉自己，不久之后又得把这整个招聘程序重新来过一遍。

第九，假如面试后合适的应聘者有好几个，要利用考试的方法，找出最佳人选，千万不要急着做决定，尤其不要因为有某一个应聘者急着想要知道结果便受到影响。

第三节　员工的培训

一、员工培训的方法

在人力资源培训中，公共部门的人力资源培训涉及范围广、培训方法种类多。本节从公共部门人力资源培训出发阐述员工培训的方法。

（一）公共部门人力资源培训概述

1. 公共部门人力资源培训的内涵

公共部门人力资源培训是指公共部门根据相关法律法规的要求和规定，以提高公务人员的素质、能力和工作绩效为目的，所开展的一系列针对公务人员的培养、训练和教育等活动。它是国家人力资源管理的重要组成部分，培训可以提高公务人员的工作水准，进而不断提升公共部门的综合行政能力和服务能力，形成一支优质高效、廉洁的公务员队伍，从而获得社会公众的广泛认可和信任。

作为一种成人继续教育，公共部门人力资源培训与一般的学校常规教育有所不同。

第一，公共部门人力资源培训是以提高工作岗位的工作效率和水平，改进工作方式为核心和直接目的。因此，它的针对性较强。培训的内容和方式，基本上都是围绕公职人员从事行政活动所必备的政治素质、职业道德以及知识、能力和技巧。

第二，公共部门人力资源培训是一种终身的、回归的继续教育，是常规教育的发展和延续，属于"第二过程教育"的再教育，它伴随着公职人员个人职业生涯发展的始终。再次，公共部门人力资源培训的内容是根据职位或职务的具体要求，向受训者灌输专门的知识和特殊的技能，以工作需要为着眼点。从长远和整体上看，培训被作为提高整个政府组织绩效的基本途径和手段。

第三，公共部门人力资源培训的形式多样灵活，伸缩性较强。在教育时间、范围和方法上，都是契合公职人员的工作需求的。

2. 公共部门人力资源培训的必要性

21世纪，人类进入了一个崭新的时代，社会矛盾加剧，对公共部门人力资源管理也有了更高的要求。因此，公共部门人力资源培训具有重要的意义。

第一，随着科技革命时代的到来，传统的学习、工作方式逐渐被网络化替代。这就要求公共部门人员努力提高自身的素质，完善自身的知识体系，掌握学习更新知识的方法，用新的工作方式从事公共管理事务，更好地为公众服务。

第二，当今政府面临的各类社会问题往往具备复杂性、成因多样化等特征。

因此，公共部门人员在处理这些问题时，要有整体意识，注意把握问题的主要方面与次要方面。这些能力都需要公共部门人员参加培训，增强判断能力和解决问题的能力，不断完善自我，具备与时俱进的公务处理能力。

第三，随着市场经济体制的不断完善以及行政改革的深入，当今政府逐步向服务型政府转变。服务型政府以让公众满意，提高公众的服务质量为目标。因此，公共部门服务型政府的建设需要培训一支能够适应政府职能转变后的新型行政运作方式的行政队伍。

第四，公共部门人力资源是国家维护政权稳定、提高综合国力的主要力量，公共部门人力资源的人才结构模式和发展是公共部门长期规划的重要组成部分。因此，公共部门人力资源培训是一项战略性任务，关系着国家和民族的前途。

（二）我国公共部门人力资源的培训

1. 我国公共部门人员培训的类型

公共部门人员培训属于在职教育，其形式具有较强的弹性，类型也多种多样。一般来说，有以下几种：

（1）任职或初任培训

对新录用、尚未正式任职的初任公务员进行的理论和实践教育培训，是被录用后试用期内的必经环节，培训合格者才能被正式任用。

（2）在职培训

它的对象是已经在公共部门服务若干年的公职人员。这类培训根据社会经济环境的变化，以及政府某些行政职能的扩大和加盟、知识结构的更新等需求，以调整公职人员的知识技能、提高政治素质和提高行政管理的能力为目的。培训的方式以离职学习为主。国家通常有计划地加强对优秀年轻公务员的培训。

（3）晋升培训

对在职公职人员中高层次的人员和有希望或拟将晋升到更高职位的公职人员进行的培训。此类培训有明确的针对性，根据职务所要求的理论知识、政策水平、组织能力和综合素质，给予公职人员在政治、业务、技能等方面的教育，使其能够胜任更高一级的领导职位的工作。

（4）专门业务的培训

公职人员在从事某项专门性的业务工作或临时性业务工作之前，接受培训，其目的是使培训人员掌握拟从事的专门业务工作所要求的特殊知识、技能和能力等，从而胜任此专项工作。

2. 我国公共部门人力资源培训模式

我国现有的公共部门人力资源培训模式大致可以分为 MPA 教育培训模式、岗位技能培训模式和跨国培训模式三种。

（1）MPA 教育培训模式

公共管理硕士（Master of Public Administration，MPA）学位教育是国际公认的高层次职位研究生教育之一，它起源于 20 世纪 20 年代的美国。由于具有一套完整的公共行政和公共管理的教育体系，MPA 教育在许多发达国家和地区的公共人力资源管理中起着积极的促进作用。随着我国社会主义市场经济体制的建立健全、公共部门在市场运作中角色的变化，我国大胆借鉴国外 MPA 教育的成功经验和先进做法，通过大力建立和创新我国的 MPA 教育体系，培养面向国际的、适应新时期发展需求的高素质管理人才。我国的 MPA 教育有以下特点：

第一，培训目标方面。基于我国的政治、经济、社会、文化对公共人力资源的素质要求，我国提出了具有中国特色的 MPA 教育培训目标：造就德、智、体全面发展，德才兼备，适应我国改革开放和现代化建设需要，能够担当起 21 世纪中华民族复兴的领导与管理重任的新型高层次公共事务、政府管理和政策研究与咨询的高级人才，为公共部门特别是党政机关和群众团体及企事业单位培养具有现代公共事务、公共管理和公共政策理论素养，掌握先进分析方法及技术，精通某一具体公共管理或政策领域的领导者、管理者、政策分析者及其他公共服务人才。

第二，招生对象方面。MPA 的招生对象为大学本科毕业，具有学士学位，年龄在 45 周岁以下，具备 4 年以上实际工作经验的政府部门及非政府公共机构的工作人员。

第三，课程设置方面。全国公共管理硕士专业学位教育指导委员会对我国的 MPA 课程设置做了以下规定：MPA 课程包括专业核心课程、专业方向必修课和选修课三类。其中专业核心课程实行"9+1"形式，即 9 门专业核心课程是教育指导委员会指定的，另外 1 门是学校根据自身的学科情况确定的。专业方向必修课是根据公共管理学科特点和领域，设置 5 个专业方向，每个专业方向列出若干专业方向必修课，培养对象自行选择一组作为专业方向必修课。

第四，教学方法方面。MPA 教育培训主要实行启发式、参与式的教学，尤其是涉及能力提高的课程一般都是采用案例分析的教学方法。设定情景、分派角色、组织开展教学"游戏"或现场模拟活动的教学方法也常常在 MPA 教育培训中使用。

第五，师资队伍方面。从事 MPA 教育的专职教师必须具备国内外著名大学或研究机构的博士学位，可以是政治学、管理学、经济学、社会学、法律等学科的专家；从事 MPA 兼职教师的是在公共管理部门中有实际管理工作经验的工作人员和资深专家。此外，国外一些知名大学教授也会应邀为 MPA 上课，以开阔学生的国际视野。

（2）岗位技能培训模式

岗位技能培训模式是指按照岗位职务需要，有针对性地对在岗在职人员进行岗位专业知识和实际技能的在职培训。它要求培训内容与岗位需要相吻合，其目的是帮助干部及时获得适应工作发展所必需的知识和技能，具备上岗任职资格；按照培训的对象可以分为以下两种：

第一，新录用工作人员的适应性培训。适应性培训主要针对初任的工作人员及转换岗位的工作人员，它是以示范实习为平台的"传帮带"培训，完成新录用人员的适应性培训就能基本胜任当前的工作。它的培训内容主要围绕专业领域的基础知识和技能，受训对象经过培训后具有专业的背景知识理论，能熟练掌握该职位所必需的工作方式和操作技能。

第二，在职工作人员的强化性培训。强化性培训是指对专门人才的培训，主要针对职位具有较强专业性的工作人员，专业领域的知识、操作技能及工作方式的更新换代都会实施强化性的培训。培训使受训人员不仅掌握和更新满足时代社会新发展要求的岗位技能，更有利于他们才能的发挥和潜能的挖掘，调动他们的创造性和积极性，也有利于培训对象的职业生涯规划，为日后职业生涯中的晋升、深造等奠定基础。

当前的岗位技能培训模式呈现出以下特点：

第一，岗位技能培训目标具有明确性。岗位技能培训的目标是保证公共部门工作人员能够胜任专项工作的需要。培训需求的分析、培训内容的确定、培训方案的制订及培训效果的评估都要围绕明确的培训目标展开。

第二，岗位技能培训形式具有创新性。在组织内部开展岗位技能培训主要依据各岗位、各专业对组织内部工作人员的文化知识和专业技能的具体要求，所以受训对象接受培训的内容一般都是在平时工作中用得上的实际操作技能。培训内容的特殊性要求培训形式要从以传统的课题讲授为主转变为以技能的现场操作为主，培训形式的转变大大增强了培训的实效性。

第三，岗位技能培训标准的层次性。培训对象决定了培训标准的层次性，如适应性的岗位技能培训主要是指基础类的培训，它以基础理论和基本专业技能的传授为主要标准；而强化性的岗位技能培训则是在基础培训后继续培训，它以提高受训对象的职业素养、更新和完善他们的知识结构为主要标准。

3. 跨国培训模式

随着改革开放的深入和经济全球化的进一步发展，为了适应新形势发展的要求，学习和借鉴西方一些发达国家的成功经验，各类跨越国家界限的公共部门人力资源培训模式不断涌现。在成功体验国外优秀的培训方式、学习先进的公共管理理论和技术的同时，跨国培训模式也拓展了公共部门人力资源的视野，为培养国际化的公共管理人才提供了机会。根据培训投入机制、委托方和受托方的类型，可将当前公共部门培训中的跨国模式分为"国外受托机构"与"一中一外受托机构"两种，其中"一中一外受托机构"，根据国内受托方的不同，又可以分为国内直属的党校或行政学院与国内高校两种。

二、员工入职培训的程序

(一) 员工培训的目的

1. 培养员工的能力

通过培训，员工掌握相关的技术程序方法、工具等，是个"知其然"的过程。

2. 提高企业效益

培训是为了不断提高企业的效益。对员工培训的任务是要使员工掌握与工作有关的知识和技能，并使他们能够担负随着工作内容变化的新工作。

3. 灌输企业文化

如何让员工适应并融入企业文化，自觉地遵守企业文化，是企业培训中的重要内容。

4. 迎合员工的需要

培训的目标之一就是使员工不但要熟练地掌握现有工作岗位上所需要的知识和技能，还要使他们了解和掌握本企业或本行业的最新的科学技术动态，以增强他们在实践中的工作能力。

5. 适应竞争的需要

企业进行培训的目的就是要培养一大批始终站在科学技术前沿的高级人才，并通过培训使广大员工能适应工作内容变化的需要。正是由于管理的基本作用是管理人和使人掌握现代的科学技术，又由于环境的复杂多变，因而必须重视对企业管理员工的培训和提高。

培训目标是培训方案实施的导航灯。有了明确的培训总体目标和各层次的具体目标，对于培训指导者来说，就确定了实施计划，积极为实现目的而教学；对于受训者来说，明了学习目的之所在，才能少走弯路，朝着既定的目标而不懈努力，才能取得事半功倍的效果。相反，如果目的不明确，则易造成指导者、受训者偏离培训的期望，造成人力、物力、时间和精力的浪费，提高了培训成本，从而可能导致培训的失败。

培训目标与培训方案的其他因素是有机结合的，只有明确了目标才有可能科学地设计培训方案的其他各个部分，使设计科学的培训方案成为可能。

（二）培训需求分析

需求就是一个组织预期应该发生的事情和实际发生的事情之间的差距，这一差距就是"状态缺口"。企业对雇员的能力水平提出的要求就是"理想状态"，而雇员本人目前的实际水平即为"目前状态"，两者之间的差距就是"状态缺口"。企业要努力减小这种"缺口",这就形成了培训需求。

培训需求分析就是指在规划与设计人力资源培训与开发活动之前,由培训部门、主管员工、工作员工等收集企业战略、组织与员工的相关数据信息,然后采用一定的分析方法和技术,对各种组织及其成员的目标、知识、能力等方面进行系统的鉴别与分析,以确定企业是否需要进行培训与开发活动及培训内容的一种活动或过程。它的关键是找出产生培训需求的真正原因,并确定是否能通过培训来解决。培训需求分析既是确定培训目标、设计培训规划的前提,也是进行培训评估的基础,是培训活动的首要环节。

培训需求的压力点是来自多方面的,包括绩效问题、新技术的应用、法规和制度的变更、员工基本技能的欠缺、客户偏好和要求的变化、新的工作要求等。许多压力点的存在说明培训是必要的。但是,并不是所有问题都能通过培训来解决,只有知识技能的欠缺可以由培训来解决,其他的压力点可以通过工作环境的重新设计和薪酬机制等来解决。

(三) 培训计划的制订

1. 培训目标的确定

培训需求分析之后,就要为培训项目确定目标。培训目标以描述受训者应该能做什么来作为培训结果,也就是确定培训活动的目的和结果。每个培训开发项目都应当确定自身切实可行的总体目标以及具体目标。有了建立在需求分析基础上的培训目标,才能为培训计划提供方向指针构架和信息输入,才能将对象内容、时间方法、教师等要素有机结合,还能为衡量培训效果提供评估依据。

培训目标主要可分为知识传播、技能培养和态度转变三大类。培训目标所指向或预期的培训成果可以分成认知成果、技能成果、感情成果、绩效成果和投资回报率五个大类。其中认知成果用来衡量员工对培训内容中强调的原理、事实、技术程序或过程的熟悉程度;技能成果用来评价员工在技术或运动技能,以及行为方式上的提高程度,它包括员工对一定技能的学习获得,以及在实际工作过程中的应用两个方面;情感成果用来衡量员工对培训项目的感性认识,以及包括个人态度、动机、忍耐力、价值观、顾客定位等在内的情感、心理因素的变化情况,这些因素往往影响或决定个人的行为意向;绩效成果是用来衡量员工接受培训后对工作绩效的提高情况，绩效成果通常以受训员工的流动率、事故发生率、成本、产量、质量、顾客服务水平等指标的上升或下降来度量；最后，投资回报率是指"培训"的货币收益与培训成本（包括直接成本和间接成本）的比较，它可以用来评价组织培训的效益。

2. 培训计划的种类与内容

培训计划按不同的划分标准，有不同的分类。以培训计划的时间跨度为分类标志，可将培训计划分为长期、中期和短期三种类型。按计划的层次可分为公司培训计划、部门培训计划与培训管理计划。

一个完整的培训计划应包含培训目的、培训对象、培训课程、培训形式、培训内容、培训讲师、培训时间、培训地点、考评方式、培训预算以及培训出现问题时的调整方式等内容。

(四) 培训的组织与实施

1. 企业培训体系的建立

通常一个完整的培训体系由培训课程体系、培训管理体系、培训效果评估三部分组成。

(1) 建立培训课程体系

培训课程设置是建立在培训需求分析的基础之上，根据培训课程的普及型、基础型和提高型将培训课程分为员工入职培训课程、固定课程和动态课程三类。员工入职培训课程设置较为简单，属普及性培训，课程主要包括企业文化、企业政策、企业相关制度、企业发展历史等。固定培训课程是基础性培训，是从事各类各级岗位须掌握的应知应会知识和技能，岗位调动、职位晋升、绩效考核反映知识技能有欠缺者须加强固定课程培训。动态培训课程是根据科技、管理等发展动态，结合企业发展目标和竞争战略做出培训分析。这类培训是保证员工能力的提升，为企业的发展提供人才支持。

固定培训课程设置是培训工作中工作量最大的工作。要做好这项工作，在企业中必须建立以员工职业化为目标的分层分类员工培训体系，明确不同岗位、不同级别的员工必须掌握的知识、技能。首先，人力资源部会同各级部门，从岗位分析入手，对所有岗位进行分类，如分为管理类、专业类、技术类等。在分类基础上对每一类进行层次级别定义和划分。由此，按照企业的组织结构和岗位胜任模式来建立固定课程体系就有了分析的基础和依据。以各级各类岗位为基础，分析员工开展业务工作所需的职业化行为模块和行为标准，分析支持职业化行为模块和行为标准所需的专业知识和专业技能。由此，确定各级各类的培训课程，从而开发出相应的培训教材。不同级别的必备知识可以是相同的，但在深度和广度上应该有所区别。

（2）建立培训管理系统

明确实施责任：培训计划的制订和实施，关键是落实负责人或负责单位。要建立责任制，明确分工。培训工作的负责人要有一定工作经验和工作热情，要有能力让公司领导批准培训计划和培训预算，要善于协调与业务部门和其他职能部门的关系，以确保培训计划的实施。

确定培训的目标和内容：在培训需求调查的基础上，应结合组织分析、工作分析、个体分析等决定培训重点、目标和内容。总之，应整合企业和员工的培训目的，以使培训目标准确，培训的内容符合实际需要。

选择培训方法：关于培训方法，前面已经有所介绍。每种方法都有不同的侧重点，因此必须根据培训对象的不同，选择适当的培训方法。方法的选择除了要考虑员工特点外，还要考虑企业客观条件的可能性。

决定被培训对象：除了普遍性的观念性培训外，参加培训的学员必须经过适当的挑选。因为培训要花钱，这笔钱应当用在有一定潜力的员工身上，也就是说所培训的学员要有可塑性。这样就可以做到投资省、见效快。如果学员的可塑性较差，跟不上教学进度，不仅达不到培训的目的，而且对他的投资将大大增加企业的经济负担。以目前大多数企业的经济实力，还不可能在这些人身上投入更多的培训费用。

选择培训讲师：选择企业内部的培训讲师还是外部的培训讲师要依据培训的目标与内容来确定，同时也受到培训预算影响。从企业各级管理员工中聘请培训教师会更加了解培训目标，有利于与员工进行沟通，获得他们的信任和拥护，但也受到对培训讲师知识、培训技巧等限制，也可以聘请外部讲师，特别是在企业进行内部变革时。

2. 培训的方法

（1）讲授培训法

讲授属于传统模式的培训方式，指的是培训师通过语言表达，系统地向受训者传授知识，期望这些受训者能记住其中的重要观念与特定知识。

（2）研讨法

研讨法是指由指导教师有效地组织研习员工以团体的方式对工作中的课题或问题进行讨论，并得出共同的结论，由此让研习员工在讨论过程中互相交流、启发，以提高研习员工知识和能力的一种教育方法。

（3）案例研究法

案例研究法为美国哈佛管理学院推出，目前广泛应用于企业管理员工（特别是中层管理员工）的培训。它是指为参加培训的员工提供员工或组织如何处理棘手问题的书面描述，让员工分析和评价案例，提出解决问题的建议和方案的培训方法。这种方法的目的是训练他们具有良好的决策能力，帮助他们学习如何在紧急状况下处理各类事件。

此方法是针对某一具有典型性的事例进行分析和解答，始终要有个主题，即"你将怎么做"。参加者的答案必须是切实可行的和最好的。培训对象则组成小组来完成对案例的分析，做出判断，提出解决问题的方法。随后，在集体讨论中发表自己小组的看法，同时听取别人的意见。讨论结束后，公布讨论结果，并由教员再对培训对象进行引导和分析，直至达成共识。

（4）角色扮演法

角色扮演是指在一个模拟的工作环境中，在未经预先演练且无预定的对话剧本而表演实际遭遇的情况下，指定参加者扮演某种角色，按照其实际工作中应有的权责来担当与其实际工作类似的角色，模拟性地处理工作事务，借助角色的演练来理解角色的内容，从而提高处理各种问题的能力。

（5）操作示范法

操作示范法是部门专业技能训练的通用方法，一般由部门经理或管理员主持，由技术能手担任培训员，在现场向受训员工简单地讲授操作理论与技术规范，然后进行标准化的操作示范表演，利用演示方法把所要学习的技术、程序、技巧、事实、概念或规则等呈现给员工。员工则反复模仿实习，经过一段时间的训练，使操作逐渐熟练，直至符合规范的程序与要求，达到运用自如的程度。

（6）头脑风暴法

头脑风暴法是一种通过会议的形式，让所有参加者在自由愉快、畅所欲言的气氛中，针对某一特殊问题，在不受任何限制的情况下，提出所有能想象到的意见，自由交换想法或点子，并以此激励与会者的创意及灵感，以产生更多创意的方法。

头脑风暴主要用以启发员工的思考能力并开阔其想象力。此方法重在集体参与，许多人一起努力，协作完成某项任务或解决某一问题。集体参与可以培训员工的团队协作意识；增强个人的自我表现能力以及口头表达能力，使员工在集体活动中变得更为积极活跃；在集体参与的过程中会有很多新的思想产生。

第四章　绩效管理

第一节　绩效管理概述

一、绩效与绩效管理

（一）绩效的含义和特点

从最一般的意义上讲，绩效指的是活动的结果和效率水平。从管理实践来看，人们对于绩效的认识是不断发展的，从单纯地强调数量到强调质量，再到强调满足客户需求，从强调"即期绩效"到强调"未来绩效"等，发展到今天，对其内涵的认识也愈加成熟，学者们从不同角度对绩效进行了界定。概言之，绩效是"绩"（工作的结果）与"效"（实现工作结果的效率水平）的复合体，本身是一种客观存在，但是这种客观的绩效水平需要经过考评者的评价，形成的绩效信息才能对管理决策产生影响。

概括起来，绩效的特点主要包括以下几个方面：

1. 绩效的多因性

绩效的多因性即绩效的优劣不是取决于单一的因素，而要受到主、客观多种因素的影响，即员工的激励、技能、环境与机会，其中前两者是员工自身的主观性影响因素，后两者则是客观性影响因素。

①激励是指调动员工的工作积极性，激励本身又取决于员工的需要层次、个性、感知、学习过程与价值观等个人特点。其中需要层次影响最大，员工在谋生、安全与稳定、友谊与温暖、尊重与荣誉、自为与自主以及实现自身潜能诸层次的需要方面，各有其独特的强度组合，须经企业调查摸底，具体分析，对症下

药予以激发。

②技能是指员工工作技巧与能力的水平，它也取决于个人天赋、智力、经历、教育与培训等个人特点。其中培训不仅能提高其技能，还能使员工对预定计划目标的实现树立自信心，从而加大激励的强度。

③环境因素首先指企业内部的客观条件，如劳动场所的布局与物理条件（室温、通风、粉尘、噪声、照明等）、任务的性质、工作设计的质量、工具、设备与原料的供应、上级的领导作风与方式、公司的组织与规章制度、工资福利、培训机会，以及企业的文化、宗旨及氛围等。环境因素当然也包括企业之外的客观环境，如社会政治、经济状况、市场竞争强度等宏观条件，但这些因素的影响都是间接的。

④机会则是偶然的，如某项任务正巧分配给甲员工，当乙员工不在或因纯随机性原因而未被指派承担此项任务时，其实乙的能力与绩效均优于甲，却无从表现。不能否认，现实中不可能做到真正的彻底而完全的平等，此因素是完全不可控的。

2. 绩效的多维性

绩效的多维性，即需要从多个维度或方面去分析与考评绩效。例如在考查两名生产工人的绩效时，不仅要看产量指标完成的情况，还应该综合考虑产品的质量、原材料的消耗、纪律意识等，通过综合考评各种类型的指标得出最终的考评结论。当然，这也并不是说在所有情况下都需要对所有可能的考评维度进行考评。根据考评的不同目的，可能需要选择不同的考评指标，并且各个指标的权重也不尽相同。因此，在设计绩效考评体系时往往要根据组织战略、文化以及职位特征等方面的情况设计出一个由多重考评指标组成的考评指标体系。这个体系包含多项指标，而且还要根据各种情况确定每个维度以及不同考评指标的不同权重，以区分指标的重要度。

3. 绩效的动态性

绩效的动态性，即员工的绩效随着时间的推移会发生变化，绩效差的可能改进转好，绩效好的也可能退步变差，而如果管理者总是以一成不变的观点看待员工绩效，势必会导致绩效误差的出现。为了有效避免这一问题，在绩效管理过程中，一是要合理设定绩效考评周期，确保考评主体能够根据考评的目的及时充分地掌握员工的绩效情况；二是可以通过合理设置指标体系、引入多元考评主体等方式，尽量确保考评出来的结果真实、客观，真实地反映员工的绩效达成情况。

总之，管理者对下级绩效的考查，应该是全面的、发展的、多角度的和权变的，尽量避免主观、片面和僵化。

（二）绩效管理的含义和特点

绩效管理是指为实现组织发展战略目标，采用科学的方法，通过对员工个人或组织的综合素质、态度行为和工作业绩的全面监测分析与考核评定，不断激励员工，改善组织行为，提高综合素质，充分调动员工的积极性、主动性和创造性，挖掘其潜力的活动过程。具体地说，企业员工的绩效管理具有以下几个基本特点：

①绩效管理的目标是不断改善组织氛围，优化作业环境，持续激励员工，提高组织效率。它既可以按公司、部门或小组的目标定位，也可以按员工的个人目标定位。

②绩效管理覆盖组织中所有人员和所有活动过程，它是企事业单位全员、全面和全过程的立体性的动态管理。

③绩效管理是企业人力资源管理制度的重要组成部分，也是企业生产经营活动正常运行的重要支持系统，由一系列具体的工作环节组成。

④绩效管理是指一套正式的结构化的制度，通过一系列考评指标和标准，衡量、分析和评价与员工工作有关的特质、行为和结果，考查员工的实际绩效，了解员工可能发展的潜力，以期获得员工与组织的共同发展。

⑤绩效管理是以这种绩效考评制度为基础的人力资源管理的子系统，它表现为一个有序的、复杂的管理活动过程。绩效管理首先要明确组织与员工个人的工作目标，并在达成共识的基础上，采用行之有效的管理方法，不但要保障按期、按质、按量地实现目标，还要考虑如何构建并完善一个更有效的激励员工、不断提升员工综合素质的运行机制。

总之，绩效管理是一个将公司与部门、员工个人目标紧密地联系在一起，运用科学的考评方法，从目标、程序导向到意愿、行为、效果导向，从事前策划到过程的监测，从事后考评到绩效改进的动态过程。绩效管理过程的每一次循环都将使企业、组织或员工迈上一个新的台阶，有所提高、有所发展、有所创造、有所前进。

二、绩效管理的流程

随着绩效管理理论和实践的不断发展、变化，学者们对绩效管理的流程问题进行了深入研究，并提出了不同的观点，比较有代表性的观点是把绩效管理分成四阶段模型。该绩效管理系统的设计方案认为，绩效管理是一个闭合循环系统，这个完整有效的绩效管理系统包括绩效计划、绩效监控、绩效考评和绩效反馈四个环节。

（一）绩效计划

绩效计划的制订是主管与员工对员工考核期间应该履行的工作职责、权限，各项任务的重要程度，绩效的衡量标准，可能遇到的困难，新技术、新技能，培训的需求，上级可能提供的帮助及解决问题的途径和方法等一系列问题共同进行探讨并达成共识的过程。绩效计划是整个绩效管理体系中非常重要的环节，具有前瞻性，其作用在于帮助员工认清方向、明确目标。

绩效计划是绩效管理过程的起点。在新的绩效周期开始时，管理者与员工经过充分的沟通，明确为了实现组织经营计划与管理目标，员工在绩效周期内应该做什么事情以及事情应该做到什么程度，并对为什么做、何时应做完、员工的决策权限等相关问题进行讨论，促进相互理解并达成协议。

（二）绩效监控

在绩效计划制订完毕后，员工就开始按照计划开展工作。绩效监控就是管理者在工作过程中，指导和监督员工对绩效计划实施和完成情况的过程。

在整个绩效管理期间，管理者要不断与员工进行绩效沟通，预防或解决绩效管理期间可能发生的各种问题，帮助员工更好地完成绩效目标。

绩效管理是在互动中实现的，主管与下属之间通过有效的沟通，可以及时地对下属的工作进行必要的指导，帮助下属解决工作中遇到的困难和问题。这时，主管的角色发生转变，由"考核者"变成下属的"帮助者"和"伙伴"，其结果是双方的共同进步。在这个过程中，应当使被考核者亲身感受和体验绩效管理的积极意义，绩效考核不是员工劳动、活动的桎梏，而是激发员工斗志的有效手段。

（三）绩效考评

绩效考评指在绩效管理周期结束时，依据事先制订的绩效计划，使用既定的、合理的考评方法与衡量技术，对员工的工作绩效进行评价的过程。在绩效考评实施期间所收集到的能够说明被评价者绩效表现的事实和数据，可作为判断员工是否达到绩效要求的事实依据。绩效考评是绩效管理过程的核心环节，也是技术性最强的一个环节，对考评环节必须给予特别关注。

绩效考评是绩效管理活动的中心环节，是管理人员与考评对象双方对考核期内的工作绩效进行全面回顾和总结的过程。在组织进行绩效考评的过程中，应注意以下几点：①对衡量工作绩效的标准有清晰明确的认识，尽量减少歧义；②在绩效考评的过程中，尽量使用数据、事实、结果来证明工作绩效，防止主观臆断、推测，但又不能在数字上过分斤斤计较；③绩效考评应在融洽和谐的气氛中进行。因为在平时的沟通中，员工已对自己的工作进度和成果业绩情况与主管基本上达成共识，因此，绩效考评只是对这些活动的进一步复核和总结。如果在绩效计划和绩效沟通的阶段就能够认真严格地贯彻执行有关标准和要求，那么绩效考评时产生严重分歧的可能性就很小。

绩效考核与绩效管理的区别：

①两者地位不同：绩效管理是人力资源管理的核心内容；而绩效考核是绩效管理的核心。

②过程的完整性不同：绩效管理是一个完整的管理过程；而绩效考核是绩效管理过程中的局部环节。

③侧重点不同：绩效管理侧重于信息沟通与绩效提升，强调事先沟通与承诺；而绩效考核侧重于判断与评价，强调事后考核。

④出现的阶段不同：绩效管理伴随管理活动的全过程；而绩效考核只出现在特定时期。

（四）绩效反馈

绩效反馈是指绩效管理周期结束时，管理者与员工进行绩效评价面谈，使员工充分了解和接受绩效评价的结果，并由管理者指导员工在下一周期改进绩效的过程。绩效反馈贯穿整个绩效管理的周期，在绩效管理周期结束时进行的绩效反馈是一个正式的绩效沟通过程。对绩效考评的结果进行及时反馈，无论对企业还是对员工个人都是十分重要的，通过考核发现的问题以及对这些问题的诊断分析，既有利于改进企业总体系统的工作，也有利于提高员工的素质和工作质量。

绩效管理系统的设计方案认为，企业绩效管理作为一个完整的人力资源子系统，由定义绩效、绩效考评、绩效反馈和绩效改善四个阶段组成。在这个系统中，绩效考评不仅包含应用某种方法考评员工工作绩效这一核心过程，而且将企业战略、企业文化，以及人力资源政策、对绩效考评的影响和作用纳入其间、考虑在内，同时，还将绩效反馈这些环节与绩效改善，以及人力资源开发紧密地联系在一起。

绩效管理的目的是促进企业和员工的共同提高和发展，每一轮绩效管理活动的结束，都要对绩效计划、绩效沟通、绩效考评、绩效诊断等各项活动过程进行深入全面的总结，通过总结发扬成绩，纠正错误，以进一步改进和提高绩效。

三、绩效管理的常用工具

（一）目标管理

目标管理又称成果管理。它是由组织的员工共同参与制定具体的、可行的且能够客观衡量效果的目标，并且通过员工的自我管理和自我控制，努力实现其工作目的的一种方法。

（二）标杆管理

标杆管理又称基准管理，是企业将自己的产品、服务、生产流程与管理模式等与同行业内或行业外的领袖型企业做比较、分析和判断，从而提高自身的竞争力，追赶或超越标杆企业的一种良性循环的管理方法。通过学习标杆使企业不断改进经营管理实践，以此强化本身的竞争优势，这实际上是模仿和创新的过程。

(三) 关键绩效指标

关键绩效指标（KPI）是指对组织关键绩效指标的考核，对组织目标实现有明显增值作用的绩效指标，即用来衡量某一职位工作人员工作绩效表现的具体量化指标，是对工作完成效果的最直接的衡量方式。企业关键绩效指标可以使部门主管明确部门的主要责任，并以此为基础，明确部门人员的业绩衡量指标。建立明确的切实可行的 KPI 体系，是做好绩效管理的关键。关键绩效指标是用于衡量工作人员工作绩效表现的量化指标，是绩效计划的重要组成部分。确定有效的关键指标要遵循 SMART 原则。

SMART 原则：

——S 代表具体（specific），指绩效考核要切中特定的工作指标，不能笼统。

——M 代表可度量（measurable），指绩效指标是数量化或者行为化的，验证这些绩效指标的数据或者信息是可以获得的。

——A 代表可实现（attainable），指绩效指标在付出努力的情况下可以实现，避免设立过高或过低的目标。

——R 代表相关性（relevant），指绩效指标与工作的其他目标是相关联的，绩效指标也是与本职工作相关联的。

——T 代表有时限（time-bound），注重完成绩效指标的特定期限。

(四) 平衡计分卡

平衡计分卡（BSC）从财务指标、客户满意度指标、内部流程指标、学习与成长指标四个方面综合衡量企业的绩效，从而确立一套完整的绩效评价体系。其中后三个指标是从非财务的角度提出的，可以更全面地考查企业的绩效。这种方法使企业一方面能追踪财务结果，另一方面能监视自己在提高竞争力、获得企业增长所需的各种无形资产等方面的进展。平衡计分卡的四大指标也是企业绩效管理的四大指标。

实质上无论是目标管理（MBO）、关键绩效指标（KPI）还是平衡计分卡（BSC）都有其本身的缺点和局限性，它们所适用的公司类型和规模也是不同的。

另外，不同的文化背景下对其有效性也有所影响，在实践中，目标管理（MBO）、关键绩效指标（KPI）、平衡计分卡（BSC）实际上代表了不同的管理水平，这三者之间存在一个层层递进的发展关系。例如，企业要成功实施平衡计分卡，必须首先引入目标管理，将员工的工作方向统一到为实现公司总目标而展开，并且控制关键点。因为目标管理和关键绩效指标是实施平衡计分卡的两大基石。对于企业而言，没有必要刻意去追求或刻意模仿那些世界先进企业的绩效工具，要选择最适合自己的绩效管理工具，适合的才是最有效的。

第二节　绩效考评的内容、主体与方法

一、绩效考评的内容

现代绩效考评的内容通常包括工作能力、工作态度和工作结果（工作业绩）三个方面。

（一）业绩考评

业绩是指员工在工作中取得的阶段性产出和直接结果。对于管理者和员工个人而言，业绩考评都是非常必要的。对管理者来说，他们通过业绩考评来控制员工的工作产出，从而达到组织既定的经营目标。而对于员工来说，他们都希望自己的工作业绩能够得到承认，因而需要通过业绩考评的结果客观反映自己的贡献。根据指标的重要程度，可以将业绩指标区分为关键绩效指标和岗位职责指标。关键绩效指标源自企业战略目标的层层分解，体现了对战略目标具有增值作用的绩效指标。对于员工而言，这些指标是至关重要的，但并不是业绩指标的全部，尤其是对于一些支持性部门（如办公室、财务部、人力资源部等）的员工而言，它们的绩效考核指标很少源于组织的战略，更多的是来自部门的职能或职责。

因此，在实际应用中，除了关键绩效指标，还应该对其他一些指标进行考评。这些指标是指影响企业基础管理的指标，指标体现了对企业各层次的履行规定与职责的基础管理要求。因其来源于部门或个人的职责，故又被称为岗位职责指标。岗位职责指标是关键绩效指标得以实现的保障，是对关键绩效指标的补充。

从表现形式来看，工作业绩指标通常具体表现为完成工作的数量指标、质量指标、工作效率指标以及成本费用指标等，一般可以分为以下几种。

1. 数量指标

数量指标指那些直接显示绩效成果的数字化标准，包括产品的销售量、销售额、利润额、市场占有率、生产产品的数量、裁减员工的数目，也包括比例性的指标等，如销售增长率、税前利润率等。

2. 质量指标

质量指标指绩效成果内在的、质的数字化标准，包括产品合格率、不同等级产品的分布率、逾期应付账款率、库存率、现金周转率、独特性、准确性等。

3. 成本指标

成本指标反映了实现直接绩效成果的代价，包括人工成本、产品成本、销售成本、管理费用等，有时会区分单项工作核算，如招聘成本、培训成本等。

4. 时间进度指标

时间进度指标要求责任人在特定的时间内达到特定的进度，如在 7 月 1 日前完成销售收入的 50%，在 10 月 11 日前完成大坝的主体结构施工等。对于一些日常性的工作，不能用"全年""日常"作为时间标准，而应当是完成每一次动作需要的时间。比如收发员的职责是按时收发信件和报纸，他的时限不是"全年"或者"每天"这样的词语，而是"每天 8：30 以前将所有信件和报纸分发到人"。

5. 频率指标

频率指标主要用于行为产出，有的也用在产品产出。它通常是指在一定的时间内，员工实施该行为的次数，如"每 30 分钟巡视一遍保洁区，保证出现的垃圾及时得到清理""每周与客户联络一次，发现有关最新需求和服务问题"。

6. 客户满意度指标

客户满意度指标指绩效产出满足客户需求的程度，包括客户满意度、客户流失率、投诉率、客户服务周期等，也可以设定员工满意率等内部客户的满意度指标。

（二）能力考评

工作业绩反映了工作的结果，但是在现实工作中，有时候可能会因为一些偶然或不可控的因素未能完成工作，在这种情况下仅用业绩类指标来衡量绩效不免有失公允。另外在绩效考评时，仅仅考评即期绩效不利于员工的成长与发展，而且会影响未来的绩效产出。能力作为绩效的投入，是产生高水平业绩的基础，体现了员工业绩达到某种水平的可能性，也是绩效的重要组成部分。因此，除了对员工的工作业绩进行考评之外，还需要对其工作能力进行考评。但由于能力的类型多种多样，逐一对其进行考评是不现实的，因此在实践中往往主要是对与工作相关的并且反映在工作中的重要能力进行考评。从具体的管理实践来看，主要有以下几种能力考评的形式：

1. 基于任职资格的能力考评指标

任职资格是指为了保证工作目标的实现，任职者必须具备的知识、技能、能力和个性等方面的要求，是指完成岗位工作所需要的最低要求。职位说明书中的任职资格界定中，常常规定了一些基本工作能力，这些能力是完成岗位工作所必须具备的，与完成岗位工作职责密切相关，因而可以以此为基础进行能力考评指标体系设计，考察员工是否具备完成工作的基本能力。在这种考评体系中，专业能力常作为重点考察的内容。

2. 基于胜任特征的能力考评指标

胜任特征是指能将某一工作（或组织、文化）中有卓越成就者与表现平平者区分开来的个人的潜在特征，它可以是动机、能力、态度或价值观、某领域知识或行为技能。从其定义可以看出，与任职资格条件不同，胜任特征不是立足于基本工作要求，而是定位于产生高水平的业绩，比较而言对员工的要求更高，考评也更有针对性。随着胜任特征模型技术的发展和运用日益成熟，基于胜任特征的能力考评指标也受到越来越广泛的重视。

能力与业绩有显著的差异，业绩是外在的，是可以把握的；而能力是内在的，难以衡量和比较。这是事实，也是能力考评的难点。但是能力也是客观存在的现象，可以感知和察觉，可以通过一系列手段把握能力的存在，以及在不同员工之间的差异。因此，在进行能力考评时，为了使考评结果客观准确，尽量避免主观因素带来误差，往往需要对考评的项目进行定义和描述。

（三）态度考评

通常认为，能力越强的人业绩水平就越高，但现实并非如此，能力强的人可能由于工作态度不端正而未能取得相应的成绩，而能力较差的员工也可能由于比较努力而取得了较高的业绩。这说明，工作态度是工作能力向工作业绩转换过程中的调节变量，通过对工作态度的考评引导员工改善工作态度，是充分发挥员工工作能力，继而促使员工实现绩效目标的重要手段。

因此，在绩效考评中，应加入工作态度类指标，以鼓励员工充分发挥现有的工作能力，最大限度地创造优异的工作业绩，并且通过日常工作态度考评，引导员工发挥工作热情，避免出工不出力的情况发生。

态度考评与能力考评的内容不同，一般情况下，对工作态度的考评往往采用过程考评的方式进行，而工作能力考评则可以是过程考评，也可以是结果考评。

常见的工作态度指标主要体现在员工职业道德（敬业精神、奉献精神、职业道德等）、对工作的态度（积极性、主动性、工作热情、责任感等）、工作制度的遵守等方面。

二、绩效考评的主体

按照绩效考评主体的不同，可将绩效考评分为以下五种主体形式。

（一）上级考评

管理人员（上级）是被考评者的上级主管，他对被考评者承担着直接的领导、管理与监督责任，对下属人员是否完成了工作任务、达到了预定的绩效目标等实际情况比较熟悉，而且在思想上也没有更多的顾忌，能较客观地进行考评，所以在绩效管理中，一般以上级主管的考评为主，其考评分数对被考评者的结果影响很大，占 60%~70%。

（二）同级考评

同事通常与被考评者共同处事，密切联系，相互协作，相互配合，被考评者的同事比上级更能清楚地了解被考评者，对其潜质、工作能力、工作态度和工作业绩了如指掌，但他们在参与考核评价时，常受人际关系状况的影响，所以在绩效管理中，同级的考评占有一定的份额，但不会过大，在10%左右。

（三）下级考评

被考评者的下级与上述考评者不同，他作为被考评者的下属，对其工作作风、行为方式、实际成果有比较深入的了解，对其一言一行有亲身的感受，而且有其独特的观察视角，但他们对被考评者又容易心存顾虑，致使考评的结果缺乏客观公正性，所以其评定结果在总体评价中一般控制在10%左右。

（四）自我考评

被考评者对自己的绩效进行自我考评，能充分调动被考评者的积极性，特别是对那些以实现自我为目标的人更显重要。但在绩效管理中自我考评容易受到个人多种因素的影响，使其有一定的局限性，所以其评定在总体评价中一般控制在10%左右。

（五）外人考评

外部人员即被考评者所在部门或小组以外人员，如直接服务的客户，他们虽能较客观公正地参与绩效考评，但他们很可能不太了解被考评者及其能力、行为和实际工作的情况，使其考评结果的准确性和可靠性大打折扣。在实际考评中，采用外人考评的形式时，应当慎重考虑。

考评者是保证绩效管理有效运行和工作质量的主体，在一般情况下，所有考评者都应具备以下条件：作风正派，办事公道；有事业心和责任感；有主见，善于独立思考；坚持原则，大公无私；具有实际工作经验，熟悉被考评对象的情况等。此外，参与管理的考评者的多少也会影响绩效考评的质量，根据统计测量和数据分析的原理可知，考评者数量越多，个人的偏见效应就越小，考评所得到的数据就越接近于客观值。然而，对企业来说，符合考评者的条件和要求，并熟悉被考评者的人数是有限的。因此，在绩效管理的准备阶段，除了需要明确被考评者和考评者之外，一项重要的任务就是培训考评者。

绩效具有多样性和复杂性，涉及多领域和多层面，各项工作又相互联系、相互作用，这就决定了绩效考评指标体系必须是一个既突出重点又全面开放的系统。指标的设计必须覆盖工作任务和责任的所有重要方面和关键领域，某一重要领域的指标缺失，就会产生严重的误导，在理论上影响考评体系的科学性和合理性。但作为一个考评体系而言，不可能也没有必要面面俱到和事无巨细，必须突出一些重点领域和关键性的工作，这就需要我们在指标体系全面的基础上，对不同的指标进行权重划分。对指标进行权重设定，可以有效地反映工作重点，明确责任的重要程度。

三、绩效考评的方法

（一）排列法

排列法亦称排序法、简单排列法，是绩效考评中比较简单易行的一种综合比较方法。它通常是由上级主管根据员工工作的整体表现，按照优劣顺序依次进行排列。有时为了提高精度，也可以将工作内容做出适当的分解，分项按照优良的顺序排列，再求总平均的次序数，作为绩效考评的最后结果。

这种方法的优点是简单易行，花费时间少，能使考评者在预定的范围内组织考评并将下属进行排序，从而减少考评结果过宽和趋中的误差。在确定的范围内可以将排列法的考评结果，作为薪资奖金或一般性人事变动的依据。但是，由于排序法是把员工按照优劣排列名次，考评是在员工间进行主观比较，不是用员工工作的表现和结果与客观标准相比，因此具有一定的局限性，不能用于比较不同部门的员工，也不能使员工得到关于自己优点或缺点的反馈。

（二）强制分布法

强制分布法亦称强迫分配法、硬性分布法。假设员工的工作行为和工作绩效整体呈正态分布，那么按照状态分布的规律，员工的工作行为和工作绩效好、中、差的分布存在一定的比例关系，在中间的员工应该最多，好的、差的是少数。强制分布法就是按照一定的百分比，将被考评的员工强制分配到各个类别中。类别一般是五类，从最好到最差的具体百分比可根据需要确定，既可以是 10%、20%、40%、20%、10%，也可以是 5%、20%、50%、20%、5%，等等。

采用这种方法，可以避免考评者过分严厉或过分宽容的情况发生，克服平均主义。当然，如果员工的能力分布呈偏态分布，该方法就不适合了。强制分布法只能把员工分为有限的几种类别，难以具体比较员工差别，也不能在诊断工作问题时提供准确可靠的信息。

（三）关键事件法

关键事件法也称重要事件法。在某些工作领域内，员工在完成工作任务过程中，有效的工作行为导致成功，无效的工作行为导致失败。关键事件法的设计者将这些有效或无效的工作行为称为"关键事件"，考评者要记录和观察这些关键事件，因为它们通常描述了员工的工作行为以及工作行为发生的具体背景条件。这样，在评定一个员工的工作行为时，就可以利用关键事件作为考评的指标和衡量的尺度。

关键事件法对事不对人，以事实为依据，考评者不仅要注重对行为本身的评价，还要考虑行为的情境，可以用来向员工提供明确的信息，使他们知道自己在哪些方面做得比较好，而又在哪些方面做得不好。例如，一名保险公司的推销员，有利的重要事件的记录是"以最快的速度和热诚的方式反映客户的不满"，而不利的重要事件的记载是"当获得保险订单之后，对客户的反映置之不理，甚至有欺骗行为"。重要事件法考评的内容是下属特定的行为，而不是他的品质和个性特征，如忠诚性、亲和力、果断性和依赖性等。

（四）行为观察法

行为观察法也称行为观察评价法、行为观察量表法、行为观察量表评价法。行为观察法是在关键事件法的基础上发展起来的，只是在量表的结构上有所不同。本方法不是首先确定工作行为处于何种水平上，而是确认员工某种行为出现的概率，它要求评定者根据某一工作行为发生频率或次数的多少来对被评定者打分。如：从不（1分）、偶尔（2分）、有时（3分）、经常（4分）、总是（5分）。既可以对不同工作行为的评定分数相加得到一个总分数，也可以按照对工作绩效的重要程度赋予工作行为不同的权重，经加权后再相加得到总分。

行为观察量表法克服了关键事件法不能量化、不可比，以及不能区分工作行为重要性的缺点，但是编制一份行为观察量表较为费时费力，同时，完全从行为发生的频率考评员工，可能会使考评者和员工双方忽略行为过程的结果。

（五）目标管理法

目标管理体现了现代管理的哲学思想，是领导者与下属之间双向互动的过程。目标管理法是由员工与主管共同协商制定个人目标，个人的目标依据企业的战略目标及相应的部门目标而确定，并与它们尽可能一致；该方法用可观察、可测量的工作结果作为衡量员工工作绩效的标准，以制定的目标作为对员工考评的依据，从而使员工个人的努力目标与组织目标保持一致，减少管理者将精力放到与组织目标无关的工作上的可能性。

目标管理法的基本步骤是：

第一，战略目标设定。考评期内的目标设定首先是由组织的最高层领导开始的，由他们制订总体的战略规划，明确总体的发展方向，提出企业发展的中长期战略目标、短期的工作计划。

第二，组织规划目标。在总方向和总目标确定的情况下，分解目标，逐级传递，建立被考评者应该达到的目标，这些目标通常成为对被考评者进行评价的根据和标准。

制定目标时，应注意目标的具体性和客观性，目标的数量不宜过多；目标应做到可量化、可测量，且长期与短期并存；目标由管理层和员工共同参与制定；设立目标的同时，还应制定达到目标的详细步骤和时间框架。

第三，实施控制。目标实施过程中，管理者提供客观反馈，监控员工达到目标的进展程度，比较员工完成目标的程度与计划目标，根据完成程度指导员工，必要时修正目标。在一个考评周期结束后，应留出专门的时间对目标进行回顾和分析。

目标管理法的评价标准直接反映员工的工作内容，结果易于观测，所以很少出现评价失误，也适合对员工提供建议，进行反馈和辅导。由于目标管理的过程是员工共同参与的过程，因此，员工工作积极性大为提高，增强了责任心和事业心。但是，目标管理法没有在不同部门、不同员工之间设立统一目标，因此难以对员工和不同部门间的工作绩效做横向比较，不能为以后的晋升决策提供依据。

第三节　绩效面谈与改进

绩效考评结果反馈是绩效管理体系中重要的子系统，从企业员工绩效管理的全过程来看，它既是重要收尾阶段，也是一个承上启下的转换阶段。该体系的主要功能是：通过绩效面谈向被考评者（包括员工个人或某一部门）反馈绩效考评的结果，帮助他们总结成功的经验，吸取失败的教训，找出工作中存在的关键问题与主要不足，并提出具体的改进计划。

一、绩效考评结果的应用

作为人力资源管理职能中的核心环节，绩效评价与各人力资源管理职能之间存在着非常密切的关系，绩效评价的结果可以作为人力资源管理系统中的招募与甄选环节、培训与开发环节、职位变动与解雇退休环节以及薪酬福利环节的决策依据。

（一）用于招募与甄选

绩效评价的结果是组织做出招募计划的重要依据。另外，在研究招募与甄选的效度时，通常都选用绩效评价结果作为员工实际绩效水平的替代，在人员招募与甄选的过程中担当重要的效标作用。也就是说，如果甄选是有效的，那么甄选时表现很好的人员的实际绩效评价结果也应该很好；反之，就有两种可能，要么甄选没有效度，要么甄选评价结果不准确。

（二）用于人员调配

员工绩效评价的结果是人员调配的重要依据。人员调配不仅包括纵向的升迁或降职，还包括横向的工作轮换。如果绩效评价的结果说明某些员工无法胜任现有的工作岗位，就需要查明原因并果断地进行职位调换，将他从现有的岗位上换下来，安排到其他能够胜任的岗位。同时，通过绩效评价还可以发现优秀的、有发展潜力的员工。对于在能力测评中表现出特殊的管理才能的员工，可以进行积极的培养和大胆的提拔。这种培养还包括在各个职位之间的轮岗，培养其全面的能力并熟悉组织的运作，为其今后在部门间的交流与协调做好准备。

（三）用于人员培训与开发决策

人力资源的培训与开发是企业通过培训需求项目来提高员工能力和企业绩效的一种有计划的、连续性的工作。从传统的意义上讲，培训的主要目的是使员工获得目前工作所需的知识和能力，帮助员工完成好当前的工作；而开发的主要目的则是使员工获得未来工作所需的知识和能力。通过绩效评价的结果可以发现人员培训和开发的需要，也就是将员工的实际评价结果与职位要求相比，一旦发现员工在某方面存在不足而致不能完全胜任工作，但可以通过培训弥补，就需要对员工进行培训。

此外，企业也有可能对未来的变化进行考虑，当绩效评价结果显示员工不具备未来所需要的技能或知识时，对员工进行开发是常见的选择。最后绩效评价结果还可以作为培训的效标，也就是用绩效评价结果衡量培训的效度。

（四）用于确定和调整员工薪酬

这是绩效评价结果最主要的一种用途。绩效评价最初的目的就是更好地评价员工对团队或组织绩效的贡献，以更好地在薪酬分配的过程中体现公平性原则。一般而言，为了强调薪酬的公平性并发挥薪酬的激励作用，员工的薪酬中都会有一部分与绩效挂钩，当然因职位不同，与绩效挂钩的薪酬在总薪酬中所占的比例也会有所不同。如何有效地发挥薪酬的激励作用，寻求绩效管理与薪酬管理有机结合的方式，是大多数企业面临的一个难题。

二、绩效面谈与改进计划

绩效评价结束后，管理者与下属通过绩效反馈面谈，将评价结果反馈给下属，并共同分析绩效不佳的方面及其原因，制订绩效改进计划。如果不将考核结果反馈给被考评的员工，考核将失去极为重要的激励、奖惩和培训的功能，因此，绩效反馈对绩效管理起到至关重要的作用。绩效反馈面谈是管理者就上一绩效管理周期中员工的表现和绩效评价结果与员工进行正式面谈的过程。

心理学家发现，反馈是使人产生优秀表现的最重要的条件之一。绩效反馈，不仅能为员工的努力指明方向，还可以激发员工的上进心和工作积极性，从而提高企业的整体绩效。

（一）绩效反馈面谈的步骤

绩效反馈面谈是直接上级与被考评者进行面对面的沟通，告知被考评者评价结果，共同分析绩效不佳的原因，制订绩效改进计划的活动。具体步骤如下：

①为双方营造一个和谐的面谈气氛。

②说明面谈的目的、步骤和时间。

③讨论每项工作目标的考评结果。

④分析成功和失败的原因。

⑤与被考评者讨论考评的结果，特别是双方要围绕优势与不足、存在的重要困难和问题、在计划期内亟待改进的方面进行深入的讨论，并达成共识。

⑥与被考评者围绕培训开发的专题进行讨论，提出培训开发的需求，共同为下一阶段的员工培训开发工作设定目标。

⑦对被考评者提出的需要上级给予支持和帮助的问题进行讨论，提出具体的建议。

⑧双方达成一致。在绩效考评表上签字。

（二）绩效反馈面谈的技巧

在绩效面谈时，考评者（一般为上级主管）应关注以下五方面的技巧问题：

①考评者一定要摆好自己与被考评者的位置，双方应当是共同目标的交流者，具有共同利益关系，是完全平等的交流者。面谈不是宣讲，而是沟通。

②通过正面鼓励或者反馈，关注和肯定被考评者的长处。

③要提前向被考评者提供考评结果，强调客观事实。这里尤为重要的是提醒

员工注意在绩效指标的标准设计中、在绩效合同中双方达成一致的内容，如员工事先的承诺。

④应当鼓励被考评者参与讨论，发表自己的意见和看法，以核对考评结果是否合适。

⑤针对考评结果与被考评者协商，提出未来计划期内的工作目标与发展计划。

绩效反馈面谈常用的工具——BEST 法则：

B 表示行为（behavior description，描述行为），即描述第一步先干什么事；

E 表示后果（express consequence，表达后果），表述干这件事的后果是什么；

S 表示征求意见（solicit input，征求意见），问员工觉得应该怎样改进，引导员工回答，由员工说怎么改进；

T 与"汉堡"原理的最低层"面包"意思一样，以肯定和支持结束，员工说他怎么改进，管理者就以肯定和支持收场并鼓励他。

（三）制订绩效改进计划

在管理者和员工就评价结果达成一致意见之后，员工和管理者就应该针对面谈中提出的各种绩效问题，制订一个详细的绩效改进计划。双方共同商讨确定下一个绩效管理周期的绩效目标和绩效计划，最终的绩效改进计划往往以书面的形式呈现。在绩效改进计划中，双方可以共同确定需要解决的问题、解决的途径和步骤以及员工需要管理者提供的帮助等内容。

绩效管理是一个各环节首尾相接的循环过程，制订绩效计划并不只是在绩效管理周期开始时才进行的工作，在前一个绩效周期将要结束时，就应该考虑下一个周期的绩效目标和计划。根据整个绩效周期中员工的绩效表现修订原有的绩效计划，并在进行绩效反馈面谈的过程中就下一周期的绩效目标和计划达成共识，这样有助于在下一个绩效周期中根据前面所讲的绩效计划方法制定新的绩效目标和标准。绩效计划的制订过程和绩效反馈面谈的过程是不可分割的。一个绩效周期的结束恰恰是下一个绩效周期的开始，有时绩效反馈面谈与绩效计划面谈可以放在一起进行。

在绩效反馈面谈中，管理者与员工就本绩效周期中的绩效评价结果进行了探讨，制订了绩效改进计划。双方在制定下一绩效周期绩效目标的时候，就能够以员工在上一个绩效周期中的绩效表现和存在的问题为依据，更加有的放矢地帮助员工履行工作责任，并能够指导员工采用更加科学、有效的工作方法完成预期的工作任务。

第五章　薪酬与员工激励

第一节　薪酬

一、薪酬概述

从组织的角度看，员工薪酬是推动企业战略目标实现的一个强有力的工具。首先，薪酬对于员工的态度和行为有着重要影响。它不仅会影响哪些种类的员工会被企业吸引进来并被企业留住，而且还能够成为一种使当前员工的个人利益与更为广泛的企业利益一致起来的有力工具。其次，员工薪酬还是一个企业的重要成本项目，因此，需要对其给予特别仔细的关注。从员工的角度看，与薪酬有关的政策对于他们的总收入乃至生活水平有着极大的影响。无论是绝对的薪酬水平还是与他人相比的公平性，对于员工来说都十分重要。薪酬往往还被看作地位和成功的标志。薪酬管理构成了企业人力资源管理的重要内容。

（一）薪酬的含义

薪酬是组织对其员工为组织所做的工作或贡献，包括他们实现的绩效、付出的努力、时间、学识、技能、经验与创造所付给的相应的回报。其实质是一种公平的交易或交换关系，是员工在向所在单位让渡其劳动或劳务使用权后获得的报偿。

薪酬的表现形式是多种多样的，主要包括工资、奖金、津贴、福利和股权等具体形式。

1. 工资

工资有狭义和广义之分。狭义的工资是指支付给从事体力劳动的员工的货币形式的报酬。这里包括两个方面的含义：一是接受报酬的主体是体力劳动者；二是报酬的客观表现形式是货币。如果接受报酬的主体是脑力劳动者，则人们常把报酬称为薪水；如果报酬的客观表现形式是实物而非货币，人们则常称之为福利。广义的工资从内涵上讲，包括货币形式和非货币形式的报酬；从外延上讲，包括支付给体力劳动者和脑力劳动者的报酬。

目前，企业中广泛运用的主要工资形式包括计时工资、计件工资、浮动工资、提成工资，其中计时工资和计件工资是基本的工资形式。

（1）计时工资

①计时工资的含义。计时工资是根据员工的计时工资标准和工作时间来计算工资并支付给员工劳动报酬的形式，职工的工资收入是用职工的工作时间乘以工资标准得出的。计算公式为：计时工资＝工资标准×实际工作时间。

按照计算的时间单位不同，我国常用的有三种具体形式。一是月工资，即按月计发的工资。不论大月、小月，一律按工资标准计发工资。实行月工资标准的职工遇有加班或请假需要加发或减发工资时，一般是按日工资标准处理，即以本人月工资标准除以平均每月法定工作天数（为 20.92 天）求得。二是日工资，即根据工人的日工资标准和实际工作日数来计发的工资。三是小时工资，即根据工人的小时工资标准和实际工作小时数来计付的工资（小时工资标准＝日工资标准÷8）。小时工资制适用于非全日制工作或需要按小时计付工资的工作。

目前，我国计时工资一般是以月工资率为基准。西方发达国家一般以小时工资率为基准，对高级管理人员实行年薪制。

②计时工资的特点。计时工资有以下几个方面的特点。第一，计算工资的基础是按照一定质量（即达到某种劳动等级标准）劳动的直接的持续时间支付工资，工资数额的多少取决于职工的工资等级标准的高低和劳动时间的长短。因此，这决定了计时工资在实行中表现出两点鼓励作用：一是能够鼓励和促进劳动者从物质上关心自己业务技术水平的提高，二是能够鼓励和促使职工提高出勤率。第二，由于时间是劳动的天然尺度，各种劳动都可以直接用时间来计算，并且计算简便，所以计时工资简单易行、适应性强、适用范围广。第三，计时工资并不鼓励职工把注意力仅仅集中在提高产品的数量上，比较注意产品的质量。第四，计时工资容易被广大职工所接受，职工的收入较为稳定。而且，职工不至于

追求产量而过于工作紧张，有益于身心健康。

正因为计时工资有以上优点，因此，目前计时工资是我国企业中普遍采用的一种工资形式，如实习员工的实习工资、管理人员的职务工资、生产操作人员的岗位技能工资、专业技术人员的专业技术职务工资等都是计时工资。

但是计时工资也有明显的局限性：第一，计时工资侧重以劳动的外延量计算工资，至于劳动的内含量即劳动强度则不能准确反映；第二，就劳动者本人来说，计时工资难以准确反映其实际提供的劳动数量与质量，工资与劳动量之间往往存在着不相当的矛盾；第三，就同等级的各个劳动者来说，付出的劳动量有多有少，劳动质量也有高低之别，而计时工资不能反映这种差别，容易出现干多干少、干好干坏一个样的现象。因此，实行计时工资对激励劳动者的积极性不利。还有，计算单位产品的直接人工成本也不如计件工资容易。

③计时工资的类型。计时工资按单位时间内应得工资额的确定方法不同，主要分为日薪和月薪两种类型。日薪是指按日计算的应付工资，月薪是指按月计算的应付工资，它们都是根据职工的劳动时间作为劳动报酬的计算标准。

（2）计件工资

①计件工资的含义。计件工资是根据劳动者生产的合格产品的数量或完成的作业量，按预先规定的计件单价支付给劳动者劳动报酬的一种工资形式。它包括三种形式：一是实行超额累进计件、直接无限计件、限额计件、超定额计件等，按劳动部门或主管部门批准的定额和计件单价支付给个人的工资；二是按工作任务包干方法支付给个人的工资；三是按营业额提成或利润提成办法支付给个人的工资。

计件工资的计算公式为：

工资数额＝计件单价×合格产品数量

与计时工资相比，计件工资的特点在于它与计时工资计量劳动的方式不同。在实行计时工资的情况下，劳动由直接的持续时间来计量；在实行计件工资的情况下，则由在一定时间内劳动所凝结的产品的数量来计量。因此，从这个意义上说，计时工资是计件工资的一种转化形式。

②计件工资的特点。计件工资的特点表现在以下几个方面：第一，能够从劳动成果上准确反映出劳动者实际付出的劳动量，并按体现劳动量的劳动成果计

酬，不但激励性强，而且使人们感到公平。第二，同计时工资相比，它不仅能反映不同等级的工人之间的劳动差别，而且能够反映同等级工人之间的劳动差别。即使同等级的工人，由于所生产合格产品的数量、质量不同，所得到的工资收入也就有所不同，从而促使劳动者关心自己的劳动成果，产生劳动积极性，促进劳动生产率的提高。第三，由于产量与工资直接相连，所以能够促进工人经常改进工作方法，提高技术水平和劳动熟练程度，提高工时利用率，增加产品数量。第四，易于计算单位产品直接人工成本，并可减少管理人员及其工资支出。第五，促进企业改善管理制度，提高管理水平。

但是计件工资也有其不可克服的局限性：①实行计件工资容易出现片面追求产品数量，而忽视产品质量、消耗定额、安全和不注意爱护机器设备的倾向，如只求质量保持合格品的下限，在消耗定额内还有节约的潜力不去挖掘，超出其负荷进行掠夺性的生产等；②因管理或技术改造而使生产效率增加时，提高定额会遇到困难，如不提高定额，会增加产品成本，如提高定额，会引起不满；③因追求收入会使工人工作过度紧张，有碍健康；④在企业以利润最大化为目标时，容易导致对计件制的滥用，使"计时工资成了延长劳动时间和降低工资的手段"；⑤计件工资本身不能反映物价的变化，在物价上涨时期，如没有其他措施对物价进行补偿，尽管劳动生产率没有提高，也必须调整计件单价。

2. 奖金

（1）奖金的含义

奖金是对员工超额劳动部分的一种补偿，是贯彻按劳分配原则的一种劳动报酬形式，是基本工资制度的一种辅助形式。奖金的支付客体是正常劳动以外的超额劳动，随劳动绩效而变动，支付给那些符合奖励条件的单位员工。奖金的表现形式包括红利、利润分享及通常所说的奖金等。

（2）奖金的特点

奖金具有多种多样的特点，能够较为灵活地反映员工的实际劳动差别，可以弥补计时、计件工资的不足，特别是对员工在生产过程中提高质量，节约材料、经费，革新技术等方面所做的贡献，用奖金作为补充显得尤为重要。奖金的特点具体表现在以下几个方面：

①单一性。工资是反映员工在企业中的综合性表现，包括年资、技能、业绩

等。奖金在报酬上则只反映员工某方面的实际劳动效果的差别，比如员工在收旧利废中，为企业节约资金 5 万元，企业立即给予 1000 元的奖金。

②灵活性。奖金的形式灵活多样，奖励的对象、数额、计获奖人数均可随生产的变化而变化。工资一般以规范的形式制定出来，每一个提供了正常劳动的员工都可以按公司章程的规定获取报酬。奖金则不一样，它只授予提供了超额劳动和有突出业绩的员工。

③及时性。奖金的使用不受工资发放的限制，能及时反映劳动者向社会提供劳动量的变化情况。奖金一般在员工提供了超额劳动或者取得突出业绩以后立即予以兑现，它体现的是即时激励的作用。

④荣誉性。奖金不仅是对员工的物质奖励，还有精神鼓励的作用。员工获得奖金是企业对员工超额劳动的承认或认可，这本身就是一种奖赏。另外，获得奖金的员工会得到周围员工的称颂，使其获得一种精神上的满足。

（3）奖金的类型

奖金的形式多种多样，根据不同的标准，奖金可分为不同的类别，其中有的相互交叉。

①根据奖金的周期，可划分为月度奖、季度奖和年度奖。

②根据在一定时期内（一般指一个经济核算年度）发奖次数划分，有经常性奖金和一次性奖金。

③根据奖金的来源，可分为由工资基金中支付的奖金和非工资基金中支付的奖金。

④根据奖励范围来划分，有个人奖和集体奖。

⑤从奖励的条件区分，有综合奖和单项奖。

3．津贴

（1）津贴的含义

津贴是指为了补偿职工特殊或额外的劳动消耗和因其他特殊原因支付给职工劳动报酬的一种工资形式，包括补偿职工特殊或额外劳动消耗的津贴、保健性津贴、技术性津贴、年功性津贴及其他津贴。

习惯上，人们一般把属于生产性质的称为津贴，属于生活性质的称为补贴。津贴、补贴的种类、发放范围和标准等，一般由国家统一规定。对国家没有统一规定的，用人单位也可以根据生产工作的需要，在政策允许的范围内，自行设立一些津贴、补贴项目。

津贴在统计上又分为工资性津贴和非工资性津贴。工资性津贴是指列入工资总额的津贴项目。非工资性津贴是指不计入工资总额支付的津贴项目。工资性津贴的划分标志不是看开支来源如何，而是看它是不是属于工资总额的统计范围。

（2）津贴的特点

津贴是职工工资的一种补充形式，具有以下几个特点：

①津贴是一种补偿性的劳动报酬。多数津贴所体现的不是劳动本身，即劳动数量和质量的差别，而是劳动所处的环境和条件的差别，从而调解地区、行业、工种之间在这方面的工资关系。

②具有单一性，多数津贴是根据某一特定条件，为某一特定目的而制定的，往往一事一贴。

③有较大的灵活性，可以随工作环境、劳动条件的变化而变化，可增可减，可减可免等。

（3）津贴的类型

我国的津贴制度项目繁多，按其补偿性质和目的不同，主要可分为以下几种类型：

①具有补偿职工在特殊劳动条件下的劳动消耗性质的津贴；

②兼具补偿职工的特殊劳动消耗和额外生活支出双重性质的津贴；

③具有维护职工在有毒有害作业中身体健康的保健性津贴；

④属于补偿职工在本职工作以外承担较多任务所付出的劳动消耗的津贴；

⑤具有补偿职工因物价的差异或变动而增加生活费支出性质的津贴；

⑥属于鼓励职工提高科学技术水平和奖励优秀工作者的津贴；

⑦具有生活福利性质的津贴。

4. 福利

在企业薪酬体系中，工资、奖金和福利是三个不可或缺的组成部分，分别发挥着不同的作用。工资具有基本的保障功能，奖金具有明显而直接的激励作用，福利的作用则是间接而深远的。

（1）福利的含义

一般来说，福利有三个层次：第一是由政府主管、以全体国民为对象的社会福利；第二是由企业主管、以企业全体员工为对象的企业福利；第三是由工会等劳动组织主管、以会员为对象的部分劳动者福利。因而，广义的员工福利包括国家、地方政府和企业、劳动组织提供的文化、教育、卫生、各种社会保障、集体公益服务事业和福利待遇等；狭义的员工福利仅指企业为满足员工的生活需要，在工资收入之外，向员工本人及其家属提供的货币、实物及一些服务形式。

（2）福利的功能

从管理者的角度看，福利具有如下一些功能：改善和优化劳动及生活条件，从而协助吸引员工、留住员工；能提高企业在员工和其他企业心目中的形象；能协调人际关系和劳资关系，使员工之间及员工与管理层之间的关系融洽，使员工在企业工作具有安全感和归属感；能提高员工对职务的满意度。

与员工的工资收入不同，福利一般不需要纳税。由于这一原因，相对于等量的现金支付，福利在某种意义上对员工就具有更大的价值。因此，福利管理同工资管理等人力资源管理项目有着密切的关系，并能补充其不足，起到提高人力资源管理综合效果的作用。

（3）福利的主要内容

企业员工福利可以分为集体福利和个人福利两种基本形式。

集体福利是企业举办或通过社会服务机构举办的、供员工集体享用的福利性设施和服务。包括：①住宅；②集体生活设施和服务，如托儿所、幼儿园、浴室、食堂、卫生及医疗保健设施、文娱体育设施、集体交通工具等；③休假、旅游待遇。

个人福利是以货币形式直接支付给员工个人的福利补贴，目的是为了减轻员工因特殊需要而增加的额外经济负担，如员工探亲假期、工资补贴和旅费补贴、上下班交通补贴、防寒补贴、防暑降温补贴、生活困难补贴、婚丧假等。

集体福利和个人福利的内容丰富，各企业规定不尽相同。一般来说，大型的效益比较好的企业比较重视员工的福利待遇，费用支出比较高；小型的或效益比较差的企业，员工福利待遇相对较差。

（二）薪酬的功能

通常认为，薪酬具有经济保障、社会信号功能和调节、心理激励三大功能。

1. 经济保障功能

劳动是员工脑力和体力的支出，员工作为企业劳动力要素的提供者，企业只有给予足够的补偿，才能使其不断投入新的劳动力。从经济学的角度来说，薪酬实际上就是劳动力的价格，其作用就在于通过市场将劳动力配置到各种不同的用途上。在市场经济条件下，薪酬收入是绝大部分劳动者的主要收入来源，它对于劳动者及其家庭的保障作用是其他任何保障手段无法替代的。薪酬对于员工的保障不仅体现在它要满足员工的吃、穿、住、用等方面的基本生存需要，同时还体现在它要满足员工的娱乐、教育、培训等方面的发展需要。总之，员工薪酬水平的高低对于员工及其家庭的生存状态和生活方式所产生的影响是非常大的。

2. 社会信号功能和调节功能

调节功能主要是从宏观角度解释薪酬在调节社会人力资源方面发挥的作用。这是因为，在现代社会中，由于人员在企业之间甚至在地区之间频繁流动，因此，在相对稳定的传统社会中用来确定一个人的社会地位的那些信号，如年龄、家族势力等，逐渐变得衰弱，而薪酬作为流动社会中的一种市场信号则很好地说明了一个人在社会上所处的位置。换言之，员工所获得的薪酬水平高低除了其所具有的经济功能以外，实际上还在向其他人传递着一种信号，人们可以根据这种信号来判定员工的家庭、朋友、职业、受教育程度、生活状况甚至价值取向等。不仅如此，在一个企业内部，员工的相对薪酬水平高低往往也代表了员工在企业内部的地位和层次，从而成为对员工个人价值和成功进行识别的一种信号。因此，员工对这种信号的关注实际上反映了员工对于自身在社会及企业内部的价值的关注。从这方面来说，薪酬的社会信号功能也是不可忽视的。实际上，习惯和传统的力量之所以能在薪酬决策中占据一席之地，其主要原因也是在于地位问题。

3. 心理激励功能

从人力资源管理的角度看，薪酬应主要体现和发挥其激励功能。所谓激励功能，是指企业用来激励员工按照其意旨行事并能加以控制的功能。在市场经济条件下，对员工的激励除了精神激励（员工自我价值的实现）外，主要是物质利益的激励。在现实生活中，员工一方面要追求自身的价值、主人翁感和认同感；另一方面，更重视追求实在的利益，而劳动则是员工获取收入以提高自己生活水平的基本手段。在这种情况下，企业通过各种具体工资（包括奖金）形式，把收入与员工对企业提供的劳动贡献联系起来，劳动收入（包括工资收入）就能发挥激励功能。

4. 股权

（1）股权的含义

以企业的股权作为对员工的薪酬，即让员工持有企业的股票，使之成为企业的股东，将员工的个人利益与企业利益联系在一起，以激发员工通过提升企业的长期价值来增加自己的财富。

（2）股权薪酬的作用

作为一种长期激励的手段，在企业中采用股权这种薪酬形式，能够让员工为企业长期利润最大化而努力。股权的作用主要表现为以下几个方面：

①有利于减少代理成本。股权薪酬使员工成为企业股东，使所有权和经营权在一定程度上得到融合，从而在一定程度上缓解了代理问题，有利于减少委托人的监督支出和剩余损失，从而减少代理成本。

②有利于减少企业中的短期化行为，提高长期效益。股权薪酬使员工获得企业业绩不断增长的长期收益，促使员工兼顾企业短期和长期目标。由于股权收益可能远大于年薪，也促使员工更注重长期目标，从而有效减少员工的短期化行为和虚增短期利润的行为。

③有利于吸引和留住人才。一方面，在企业效益不断增长的情况下，股权薪酬能给员工带来丰厚收益，从而成为一种吸引人才的激励方式；另一方面，由于股权薪酬往往同时伴有股票持有期的约束条件，如果提前离去，员工可能会失去全部股权收益，大大增加了员工的退出成本，因而留住了优秀的人才。

（三）薪酬的分类

薪酬是相当复杂的社会经济现象，理论界对薪酬的分类也是众说纷纭。依照薪酬是否取得直接的货币形式，可将薪酬分为货币性和非货币性两类；以薪酬量界定为基本依据，可将薪酬分为计时、计件和业绩薪酬；依据薪酬的发生机制，可将薪酬分为外在薪酬和内在薪酬。对于前两类薪酬，在前面已有所涉及，在此不再赘述。下面着重阐述内在薪酬和外在薪酬的有关内容。

1. 外在薪酬

外在薪酬是指单位针对员工所做的贡献而支付给员工的各种形式的收入，包括工资/薪水、奖金、福利、津贴、股票期权及各种间接货币形式支付的福利等。

对外在薪酬做进一步划分，可将外在薪酬划分为货币性薪酬、福利性薪酬和非财务性薪酬。对绝大多数薪酬接受者来说，货币性薪酬实际上只是一种间接性薪酬。员工最终的需求，可能是为了得到商品和劳务、社会的认同或尊重、进入上流社会、获得友情和爱情等。因此，要较为充分地发挥薪酬的激励杠杆作用，就不仅要了解薪酬接受者对货币的需求，还有必要了解薪酬接受者追求的最终需求。福利性薪酬有货币性的，也有非货币性的，但以非货币性为主。福利通常不考虑薪酬接受者的绩效，组织内员工人人有份，但福利仍然是一种相当重要的激励因子。其激励的基本取向，是强化组织的凝聚力，强化员工的团队建设。非财务性薪酬包括：①终生雇用的承诺；②安全舒适的办公条件；③较有兴趣的工作；④主管的鼓励和对成绩的肯定；⑤引人注目的头衔；⑥良好的工作氛围；⑦良好的人际关系；⑧业务用的名片；⑨私人秘书等。外在薪酬相对于内在薪酬来说，比较容易定性及进行定量分析，在不同个人、公众和组织之间进行比较也较好操作。对于那些从事重复性劳动的员工来说，如果对内在薪酬产生不满，可以通过增加工资来解决。

2. 内在薪酬

内在薪酬是指由于自己努力工作而受到晋升、表扬或受到重视等，从而产生的工作的荣誉感、成就感、责任感。

内在薪酬包括：①参与决策的权利；②能够发挥潜力的工作机会；③自主且自由地安排自己的工作时间；④较多的职权；⑤较有兴趣的工作；⑥个人发展的机会；⑦多元化的活动等。内在薪酬的特点是难以进行清晰的定义，不易进行定量分析和比较，没有固定的标准，操作难度比较大，需要较高水平的管理艺术。

管理人员或专业技术人员对于内在薪酬的不满难以通过提薪获得圆满解决。

（四）我国企业的工资制度

企业工资制度是关于企业定额劳动、标准报酬的制度，它是企业内部多种分配的基础，是确定和调整企业内部各类人员工资关系的主要依据，也是企业制订内部工资计划的重要参考。在我国现代企业中，常见的主要有以下几种工资制度：

1. 结构工资制

结构工资制是指基于工资的不同功能，划分为若干个相对独立的工资单元，各单元又规定不同的结构系数，组成有质的区分和量的比例关系的工资结构。结构工资制的构成一般包括六个部分：一是基础工资，二是岗位工资，三是技能工资，四是效益工资，五是浮动工资，六是年功工资。

结构工资制有四大优点：一是工资结构反映劳动差别的诸多要素，即与劳动结构相对应，并紧密联系成因果关系。劳动结构有几个部分，工资结构就有几个相对应的部分，并随前者的变动而变动。二是结构工资制的各个组成部分各有各的职能，并分别计酬，可从劳动的不同侧面和角度反映劳动者的贡献大小，发挥工资的各种职能作用，具有比较灵活的调节功能。三是有利于实行工资的分级管理，从而克服"一刀切"的弊病，为改革工资分配制度开辟了道路。四是能够适应各行各业的特点。

但是，结构工资制也有缺点：一是合理确定和保持各工资单元比重的难度较大；二是由于工资单元多且各自独立运行，工资管理工作较复杂。

2. 岗位技能工资制

岗位技能工资制是以按劳分配为原则，以劳动技能、劳动责任、劳动强度和劳动条件等基本劳动要素评价为基础，以岗位和技能工资为主要内容的企业基本工资制度。从本质上说，岗位技能工资制也是结构工资制中更为规范化的一种具体形式。与其他结构工资制形式相比，岗位技能工资制是建立在岗位评价的基础上，充分突出了工资中岗位与技能这两个结构单元的特点。它更有利于贯彻按劳分配的原则，更能够调动员工努力提高技术业务水平的积极性。

岗位技能工资制的适用范围：岗位技能工资具有极强的适用性，各种企业，无论大小，均可采用岗位技能工资制，特别是对生产性企业和技术含量较高的企业，采用岗位技能工资制更能显示其优越性。

3. 岗位薪点工资制

岗位薪点工资制是在岗位劳动评价四要素（岗位责任、岗位技能、工作强度、工作条件）的基础上，用点数和点值来确定员工实际劳动报酬的一种工资制度。员工的点数通过一系列量化考核指标来确定，点值与企业和专业厂、部门效益实绩挂钩。其主要特点是：工资标准不是以金额表示，而是以薪点数表示；点值取决于经济效益。

薪点工资制的适用范围：薪点工资制是我国企业在工资制度改革实践中创造的一种工资模式，其内涵和基本操作过程类似于岗位工资，但在实际操作过程中更为灵活。因此，这种新工资制度刚一出现就广受企业青睐。目前，在上海及东南沿海一些地区的许多企业都实行了薪点工资制。

4. 技术等级工资制

技术等级工资是工人工资等级制度的一种形式，其主要作用是区分技术工种之间和工种内部的劳动差别和工资差别。

技术等级工资制是按照工人所达到的技术等级标准确定工资等级，并按照确定的等级工资标准计付劳动报酬的一种制度。这种工资制度适用于技术复杂程度比较高，工人劳动差别较大，分工较粗及工作物不固定的工种。

技术等级工资是一种能力工资制度，其优点是能够引导企业工人钻研技术，提高个人的技术水平，缺点是不能把员工的工资与其劳动绩效直接联系在一起。

5. 岗位等级工资制

岗位等级工资制，简称岗位工资制，它是按照工人在生产中的工作岗位确定工资等级和工资标准的一种工资制度。它是劳动组织与工资组织密切结合的一种工资制度。岗位等级工资制与职务等级工资制的性质基本相同，区别在于我国主要将前者应用于企业工人，后者应用于行政管理人员和专业技术人员。

岗位等级工资制是等级工资制的一种形式，是根据工作职务或岗位对任职人员在知识、技能和体力等方面的要求及劳动环境因素来确定员工的工作报酬。员工工资与岗位和职务要求挂钩，不考虑超出岗位要求之外的个人能力。其特点表现在以下几个方面：

①按照员工的工作岗位等级规定工资等级和工资标准岗位工资，只是按照各工作岗位的技术复杂程度、劳动强度、劳动条件、责任大小等规定工资标准，不是按照员工的技术能力规定工资标准。员工在哪个岗位工作，就执行哪个岗位的工资标准。在这种情况下，同一岗位上的员工，尽管能力与资历可能有所差别，执行的都是同一工资标准，就是所谓的以岗定薪。

②员工要提高工资等级，只能到高一级岗位工作。岗位工资制不存在升级问题，员工只有变动工作岗位，即只有到高一等级的岗位上，才能提高工资等级。但这并不等于说，一个员工不变动岗位，就不能提高工资标准。在企业经济效益提高，或社会整体经济水平增长，以及物价上涨过快而工资等级数目不变的情况下，对于不能上升到高一级岗位上工作的员工，就必须通过提高岗位工资标准的手段来提高工资。

③员工要上岗工作必须达到岗位既定的要求。虽然岗位工资制不制定技术标准，但各工作岗位规定有明确的职责范围、技术要求和操作规程，员工只有达到岗位的要求时才能上岗工作。如果在未达到岗位的要求时就上岗工作，只能视为熟练期间，领取熟练期的工资。

6. 职能等级工资制

职能等级工资制是根据职工所具备的与完成某一特定职位等级工作所相应要求的工作能力等级确定工资等级的一种工资制度。其特点表现在以下几个方面：

①决定个人工资等级的最主要因素是个人相关技能和工作能力，即使不从事某一职位等级的工作，但经考核评定其具备担任某一职位等级工作的能力，仍可执行与其能力等级相应的工资等级，即职位与工资并不直接挂钩。

②职能等级及与其相应的工资等级数目较少。其原因是对上下相邻不同的职位等级来说，各职位等级所要求的知识和技能的差别不是很明显。所以，可以把相邻职位等级按照职位对工作能力的要求列为同一职能等级。这样制定出来的职能等级一般只有职位等级的一半甚至更少。

③要有严格的考核制度配套。一方面，由于决定工资等级的是个人能力等级，所以要确定一个员工的工资等级，首先要确定其职能等级。这就需要制定一

套客观、科学而完整的职位等级标准和职能等级标准，并按照标准对个人进行客观、准确的考核与评定。否则，职能等级就很容易只按照资历确定。另一方面，由于员工的能力是不断提升的，但速度是不一致的，所以须建立长期的考核制度，定期对员工的职能等级进行考核。

④人员调整灵活，有很强的适应性。这是由第一个特点决定的。由于职能工资等级不随员工职位等级的变动而变动，因而有利于人员的变换工作和调整，能够适应企业内部组织机构随市场变化而做相应调整的要求。

7. 提成工资制

提成工资制是企业实际销售收入减去成本开支和应缴纳的各种税费以后，剩余部分在企业和职工之间按不同比例分成的一种工资制度。它有创值提成、除本分成、"保本开支，见利分成"等形式，在饮食服务业多有采用。

实行此制度的三要素是：①确定适当的提成指标。②确定恰当的提成方式，主要有全额提成和超额提成两种形式。全额提成即职工全部工资都随营业额浮动，而不再有基本工资；超额提成即保留基本工资并相应规定须完成的营业额，超额完成的部分再按一定的比例提取工资。从实行提成工资的层次上划分，有个人提成和集体提成。③确定合理的提成比例。有固定提成比例和分档累进或累退的提成率两种比例方式。

8. 年薪工资制

年薪工资制又称年工资收入制度，是指以企业会计年度为时间单位，根据经营者的业绩好坏而计发工资的一种薪酬制度，主要用于公司经理、企业高级职员的收入发放，称为经营者年薪制。实行年薪制后，经营者的收入主要由基薪和风险收入两部分构成，其实际收入主要根据其经营成果以年度为单位考核浮动发放。

年薪制有如下几个重要特点：

①以企业的一个生产经营周期为单位，一般为 1 年；

②年薪制是一种高风险的薪酬制度，依靠的是约束和激励相互制衡的机制；

③年薪制将企业经营管理者的业绩与其薪酬直接联系起来。

（1）关于基薪的确定

年薪制的原则是"主要根据企业经济效益水平（同行业比较）和生产经营

规模，并考虑地区和企业职工平均收入水平确定"。其中，地区和本企业职工平均收入是主要的确定因素，其他是调节因素。为了保证这一原则的贯彻，合理地限定基薪最高不超过地区、企业职工综合平均工资的三倍（由于大型企业职工平均工资较高，实际上其经营者基薪一般相当于本企业职工平均工资的二倍左右）。在各项评价指标中，经济效益水平反映企业的生产经营成果，生产经营规模反映企业的经营难度。

基薪计算公式为：

$$I=(a \cdot W_1 + b \cdot W_2) \times 3 \times (C+D)$$

式中：I 为经营者年基薪；W_1 为上年度地区职工平均工资；W_2 为上年度本企业职工平均工资；C 为上年度企业经济效益水平评价得分；D 为企业生产经营规模评价得分；$0.5 \leqslant C+D \leqslant 1$；a、b 为调节系数，$a+b=1$，且 $0 \leqslant b \leqslant 0.4$。

公式中，a、b 值由年薪确定部门根据具体情况灵活确定，C、D 值可以由年薪确定部门设计评分表确定，也可以由劳动部门设计评分表，规定得分档次，但得分标准由年薪确定部门根据具体情况确定，不管评分表由谁设计，都必须保证（C+D）的值为 0.5~1，以确保经营者基薪最高不超过本地区、本企业职工综合平均工资的 3 倍。

（2）关于风险收入的确定

风险收入主要依据企业完成生产经营指标情况确定，因此，必须以科学、严格的考核为基础，建立完善的考核指标体系。风险收入共分为四档，最低为零，最高为基薪的一倍。企业经营者的风险收入以基薪为基础，根据本企业完成的经济效益情况、生产经营的责任轻重、风险程度等因素确定。企业经济效益考核主要通过资本金利润率（资本金=资产-负债）、销售利润率、国有资产增值率和劳动生产率、工资利润率等项指标进行。同时要把企业是否严格按照国家有关规定合理调整职工工资作为确定经营者风险收入的依据之一。

①完成年度任务指标（包括经济效益指标），经营者年薪收入可按核定的基薪确定。全面完成企业年度各项任务指标，考核的经济效益指标达到省（部门）内同行业先进水平或超过本企业历史最高水平的，经营者的年风险收入一般可按核定的基薪的 30% 予以确定。

②全面完成企业年度各项任务指标，考核的经济效益指标居国内同行业领先

地位的，经营者的年风险收入可按核定的基薪的 50% 予以确定。

③全面完成年度各项任务指标，考核的经济效益指标居国内同行业领先地位，并达到国际先进水平的，经营者年风险收入可按核定的基薪的 100% 予以确定。

④对亏损企业（特别是政策性亏损企业）的经营者，可视其扭亏、减亏幅度，在核定的基薪基础上适当增加其风险收入。

（3）年薪制范围

年薪制主要适用于公司经理、企业高级职员的收入发放。

（4）年薪制的支付

年薪收入的支付采取按基薪分月预付，根据当年的考核情况，年终统一结算的办法。对超过应得年薪而预支的部分应当退回。经营者所得年薪收入按月平均超过个人收入所得税起征标准的部分，应照章纳税。

（5）年薪收入的管理

对经营者年薪收入实行分级管理体制，由企业主管部门根据有关规定负责组织对经营者的实绩进行考核，并提出对经营者年薪收入水平的明确建议，报同级人社部门审核同意后，按照经营者任免管理权限审批。其中，国务院所属的总公司、计划单列企业集团经营者的年薪收入在人力资源和社会保障部、财政部或有关中介机构对各项经济指标完成情况进行审核的基础上，由人力资源和社会保障部提出建议并审核，再按照经营者任免管理权限审批。国家控股的股份制企业的经营者年薪收入由董事会确定。

虽然年薪制在我国推行较晚，但目前已有相当多的企业开始实行年薪制。在我国推行年薪制，不仅仅是分配机制的改革，更是责任机制的改革。实行年薪制能更加有效地激励经营者，也能通过较长时间周期获得对经营业绩客观公正的评价。

9. 谈判工资制

谈判工资制是一种灵活反映企业经营状况和劳务市场供求状况并对员工的工资收入实行保密的一种工资制度。

职工的工资额由企业根据操作的技术复杂程度与员工当面谈判协商确定，其工资额的高低取决于劳务市场的供求状况和企业经营状况。当某一工种人员紧缺或企业经营状况较好时，工资额就上升，反之就下降。企业对生产需要的专业技术水平高的员工愿意支付较高的报酬。如果企业不需要该等级的专业技术员工，就可能降级使用或支付较低的报酬。只有当企业和职工双方就工资额达成一致，工资关系才能建立。企业和员工都必须对工资收入严格保密，不得向他人泄露。

谈判工资制的优点是有利于减少员工之间工资上的攀比现象，减少矛盾。工资是由企业和员工共同谈判确定的，双方都可以接受，一般都比较满意，有利于调动职工的积极性。

谈判工资制的弊端在于这种工资制度与劳资双方的谈判能力、人际关系等有关，弹性较大，容易出现同工不同酬。在国有企业实行这种制度，由于制度、仲裁机构和监督机构不健全，容易使以权谋私者从中舞弊，产生亲者工资高、疏者工资低等不合理现象。

二、薪酬设计的策略

企业进行薪酬设计时，首先必须在发展战略的指导下制定适合企业的薪酬策略，企业薪酬策略的制定包含水平策略和结构策略两个方面。

（一）薪酬的水平策略

薪酬的水平策略主要是企业相对于当地市场薪酬行情和竞争对手薪酬水平并结合企业自身特点制定的薪酬水平策略。供企业选择的薪酬水平策略主要有以下几种：

1. 市场领先策略

采用这种薪酬策略的企业，薪酬水平在同行业的竞争对手中是处于领先地位的。领先薪酬策略一般基于以下几点考虑：市场处于扩张期，有很多的市场机会和成长空间，对高素质人才需求迫切；企业自身处于高速成长期，薪酬的支付能力比较强；在同行业的市场中处于领导地位等。深圳的华为在20世纪90年代初采用的就是市场领先的薪酬策略，因为当时的通信行业正处于高速成长期，而华为也处于飞速发展期。

2. 市场跟随策略

采用这种策略的企业，一般都建立或找准了自己的标杆企业，企业的经营与管理模式都向自己的标杆企业看齐，同样薪酬水平跟标杆企业差不多就行了，并非要求自己的薪酬水平必须处于行业领先水平。

3. 成本导向策略

成本导向策略也叫落后薪酬水平策略，即企业在制定薪酬水平策略时不考虑市场和竞争对手的薪酬水平，只考虑尽可能地节约企业生产、经营和管理的成本，这种企业的薪酬水平一般比较低。采用这种薪酬水平的企业一般实行的是成本领先战略。

4. 混合薪酬策略

顾名思义，混合薪酬策略就是在企业中针对不同的部门、不同的岗位、不同的人才，采用不同的薪酬策略。比如对于企业核心与关键性人才和岗位的策略采用市场领先薪酬策略，而对一般的人才、普通的岗位采用非领先的薪酬水平策略。

（二）薪酬结构策略

薪酬结构主要是指企业总体薪酬所包含的固定部分薪酬（主要指基本工资）和浮动部分薪酬（主要指奖金和绩效薪酬）所占的比例。供企业选择的薪酬结构策略如下：

1. 高弹性薪酬模式

这是一种激励性很强的薪酬模式，该模式的特点是员工薪酬在不同时期个人收入起伏较大，绩效工资与奖金占的比重较大。换句话说，绩效薪酬是薪酬结构的主要组成部分，基本薪酬等处于非常次要的地位，所占的比例非常低（甚至为零），即薪酬中固定部分比例比较低，而浮动部分比例比较高。这种薪酬模式，员工能获得多少薪酬完全依赖于工作绩效的好坏。当员工的绩效非常优秀时，薪酬则非常高；而当绩效非常差时，薪酬则非常低甚至为零。

2. 高稳定薪酬模式

这是一种稳定性很强的薪酬模式，该模式的特点是员工薪酬与实际绩效关系不太大，而主要取决于工作年限及企业整体经营状况，员工薪酬相对稳定，给人安全感。采用这类薪酬结构的企业，员工薪酬中基本工资所占比重相当大，而奖金发放则根据公司整体经营情况，按照个人基本工资一定比例发放。换句话说，基本薪酬是薪酬结构的主要组成部分，绩效薪酬等处于非常次要的地位，所占的比例非常低（甚至为零）。即薪酬中固定部分比例比较高，而浮动部分比较少。在这种薪酬模型中，员工的收入非常稳定，几乎不用努力就能获得全额的薪酬。如日本年功工资。

3. 调和型薪酬模式

这是一种既有激励性又有稳定性的薪酬模式，该模式的特点是绩效薪酬和基本薪酬各占一定的比例，有高弹性部分以激励员工提高绩效，又有高稳定部分以促使员工注意长远目标，当两者比例不断调和和变化时，这种薪酬模式可以演变为以激励为主的模式，也可以演变为以稳定为主的薪酬模式。该模式对应薪酬结构有以能力为导向的薪酬结构、以岗位为导向的薪酬结构及组合结构。

4. 混合型的薪酬结构策略

企业在进行薪酬设计时，还可以选择一种叫作混合型的薪酬结构策略。这种策略的特点是针对不同的岗位、不同人才的特点选择不同的薪酬结构策略，比如严格要求自己、积极要求上进，而且喜欢接受挑战的员工可以采用高弹性的薪酬模型，对于老老实实做事、追求工作和生活稳定的员工可以采用高稳定型的薪酬模型。

第二节　岗位评价与福利

一、岗位评价

（一）岗位评价的概念及特点

1. 岗位评价的概念

岗位评价，也称职务评价或者工作评价，是指采用一定的方法对企业中各种岗位的价值做出评定，并作为工资分配的依据。岗位评价是在岗位分析的基础上，对企业所设岗位的难易程度、责任大小、工作强度、所需资格条件等相对价值的多少进行评价。岗位评价的实质是将工作岗位的劳动价值、劳动者的贡献与工资报酬三者有机结合起来，通过对岗位劳动价值的量化比较，确定企业工资等级结构的过程。

岗位评价是评定工作的价值，制定工作的等级，以确定工资收入的计算标准。因此，岗位评价是工作分析的逻辑结果。工作分析主要包括工作描述和工作规范两个方面的内容，而"岗位评价"是在工作分析的基础上进行的，其根本目的是提供工资结构调整的标准程序。

2. 了解岗位评价的目的和特点

进行岗位评价，有利于确认组织的工作结构，使工作间的联系公平、有序，并且通过开发一个工作价值的等级制度，可用来建立工资支付结构。岗位评价具有如下特点：

（1）岗位评价以企业劳动者的生产岗位为评价对象

岗位评价的中心是"事"，不是"人"。岗位评价虽然也会涉及员工，但它是以岗位为对象，即以岗位所担负的工作任务为对象而进行的客观评比和估计。作为岗位评价的对象——岗位，较具体的劳动者具有一定的稳定性。同时，它能与企业的专业分工、劳动组织和劳动定员定额相统一，能促进企业合理地制定劳动承担者的劳动量，虽然岗位评价是以"事"为中心，但它在研究中又离不开对劳动者的总体考察和分析。

（2）岗位评价是对企业各类具体劳动的抽象化、定量化过程

在岗位评价过程中，根据事先规定的比较系统的全面反映岗位现象本质的岗位评价因素体系，对岗位的主要影响因素逐一进行测定、评比和估价，由此得出各个岗位的量值。这样，各个岗位之间也就有了对比的基础，最后按评定结果，对岗位划分出不同的等级。

（3）岗位评价需要运用多种技术和方法

岗位评价主要运用劳动组织、劳动心理、劳动卫生、环境监测、数理统计知识和计算机技术，使用排列法、分类法、计点法、因素比较法四种基本方法，才能对多个评价因素进行准确的评定或测定，最终做出科学的评价。

（二）岗位评价的工作流程

1. 收集与岗位评价有关信息的工作程序

（1）对全部岗位进行分类

按岗位的工作性质，根据企事业单位的生产规模或工作范围、产品或服务繁杂程度等具体情况来确定岗位类别：先将单位的全部岗位划分成若干个大类，例如，某高等院校将教师的岗位划分为教学岗、教学科研岗、科研教学岗和科研岗四大类；某公司将本企业的岗位区分为技术岗、管理岗、营销岗和生产岗四大类。

（2）收集与岗位评价有关的信息

进行岗位评价之前，必须收集有关的信息，否则无法对岗位进行科学合理的评价。

①确定所需要的信息。采用复杂程度不同的方法进行岗位评价，所需要的信息不同，所需信息的详细程度可能也不同。例如，海氏系统法中，所有岗位所包含的薪酬因素主要有六种：任职资历、人际关系及沟通技巧、管理范围、岗位资源、岗位竞争、任务的艰巨性和复杂性。因此，用此法进行岗位评价需要收集这六个方面的数据和信息，通常采用调查表格形式。

②设计各种专业表格。为得到所需的信息，应以表格记录汇总有关信息。常用的表格有问卷调查表、调查汇总表。在进行岗位调查时，不妨根据需要设计这样的问卷调查表格，请员工自己填写，由其直接上级审核，汇总后即可得到所需要的信息。

2. 岗位评价的工作程序

①建立由岗位分析评价专家组成的工作岗位评价小组，培训有关的评价人员，使他们系统地掌握工作岗位评价的基本理论和方法，能够独立地完成对各个层级工作岗位的综合评价。

②制订出工作岗位评价的总体计划，并提出具体的行动方案或实施细则。

③在广泛收集资料的基础上，找出与岗位有直接联系、密切相关的各种主要因素及其指标，列出细目清单，并对有关指标做出说明。

④通过评价专家小组的集体讨论，构建工作岗位评价的指标体系，规定统一的衡量评比标准，设计有关调查问卷和测量评比的量表。

⑤先抓几个重要岗位进行试点，以便总结经验，发现问题，采取对策，及时纠正。

⑥全面落实工作岗位评价计划，按照预定方案，逐步组织实施。包括岗位测量评定、资料整理汇总、数据处理存储、信息集成分析等项具体工作的展开。

⑦撰写出企事业单位各个层级岗位的评价报告书，提供给各有关部门。

⑧最后对工作岗位评价工作进行全面总结，以便吸取经验教训，为以后岗位分类分级等工作的顺利展开奠定基础。

（三）岗位评价方法

1. 岗位排列法

岗位排列法是在不对工作内容进行分解的情况下，由评定人员凭借自己的经验和判断，将各个工作岗位的相对价值或它们各自对组织的相对贡献按高低次序进行排列，从而确定某个工作岗位与其他工作岗位的关系。

（1）岗位分析

由有关人员组成评价小组，做好相应的各项准备工作，然后，对工作岗位的情况进行全面调查，收集有关岗位方面的资料、数据，并写出调查报告。

（2）选择标准工作岗位

所选岗位必须广泛分布于现有的岗位结构中，同时彼此之间的关系需要得到广泛的认同；必须能代表岗位所包括的职能特性和要求；标准岗位的数量通常选取总岗位的 10%~15%；须建立一个用以排列其他岗位的机构框架。

（3）岗位排列

评定人员必须对有关工作进行全面了解。在实际排列过程中，岗位不仅要与标准岗位相比，也要与已排列好的岗位相比。排列后岗位等级通常呈金字塔形。与员工的业绩考核一样，在排序的时候也可以使用交错排序法，即先选出价值最高的工作和价值最低的工作，然后再选次高等、次低等的工作，其理由是：人们比较容易认定极端的情形。

（4）岗位定级

按评判标准对各岗位的重要性做出评判，将各个岗位的评定结果汇总，用序号之和除以评定人数得到每一岗位的平均序数，按平均序数由小到大评定出岗位相对价值的次序。

岗位排列法是各种岗位评价方法中最简单的一种，其主要优点是简单方便，容易理解和应用，比较适合缺乏时间和金钱做规划工作同时结构稳定的小公司。该方法从整体出发，对各岗位进行评定，避免了因工作要素分解而引起的矛盾和争论。但是，这种岗位评价方法有很多缺点。首先，在应用这种方法时，对工作岗位进行排序时所使用的标准经常定义得比较宽泛，没有明确的补偿因素，所以在排序过程中很难避免主观因素的干扰；其次，排列法要求评估委员会的成员对每一个需要评价的工作细节都非常熟悉，显然这几乎是不可能完全做到的；最后，虽然它能够排列各种工作相对价值的相对次序，但是它无法回答相邻的两个工作岗位之间的价值差距是多少。比如，它可以告诉我们行政秘书的工作价值大于录入员，小于系统分析师，但是无法告诉我们行政秘书的工作价值比录入员大多少，又比系统分析师少多少。要解决这一问题，就需要采用其他岗位评价方法。

2. 岗位分类法

岗位分类法又称归级法，是对排列法的改革。岗位分类法的工作程序如下：

①确定岗位类别的数目。

②对各岗位类别的各个级别进行明确定义。

③将被评价岗位与所设定的等级标准进行比较，将它们定位在合适的岗位类别中合适的级别上。

④当岗位评价完成后，就可以以此为基础设定薪酬等级了。

岗位分类法的优点：第一，比较简单，所需经费、人员和时间相对较少，对于工作内容不太复杂的部门，能在较短时间内得到满意结果；第二，因等级标准的制定遵循了一定的依据，其结果比排列法准确、客观；第三，出现新工作或工作变动时，容易按照等级标准迅速确定其等级；第四，岗位分类法应用灵活、适应性强，为劳资双方谈判及争端解决留有余地。当然，岗位分类法也是有缺陷的，首先表现在岗位等级的划分和界定存在一定的难度，带有主观性；其次是它只能将岗位归级，但仍旧无法衡量职位之间价值的量化关系，难于直接运用到薪酬体系中。

3. 配对比较法

配对比较法也称相互比较法，就是将所有要进行岗位评价的岗位排列在一起，两两配对比较，其价值较高者可得 1 分，最后将各岗位所得分数相加，分数最高即等级最高。按分数高低将岗位进行排列，即可划定岗位等级；通过计算平均序数，便可得出岗位相对价值的次序。

二、福利

（一）福利概述

1. 福利的定义和特点

福利是指企业以组织成员身份为依据，而不是以员工的劳动情况为依据支付给员工的间接薪酬。在劳动经济学中，福利又曾被称为小额优惠，是组织为提高员工的满意度，向员工及其家属提供的旨在提高其生活质量的措施和活动的总称。根据这一定义，我们可从以下几方面来理解福利：第一，福利的提供方是企业，接受方是员工及其家属；第二，福利是整个薪酬系统中的重要组成部分，是除了基本薪酬和可变薪酬之外的那部分薪酬；第三，福利可以采取多种形式发放，服务、实物和货币都可以是福利的支付形式；第四，福利旨在提高员工的满意度和对企业的归属感。

与直接薪酬相比，福利具有以下几个重要特点：

（1）实物或延期支付的形式

直接薪酬往往采取货币支付和现期支付的方式；而福利多采取实物支付或延期支付的形式。

（2）固定性

直接薪酬具备一定的可变性，与员工个人直接相连；而福利则具有准固定成本的性质，不会因为工作绩效的好坏而在福利的享受上存在差异。

（3）均等性

企业内部的福利对于员工而言具有一视同仁的特点，履行了劳动义务的企业员工，都有享有企业各种福利的平等权利，不会因为职位层级的高低而有所差别。但均等性是针对一般福利而言，对一些高层次的福利，许多企业还是采取了差别对待的方式，例如对高层管理人员的专车配备等。

（4）集体性

福利主要是通过集体消费或使用公共物品等方式让员工享有，集体消费主要体现在通过集体购买集体分发的方式为员工提供一些生活用品。

2．福利的优缺点

相比直接薪酬，福利具有独特的优势：首先，它的形式灵活多样，可以满足员工不同的需要；其次，福利具有典型的保健性质，可以减少员工的不满意，有助于吸引和保留员工，增强企业的凝聚力；再次，福利还具有税收方面的优惠，可以使员工得到更多的实际收入；最后，由企业来集体购买某些产品，具有规模效应，可以为员工节省一定的支出。但是福利也存在一定的问题：首先，由于它具有普遍性，与员工个人的绩效并没有太大的直接联系，因此在提高员工工作绩效方面的效果不如直接薪酬那么明显，这也是福利最主要的问题；其次，福利具有刚性，一旦为员工提供了某种福利，就很难将其取消，这样就会导致福利的不断膨胀，从而增加企业的负担。

3．福利的作用

福利作为员工薪酬的重要组成部分，一直稳定而又积极地发挥着它的作用。具体而言，福利的功能和作用可以分为两种，一种是对员工的作用，一种是对企业的作用。

（1）福利对员工的作用

许多员工在选择工作的时候比较重视企业所能提供的福利待遇，原因不仅仅在于福利待遇构成了总薪酬的一个部分，更在于福利可以满足员工的多种需求。具体来说，福利对员工的作用可体现在以下方面：

①增加员工的收入。福利可以增加员工的收入，并且福利作为一种准固定成本的支出，对于员工而言是一种保障性的收入，不会因为员工个人绩效不佳而减少。

②保障员工家庭生活及退休后的生活质量。企业提供的福利很多是针对员工的家庭生活和家人，为其提供实物或服务，这有助于员工提高家庭的生活质量。另外，员工退休后的收入较在职时会有较大幅度的降低，国家法定的养老保险等福利待遇就能够保障员工退休后的生活维持在一定的水平。

③满足员工的平等和归属需要。根据需求层次理论，员工在经济条件获得满足后，会希望能满足尊重、归属等需求，而福利正好能够满足员工这方面的需求。福利具有均等性，让员工感受到公平和企业对他们的重视，从而获得归属感和尊重感。

④集体购买让员工获得更多的优惠。员工福利中的很多内容是员工工作或生活中所必需的，即使企业不提供，员工也需要自己购买。而集体购买产生规模效益，具有价格上的优惠。此外，企业还可以以较低的成本为员工提供某些项目的服务，因为它可以将固定成本分散到较多员工身上，从而降低每位员工承担的成本。

⑤满足员工多样化的需求。员工福利的形式多种多样，既可以是实物也可以是服务，甚至集体旅游，多样化的福利形式能够满足员工多样化的需求。

（2）福利对企业的作用

虽然对于企业而言，福利不能直接激励员工的绩效，而且还要承担一定的成本，但是，如果设计得当，合理利用，福利还是利大于弊的。福利对企业的主要作用体现在以下几个方面。

①吸引和保留员工。从经济学角度来讲，大多数劳动者是风险规避型的，他们会追求收入的稳定性。与直接薪酬相比，福利的稳定性无疑更强。如果企业的福利项目比较丰厚，就能够增加企业对人才的吸引力，同时也可以降低员工的流动率。

②营造和谐的企业文化，树立企业形象。企业通过福利为员工提供各种形式的照顾和实惠，可以让员工感受到企业的关怀和重视，加强员工与企业之间的心理契约，这些都有助于提高员工的满意度和凝聚力，从而营造以人为本的和谐的企业文化。

③享受国家的税收优惠政策，提高企业成本支出的有效性。在许多市场经济国家，员工福利计划所受到的税收待遇要比基本薪酬、可变薪酬的税收待遇更优

惠。这意味着，对企业而言，同等金额的福利和基本薪酬、可变薪酬相比，前者将有可能产生更大的潜在价值。

（二）法定福利和自主福利

在不同的企业中，福利的内容各不相同，存在着非常大的差异。但是，一般来说，可以将福利的项目划分为两大类：一是国家法定的福利，二是企业自主的福利。

1. 国家法定的福利

这是由国家相关的法律和法规规定的福利内容，具有强制性，任何企业都必须执行。法定福利为员工提供了工作和生活的基本保障，当员工在遭遇失业、疾病、伤残等特殊困难时给予及时救助，提高了员工防范风险的能力。从我国目前的情况看，法定福利主要包括以下几项内容：

（1）法定的社会保险

包括基本养老保险、基本医疗保险、失业保险、工伤保险和生育保险，也就是通常企业所说的"五险"。企业要按照员工工资的一定比例为员工缴纳保险费。

（2）住房公积金

住房公积金是用人单位和在职员工共同缴存的长期住房储金，由两部分组成：一是员工个人每月按规定从工资中扣缴的部分，二是单位每月按规定为员工个人缴存的部分。

（3）公休假日

指企业要在员工工作满一个工作周后让员工休息一定的时间，我国目前实行的是每周休息两天的制度。用人单位应当保证劳动者每周至少休息一天。

（4）法定休假日

就是员工在法定的节日要享受休假。我国目前的法定节日包括元旦、春节、国际劳动节、国庆节和法律法规规定的其他休假节日。法定假日安排劳动者工作的，支付不低于300%的劳动报酬。

（5）带薪休假

指员工工作满规定的时期后，可以带薪休假一定的时间。国家实行带薪年休假制度。劳动者连续工作一年以上的，享受带薪年休假。

2. 企业自主的福利

除了法定的福利外，许多企业也自愿向员工提供其他种类的福利，比如企业补充养老金、团体人寿保险计划、健康医疗保险计划，除法定假期之外的各种假期、休假，为员工及其家属提供的各种服务项目（比如儿童看护、老年人护理等），以及灵活多样的员工退休计划等，这类福利称为企业自主福利。与法定福利本质上的不同之处在于：它们不具有任何强制性，具体的项目也没有一定的标准，企业可以根据自身的情况灵活决定。

（三）福利的管理

为了保证给员工提供的福利能够充分发挥其应有的作用，在实践中，一般要按照下面的步骤来实施福利的管理：

1. 调查阶段

为了使提供的福利能够真正满足员工的需要，首先必须进行福利需求的调查。在过去，我国大多数企业都忽视了这一点，盲目地向员工提供福利，虽然也支出了大笔的费用，效果并不理想。在进行福利调查时，既可以由企业提供一个备选"菜单"，员工从中选择，也可以直接收集员工的意见。

同基本薪酬的确定一样，福利调查也要分为两个部分，内部福利调查只是解决了员工的需求问题，但是这些需求是否合理，企业总体的福利水平应当是多少，这些问题都需要进行外部福利调查。当然，这种调查没有必要单独进行，可以与薪酬调查同时进行。

2. 规划阶段

福利调查结束后，就要进行福利的规划。首先，企业要根据内外部调查的结果和企业自身的情况，确定出需要提供的福利项目。其次，要对福利成本做出预算，包括总的福利费用、各个福利内容的成本、每个员工的福利成本等。最后，要制订出详细的福利实施计划，例如福利产品购买的时间、发放的时间、购买的程序、保管的制度等。

3. 实施阶段

这一阶段就是要按照已制订好的福利实施计划，向员工提供具体的福利。在实施中兼顾原则性和灵活性，如果没有特殊情况，一定要严格按照制订的计划来实施，以控制好福利成本的开支；如果遇到特殊情况，也要灵活处理，对计划做出适当的调整，以保证福利提供的效果。

4. 反馈阶段

实施阶段结束以后，还要员工进行反馈调查，以发现在调查、规划和实施阶段存在的问题，从而不断完善福利实施的过程，改善福利管理的质量。

(四) 福利管理的发展趋势

传统上，企业提供的福利都是固定的，向所有员工提供一样的福利内容，但是员工的实际需求并不完全一样，因此固定的福利模式往往无法满足员工多样化的需求，从而削弱了福利实施的效果。从 20 世纪 90 年代开始，弹性福利模式逐渐兴起，成为福利管理发展的一个趋势。

弹性福利，也叫自助式福利，就是由员工自行选择福利项目的福利管理模式。需要强调的是，弹性并不意味着员工可以完全自由地进行选择，有一些项目还是非选项，例如法定的社会保险。

从目前的实践来看，企业实行的弹性福利主要有以下五种类型。

1. 附加型弹性福利

就是指在现有的福利计划之外，再提供一些福利项目或提高原有的福利水准，由员工选择。例如，原来的福利计划包括房屋津贴、交通补助、免费午餐等，实行附加型弹性福利后，可以在执行上述福利的基础上，额外提供附加福利，例如补充养老保险等。

2. 核心加选择型弹性福利

就是由核心福利项目和选择福利项目组成福利计划，核心福利是所有员工都享有的基本福利，不能随意选择；选择福利项目包括所有可以自由选择的项目，并附有购买价格，每个员工都有一个福利限额，如果总值超过了所拥有的限额，差额就要折为现金由员工支付。福利限额一般是未实施弹性福利时所享有的福利水平。

3. 弹性支用账户

就是指员工每年可以从其税前收入中拨出一定数额的款项作为自己的"支用账户",并以此账户去选购各种福利项目的福利计划。由于拨入该账户的金额不必缴所得税,因此对员工具有吸引力;为了保证"专款专用",一般都规定账户中的金额如果本年度没有用完,不能在来年使用,也不能以现金形式发放,而且已经确定的认购福利款项也不得挪作他用。

4. 福利"套餐"

就是由企业提供多种固定的福利项目组合,员工只能自由地选择某种福利组合,而不能自己进行组合。

5. 选择型弹性福利

就是在原有的固定福利的基础上,提供几种项目不等、程度不同的福利组合供员工选择。这些福利组合的价值,有些比原有固定福利高,有些比原有固定福利低。如果员工选择比原有固定福利价值低的组合,就会得到其中的差额,但是员工必须对所得的差额纳税;如果员工选择了价值较高的福利组合,就要扣除一部分直接薪酬作为补偿。

弹性福利模式的发展,可以说解决了传统的固定福利模式所存在的问题,可以更好地满足员工的不同需要,从而增强激励的效果。此外,这种模式也减轻了人力资源管理人员的工作量。但是这种模式也存在一定的问题,员工可能只顾眼前利益或者考虑不周,从而选择了不实用的福利项目;由于福利的项目不统一,减少了购买的规模效应,还增加了管理的成本。

从发达国家的实践来看,还出现了福利管理的社会化和货币化趋势。福利管理的社会化是指企业将自己的福利委托给社会上的专门机构进行管理,这样企业的人力资源管理部门就可以摆脱这些琐碎的事务,从而能够集中精力来进行那些附加值高的活动。此外,由于这些机构是专门从事这项工作的,因此提供的福利管理也更加专业化。但是,这种方式也存在一个问题,由于外部机构对企业的情况可能不太了解,因此企业需要与其进行大量的沟通,否则提供的福利就会失去针对性。

福利管理的货币化是指企业将本应提供给员工的福利折合成货币,以货币的形式发放给员工。这种方式可以大大降低福利管理的复杂程度，减轻企业的管理负担。但是，以货币形式发放福利就改变了福利原有的性质，从而削弱了福利应有的作用，例如，体育比赛由员工自发组织和由企业出面组织在凝聚力方面就存在很大的差距。此外，由于不再集中购买，就会失去规模效益，这样在企业付出相同成本的条件下，员工实际的福利水平是下降的，这会影响员工的满意度。

第三节　激励理论

由于激励广泛存在于各种类型的组织当中，所以心理学家、管理学家、组织行为学家从各自不同的角度来研究激励，产生了许许多多的激励理论。这些激励理论着重研究激励人的规律，探讨激发人的内在能力、调动员工积极性的有效方法，激励理论是行为科学的重要内容，它是在行为科学发展过程中逐步产生和发展起来的。

一、内容型激励理论

（一）需要层次理论

1. 生理需要

生理需要是人类最原始的也是最基本的需要，如吃饭、穿衣、住宅、医疗等。只有在生理需要得到基本满足之后，其他的需要才能成为新的激励因素，而在未满足之前生理需要是调动人们行为的最大动力。

2. 安全需要

当一个人的生理需要得到满足后，满足安全的需要就会产生。个人寻求生命、财产等个人生活方面免于威胁、侵犯并得到保障的心理就是安全的需要。

3. 归属与爱的需要

这是一种社会需要，包括同人往来，进行社会交际，获得伙伴之间、朋友之间的关系融洽或保持友谊和忠诚。人人都希望获得别人的爱，给予别人爱，并希望受到别的团体与社会所接纳，成为其中的一员，彼此相互支持与关照。

4. 尊重的需要

尊重的需要包括受人尊重与自我尊重两方面。前者是希望得到别人的重视，获得名誉、地位；后者是希望个人有价值、有能力，成就得到社会的承认。

5. 自我实现的需要

自我实现的需要是指实现个人理想、抱负，最大限度地发挥个人的能力的需要，是需要层次理论的最高层次。为满足自我实现的需要所采取的途径是因人而异的。有人希望成为成功的商人，有人希望成为体育明星，还有人希望成为画家或音乐家。简而言之，自我实现的需要是指最大限度地发挥一个人的潜能的需要。

五种需要可以分为高层次需要和低层次需要。生理需要和安全需要是低层次需要；归属与爱的需要、尊重的需要和自我实现的需要是高层次需要。区分这两个层次的需要的前提是：较高层次的需要从内部使人得到满足，较低层次的需要从外部使人得到满足。

一般来说，这五种需要像阶梯一样，从低到高，低一层次的需要获得满足后，就会向高一层次的需要发展；这五种需要不是每个人都能满足的，越是靠近顶部的成长型需要，满足的百分比越少，但是激励力量越强；同一时期，个体可能同时存在多种需要，因为人的行为往往是受多种需要支配的，每一时期总有一种需要占支配地位。

近来的研究有些新发现：缺乏型需要几乎人人都有，而成长型需要并不是所有人都有。尤其是自我实现的需要，相当部分人没有。满足需要时不一定先从最低层次开始，有时可以从中层或高层开始，有时个体为了满足高层次的需要而牺牲低层次的需要，任何一种需要并不因为满足而消失，高层次需要发展时，低层次需要仍然存在，在许多情景中，各层次的需要相互依赖和重叠。

（二）双因素理论

1. 双因素理论的基本内容

影响人的行为积极性的因素有两类，即激励因素和保健因素，简称为双因素理论。

激励因素是指能够在工作中激励员工、给员工带来满意感的因素，它一般包括工作本身的挑战性、工作所富有的成就感、工作成绩能够得到大家的认可、工作所需要担负的责任及职业生涯中的晋升等因素。这类因素涉及员工对工作的积极感情，同时和工作本身的内容有关。具备了这类因素时，激励因素自身所具备的激励作用便能够得以发挥，使员工富有工作热情，产生较高的绩效，员工也因而产生满意感。但如果处理不好这类因素，会使员工不能产生满意的感觉。

保健因素是指能够在工作中安抚员工、消除员工不满意感的因素，它一般包括公司的政策与管理、技术监督方式、工薪薪金、工作环境、人际关系及地位等因素。这类因素涉及员工对工作的消极感情，同时与工作氛围和工作环境有关。当这类因素得到改善时，只能消除员工的不满意，安抚员工，使消极对抗行为消失，却不会使员工感到非常满意。一旦处理不好这类因素，就会使员工产生不满意的感觉，带来沮丧、缺勤、离职等结果。相比较而言，就工作本身来说，保健因素是外在的，激励因素是内在的，或者说是与工作相联系的内在因素。

2. 双因素理论在管理中的应用

（1）保健因素与激励因素在一定条件下可以互相转化

具备必要的保健因素才不会使职工产生不满情绪，从而调动和保持员工的积极性，赫茨伯格提出的成就、责任心、发展、成长等因素的确应引起管理者的重视。

（2）注重"内在满足"和"外在满足"的问题

即"内在激励"和"外在激励"或"正激励"和"反激励"的问题。内在满足是指个人从工作本身得到的满足；外在满足是指个人在工作之后得到的满足。人们工作动机的强弱、工作热情的高低在很大程度上依附于对工作满足感的期望。满足感来自管理人员所提供的外在报酬和工作带来的内在满足。内在满足的激励作用比外在满足的激励作用持久稳定，所以经营者管理者要创造条件，尽量满足人们的内在需要。

（3）采取激励因素调动员工积极性

人们通过努力取得了成绩，就会有荣誉感和胜利感，有较高的士气和精神状态，有的人会沿着正确的方向，继续努力争取更大的成就；有的人会沾沾自喜，骄傲自大，故步自封。如果通过努力没有取得所预期的成就，心理上就会有一种失败感，有的人会总结教训，继续努力；有的人会因此萎靡不振。从工资待遇、奖金津贴这两个因素来看，它们也有正激励和反激励的作用。工资和奖金收入，不仅是人们保障生理需求的条件，而且还是社会地位、角色扮演、个人成就、贡献的象征，有很大的心理意义，对人们也有较大的激励作用。但是，奖金如果不同内在因素、工作成就、工作表现相结合，就不会有多大的激励作用，只能是其中的一个保健因素。

在管理实践中根据双因素理论，可以采用扩大员工的工作范围，使员工在工作计划和管理中负有更大的责任等激励措施来调动员工的积极性。具体做法有工作丰富化、工作扩大化、弹性工时等。

①工作丰富化。让员工有机会参加工作的计划和设计，得到信息反馈，以正确估计和修正自己的工作，并使员工对工作本身产生兴趣，获得责任感和成就感。

②工作扩大化。增加员工的工作种类，让其同时承担几项工作或完成更长的工作链，以增加其对工作的兴趣，克服因精细专业化和高度自动化带来的工作单调与乏味。

③弹性工时。这种制度规定员工除一部分时间须按规定时间上班外，其余时间在一定范围内可以让其自行安排，以提高员工的工作情绪和工作效率。

（三）ERG 理论

人们共存在三种核心的需要，即生存（Existence）的需要、相互关系（Relatedness）的需要和成长发展（Growth）的需要，因而这一理论被称为 ERG 理论。

生存的需要。这类需要关系到机体的存在或生存，包括衣、食、住及工作组织为使其得到这些因素而提供的手段，实际上相当于马斯洛理论中的生理需要和安全需要。

相互关系的需要，是指发展与他人关系的需要。这种需要通过工作中或工作以外与其他人的接触和交往得到满足，相当于马斯洛理论中归属与爱的需要和一部分尊重的需要。

　　成长发展的需要，是个人自我发展和自我完善的需要。这种需要通过发展个人潜力和才能，从而得到满足，相当于马斯洛理论中的需要和尊重需要。

　　除了三种需要替代了五种需要以外，与马斯洛低层次需要理论不同的是，奥尔德弗的 ERG 理论还表明：人在同一时期可能有不止一种需要起作用，如果较高层次需要的满足受到抑制的话，那么人们对较低层次的需要的渴望会变得更加强烈。

　　马斯洛低层次需要理论是一种刚性的阶梯式上升结构，即认为较低层次的需要必须在较高层次的需要满足之前得到充分的满足，二者具有不可逆性。而相反的是，ERG 理论并不认为各类需要层次是刚性结构，比如说，即使一个人的生存和相互关系需要尚未得到完全满意，他仍然可以为成长发展的需要而工作，而且这三种需要可以同时起作用。

　　此外，ERG 理论还提出了一种叫作"受挫—回归"的思想，当一个人的某一层次需要尚未得到满足时，他可能会停留在这一需要的层次上，直到获得满足为止。相反，ERG 理论则认为，当一个人在某一更高等级的需要层次受挫时，那么作为替代，他的某一较低层次需要可能会有所增加。例如，如果一个人的社会交往得不到满足，可能会增强他对得到更多金钱或更好的工作条件的愿望。与马斯洛层次需要理论类似的是，ERG 理论认为较低层次的需要满足之后，会引发出对更高层次需要的愿望。不同于需要层次理论的是，ERG 理论认为多种需要可以同时作为激励因素起作用，并且当满足较高层次需要的愿望受挫时，会导致人们向较低层次的需要回归。因此，管理措施应随着人的需要结构的变化而做出相应的改变，并且根据每个人不同的需要制定出相应的管理措施。

（四）成就需要理论

　　个体在工作情境中有三种重要的动机或需要。

1. 成就需要：争取成功，希望做到最好的需要

　　具有强烈的成就需要的人渴望将事情做得更为完美，提高工作效率，获得更大的成功。他们追求的是在争取成功的过程中克服困难、解决难题、努力奋斗的兴趣，以及成功之后的个人成就感，他们并不看重成功所带来的物质奖励。个体的成就需要与他们所处的经济、文化、社会、政府的发展程度有关，社会风气也

制约着人们的成就需要，麦克利兰发现高成就需要者的特点如下：

（1）及时明确反应

高成就者希望他们的行为能够得到及时明确的反馈，告诉他们自己的行为效果。因此，高成就需要者一般会选择业绩比较容易考核的职业。

（2）适度挑战性的目标

高成就需要者一般设置中等挑战性目标，因为他们通过克服困难来证明成功结果是由于他们自己的努力行为引起的，高成就需要者对于自己感到成败机会各半的工作，表现最为出色，他们不喜欢成功的可能性非常低的工作，这种工作碰运气的成分非常大，那种带有偶然性的成功机会无法满足他们的成功需要；同样，他们也不喜欢成功性很大的工作，因为这种轻而易举就取得的成功对于他们的自身能力不具有挑战性，他们喜欢设定通过自身努力才能达到的奋斗目标。对他们而言，当成败可能性均等时，才是一种能从自身的奋斗中体验成功喜悦与满足的最佳机会。

2. 权力需要：影响或控制他人且不受他人控制的需要

权力需要是指影响和控制别人的一种愿望或驱动力。不同人对权力的渴望程度也有所不同，权力需要较高的人喜欢支配、影响他人，喜欢对别人发号施令，注重争取地位和影响力，他们喜欢具有竞争性和能体现较高站位和场合的情境。他们也会追求出色的成绩，但他们这样做并不像高成就需要的人那样是为了个人的成就感，而是为了获得地位和权力或与自己具有的权力和地位相称。权力需要是管理成功的基本要素之一。

3. 亲和需要：建立友好亲密的人际关系需要

亲和需要就是寻求被他人喜爱和接纳的一种愿望，高亲和需要者渴望友谊，喜欢合作而不是竞争的工作环境，希望彼此之间的沟通与理解，他们对环境中的人际关系更为敏感。有时，亲和需要也表现为对失去某些亲密关系的恐惧和对人际关系的回避，亲和需要是保持社会交往和人际关系和谐的重要条件。

高成就需要者喜欢能独立负责、可以获得信息反馈和独立冒险的工作环境。各部门的管理者中，高成就需要者往往会取得成功。其次，在大型企业或其他组织中，高层次者不一定就是一个优秀的管理者，原因是高成就需要者往往只对自己的工作绩效感兴趣，并不关心如何影响别人去做好工作。再次，亲和需要与权力需要与管理的成功密切相关。最优秀的管理者往往是权力需要很高而亲和需要很低的人。如果一个大企业经理的权力需要、责任感和自我控制相结合，那么他很有可能成功。最后，可以对员工进行训练来激发他们的成就需要。如果某项工作要求高成就需要者，那么管理者可以通过直接选拔的方式找到一名高成就需要者，或者通过培训的方式培养自己的原有下属。

由于具有不同需要的人需要不同的激励方式，了解员工需要与动机有利于合理建立激励机制。可以训练和提高员工的成就动机，以提高生产效率。

二、过程型激励理论

（一）期望理论

1. 期望理论的基本假设

对组织行为原因的四种假设构成了期望理论基础。第一，个人和环境的组合力量决定一个人的行为，仅有个人或仅有环境是不可能决定一个人的行为的。人们带着各种各样的期望加入组织，对他们的事业、需求、激励和过去的历史期望，所有这些期望将影响他们对组织的回报。第二，人们决定他们自己在组织中的行为受到许多限制（如规章、制度、规定等），尽管如此，人们还是做出两个清醒的决定：首先，决定是否来工作，是留在原公司还是跳槽到新公司（成员决定）；其次，决定他们在完成工作时付出努力的程度（效率、努力程度、同事关系等）。第三，不同的人有着不同类型的需求和目标，人们希望从他们的工作中得到不同的成果。第四，人们根据他们对一个假设的行为将导致希望获得成果的程度，在变化的情况中做出他们的决定，人们倾向做那些他们认为将导致他们所希望的回报的事情，而避免做那些他们认为将导致他们所不希望的后果的事情。

职工要是相信目标的价值并且可以看到做什么才有助于实现目标时，他们就会受到激励去工作以实现企业目标。

2. 期望理论的基本内容

期望理论是研究需要与目标之间的规律的一种理论，人类渴求满足一定的需要和达到一定的目的，对一个人来说，调动他的工作积极性的动力有多大，即激励力量有多大，取决于期望值与效价的乘积。

$$M = V \cdot E$$

其中：M——激励力量，指直接推动或使人们采取某一行动的内驱力。这是指调动一个人的积极性，激发出人的潜力的强度。

V——目标效价，指达成目标后对于满足个人需要的价值大小，反映个人对某一成果或奖酬的重视与渴望程度。

E——期望值，指根据以往的经验，个人对某一行为导致特定成果的可能性或概率的估计与主观判断。

显然，只有当人们对某一行为结果的效价和期望值同时处于较高水平时，才有可能产生强大的激励力量。

3. 期望理论对实施激励的启示

员工选择做与不做某项工作主要基于三个具体因素：

（1）员工对自己做某项工作的能力的认知

如果员工相信他能够胜任某项工作，动机就强烈；如果认为自己不能胜任某项工作，动机就不足。

（2）员工的期望

如果员工相信从事这项工作会带来期望的结果，做这项工作的动机会很强烈。相反，员工若认为不能带来所期待的结果，则工作动机不足。

（3）员工对某种结果的偏好

如果一位员工真的渴求加薪、晋升或其他结果，则动机会很强烈。如果员工认为这会导致一个消极的结果，如额外的压力、更长的工作时间或合作者的嫉妒，那么他就不会受到激励。

员工的动机依赖于员工认为他们是否能够达到某种结果，这种结果是否能带来预期奖赏及员工认为此奖赏是否有价值。如果员工对这三个因素的评价都很高，则动机强度便可能很高，如果员工对某个因素不感兴趣，激励作用就会降低甚至毫无意义。这个理论告诉管理者：应该努力让员工感到他们具有完成工作任务的能力，而且要经常对他们的成绩给予有价值的奖赏。

管理者实施这种激励时需要注意以下几点。第一，管理者不要泛泛地实施一般的激励措施，而应当实施多数组织成员认为效价最大的激励措施。第二，设置某一激励目标时应尽可能加大其效价的综合值。如果每个人的奖金多少不仅意味着当月的收入状况，而且与年终分配、工资调级挂钩，将大大增加这种激励方式效价的综合值。第三，适当加大不同人实际所得效价的差值，加大组织希望行为与非希望行为之间的效价差值，如奖罚分明等。第四，适当控制期望概率与实际概率。

（二）公平理论

公平理论又称社会比较理论，该理论侧重于研究工资报酬分配的合理性、公平性及对职工生产积极性的影响。

1. 公平理论的基本观点

当一个人做出成绩并取得了报酬以后，他不仅关心自己所得报酬的绝对量，而且关心自己所得报酬的相对量。因此，他要进行种种比较来确定自己所获报酬是否合理，比较的结果将直接影响今后工作的积极性。

不公平感的产生，绝大多数是由于经过比较，认为自己目前的报酬过低而产生的；但在少数情况下，也会由于经过比较认为自己的报酬过高而产生。

2. 公平理论产生的原因

我们看到，公平理论提出的基本观点是客观存在的，但公平本身是一个相当复杂的问题，主要因为以下几个方面的原因。

第一，它与个人的主观判断有关，无论是自己的或者他人的投入和报偿都是个人感觉，而一般人总是对自己的投入过高、对别人的投入估计过低。第二，它与个人所持的公平标准有关。例如，有人认为助学金改为奖学金才合理，有人认为应平均分配才公平，也有人认为按经济困难程度分配才适当。第三，它与业绩的评估有关，我们主张按绩效付报酬，并且各人之间应相对平等，但如何评定绩效？是以工作成果的数量和质量，还是按工作能力、技能、学历？不同的评定方法会得到不同的结果，最好是按工作成果的数量和质量，用明确、客观、易于核实的标准来度量，但这在实际工作中往往难以做到，有时不得不采用其他方法。第四，它与评定人有关，绩效由谁来评定？是领导者，还是群众或自我评定？不同的评定会得出不同的结果,由于同一组织内往往不是统一评定,因此会出现松紧不一、回避矛盾、姑息迁就、抱有成见等现象。

3. 员工面对不公平会出现的行为

改变自己的投入,减小绩效努力,以消除负的不公平感;改变自我认知(比如,发现自己比其他人努力多了);改变用于比较的参照对象(如比上不足,比下有余);主观上进行歪曲或改变比较方法,合理地设想不公平只是暂时的,在不久的将来将得到解决;设法改变他人的投入或产出,使他人工作不那么努力;离开工作场所(如辞职、辞换工作)。

4. 公平理论的启示及其在管理中的应用

(1)公平理论的启示

①影响激励效果的不仅有报酬的绝对值,还有报酬的相对值。

②激励应力求公正并考虑多方面的因素,避免因个人主观判断造成不公平感。

③在激励过程中应注意被激励者公平心理的疏导,引导其树立正确的公平观。第一,使大家认识到绝对公平是没有的;第二,不要盲目攀比,所谓盲目性起源于纯主观的比较,多听听别人的看法,也许会客观一些;第三,不要按酬付劳,按酬付劳是在公平问题上造成恶性循环的主要杀手。

(2)公平理论在管理中的应用

①管理人员应该理解,下属对报酬做出公平比较是人的天性,应了解下属对各种报酬的主观感觉。

②为了使员工对报酬的分配有客观的感觉,管理人员应该让下属知道分配的标准。

③要达到理想的激励作用,应在工作前便让下属知道这个标准。

④管理人员应该能够预料下属可能因为感到不公平做出一些行为所导致的负面效应,这时应与下属多做沟通,在心理上减轻他们的不公平感。

⑤正确诱导,改变认知,公平与不公平来源于个人的感觉,易受个人偏见的影响。人们都有一种"看人挑担不吃力"的心理,易过高估计自己的成绩和别人的收入,过低估计别人的绩效和自己的收入;把实际合理的分配看成不合理,把

本来公平的差别看成不公平。

⑥科学考评，合理奖励。

（三）目标设置理论

目标把人的需要转变为动机，使人们的行为朝着一定的方向努力，并将自己的行为结果与既定的目标相对照，及时进行调整和修正，从而能实现目标。这种使需要转化为动机，再由动机支配行动以达到目标的过程就是目标激励。目标激励的效果受目标本身的性质和周围变量的影响。该理论提出以后，许多学者在研究中加以发展，使之成为内容逐渐丰富和影响越来越大的新的激励理论。

1. 目标设置理论的基本模式

目标有两个基本属性：明确度和难度。

从明确度来看，目标内容可以是模糊的，如仅告诉被试者"请你做这件事"；目标也可以是明确的，如"请在 10 分钟内做完这 25 道题"。明确的目标可以使人们更清楚怎么做，付出多大的努力才能达成目标。目标设定明确，也便于评价个体的能力。很明显，模糊的目标不利于引导个体的行为和评价他的成绩。因此，目标设定得越明确越好。事实上，明确的目标本身就有激励作用，这是因为人们有希望了解自己行为的认知倾向。对行为目的和结果的了解能减少行为的盲目性，提高行为的自我控制水平。另外，目标的明确与否对绩效的变化也有影响。也就是说，目标明确的被试者的绩效变化很小，而目标模糊的被试者绩效变化则很大，这是因为模糊目标的不确定性容易产生多种可能的结果。

从难度来看，目标可以是容易的，如 20 分钟内做完 10 个题目；中等的，20 分钟内做完 20 个题目；难的，20 分钟内做完 30 个题目；或者不可能完成的，如 20 分钟内做完 100 个题目。难度依赖于人和目标之间的关系，同样的目标对某人来说可能是容易的，而对另一个人来说则可能是难的，这取决于他们的能力和经验。一般来说，目标的绝对难度越高，人们就越难实现。多项研究发现，绩效与目标的难度水平呈线性关系。当然，这是有前提的，前提就是完成任务的人有足够的能力，对目标又有高度的承诺。

在这样的条件下，任务越难，绩效越好。一般认为，绩效与目标难度水平之间存在着线性关系，是因为人们可以根据不同的任务难度来调整自己的努力程度。

当目标难度和明确度结合起来进行研究时，研究者发现人们对于明确、有挑战性的目标完成得最好；而对于模糊的、有挑战性的目标，如告诉被试者"请尽力做到做好"，被试者完成的成绩呈中等水平；模糊的、没有挑战性的目标导致最低水平的成绩。

2. 目标设置理论的扩展模式

在目标设置与绩效之间还有其他一些重要的因素产生影响。这些因素包括对目标的承诺、反馈、自我效能感、任务策略、满意感等。

（1）承诺

承诺是指个体被目标所吸引，认为目标重要，持之以恒地为达成目标而努力的程度。

个体在最强烈地想解决一个问题的时候，最能产生对目标的承诺，然后真正解决问题。有权威人士指定目标，或是个体参与设置目标，哪一种方式更能导致目标承诺，增加下属的绩效呢？合理指定目标（所谓合理，即目标有吸引力，也有可能达成）与参与设置的目标有着相同的激励力量，这两者都比只是简单地设置目标并且不考虑目标的合理性要更有效。

（2）反馈

目标与反馈结合在一起更能提高绩效。目标给人们指出应达到什么样的目的或者结果，同时它也是个体评价自己绩效的标准。反馈则告诉人们这些标准满足得怎么样，哪些地方做得好，哪些地方尚有待改进。

反馈是组织里常用的激励策略和行为矫正手段。许多年来，研究者们已经研究了多种类型的反馈。其中研究得最多的是能力反馈，它是由上司或同事提供的关于个体在某项活动中的绩效是否达到了特定标准的信息。能力反馈可以分为正反馈和负反馈。正反馈是指个体达到某项标准而得到的反馈，负反馈是个体没有达到某项标准而得到的反馈。例如，研究者在研究反馈类型对创造性的影响时，给予的正反馈就是告诉被试者的反应很有创造性，而给予的负反馈则是告诉被试者的创造性不强。

另外，反馈的表达有两种方式：信心方式和控制方式。信心方式的反馈不强调外界的要求和限制，仅告诉被试者任务完成得如何，这表明被试者可以控制自己的行为和活动。因此，这种方式能加强接受者的内控感。控制方式的反馈则强调外界的要求和期望，如告诉被试者他必须达到什么样的标准和水平。它使被试者产生外控的感觉——他的行为或活动是由外人控制的。

用信息方式表达正反馈可以加强被试者的内部动机，对需要发挥创造性的任务给予被试者信息方式的正反馈，可以使被试者更好地完成任务。

（3）自我效能感

自我效能感的概念是由班杜拉提出的，目标激励的效果与个体自我效能感的关系也是目标设置理论中研究得比较多的内容。自我效能感就是个体在处理某种问题时能做得多好的一种自我判断，它是以个体全部资源的评估为基础的，包括能力、经验、训练、过去的绩效、关于任务的信息等。

当对某个任务的自我效能感强的时候，对这个目标的承诺就会提高。这是因为高的自我效能感有助于个体长期坚持某一个活动，尤其是当这种活动需要克服困难、战胜阻碍时。

目标影响自我效能感的另一个方面是目标设定的难度。当目标太难时，个体很难达成目标，这时他的自我评价可能就会比较低。而反复失败就会削弱一个人的自我效能感。目标根据它的重要性可以分为中心目标和边缘目标，中心目标是很重要的目标，边缘目标就是不太重要的目标。安排被试者完成中心目标任务可以增强被试者的自我效能感。因为被试者觉得他被安排的是重要任务，这是对他能力的信任，被安排达成中心目标的被试者的自我效能感明显比只被安排边缘目标的被试者强。

（4）任务策略

目标本身就有助于个体直接实现目标。首先，目标引导活动指向与目标有关的行为，而不是与目标无关的行为。其次，目标会引导人们根据难度的大小来调整努力的程度。最后，目标会影响行为的持久性。人们在遇到挫折时也不放弃，直到实现目标。

当这些直接的方式还不能够实现目标时，就需要寻找一种有效的任务策略。尤其是当面临困难任务时，仅有努力、注意力和持久性是不够的，还需要有适当的任务策略。任务策略是指个体在面对复杂问题时使用的有效的解决方法。目标设置理论中有很多对在复杂任务中使用任务策略的研究，相对于简单任务，在复杂任务环境中有着更多可能的策略。要想完成目标任务，得到更好的绩效，选择一个良好的策略是至关重要的。研究者发现，在一个管理情景的模拟研究中，只有在使用了适宜策略的情况下，任务难度与被试者的绩效才显著相关。

何种情景下何种目标更利于形成有效策略，对此还没有明确的研究结果。前文提到，在能力允许的范围内，目标的难度越大，绩效越好。但有时人们在完成困难目标时选择的策略不佳，结果他的绩效反而不如完成容易目标时的绩效好。对此现象的解释是，完成困难目标的被试者在面对频繁而不系统的策略变化时，表现出了一种恐慌，使他最终也没有学会完成任务的最佳策略。完成容易目标的被试者反而会更有耐心地发展和完善他的任务策略。

（5）满意感

当个体经过种种努力终于达成目标后，如果能得到他所需要的报酬和奖赏，就会感到满意；如果没有得到预料中的奖赏，个体就会感到不满意。同时，满意感还受到另一个因素的影响，就是个体对他所得报酬是否公平的理解。如果通过与同事、朋友、自己的过去及自己的投入相比，他感到所得的报酬是公平的，就会感到满意；反之，则会不满意。

目标的难度也会影响满意感。当任务越容易时，越易取得成功，个体就会经常体验到伴随成功而来的满意感。当目标困难时，取得成功的可能性就要小，从而个体就很少体验到满意感。这就意味着容易的目标比困难的目标能产生更多满意感。然而，达成困难的目标会产生更高的绩效，对个体、对组织有更大的价值。是让个体更满意好呢，还是取得更高的绩效好？这样就产生了矛盾，如何平衡这种矛盾，有下面一些可能的解决办法：

①设置中等难度的目标，从而使个体既有一定的满意感，又有比较高的绩效。

②当达成部分目标时也给予奖励，而不仅仅是在完全达成目标时才给。

③目标在任何时候都是中等难度，但要不断小量地增加目标的难度。

④运用多重目标奖励结构，达成的目标难度越高，得到的奖励越多。

三、改造型激励理论

（一）挫折理论

1. 挫折理论的基本内容

挫折理论研究行为和目的之间的行为变化规律。当目标导向行为受到挫折时，人的心理会发生什么变化，其变化的规律是什么，这就是挫折理论研究的内容。这个理论是从心理学角度，运用心理学的概念，来研究人的需要得不到满足时也就是受到挫折时，人的心理状态及其行为。所以，了解挫折及挫折产生的原因、挫折的表现及应对挫折的方法，有助于做好人的管理工作，激发他们工作、生产的积极性。

挫折是一种情绪状态、主观感受，是在人们所追求的目标无法实现、需要的动机得不到满足的情况下产生的。个人的心理发展层次、认识问题的方法、成功的标准是不同的，对挫折的感受也不同。

如果人们在通向目标的道路上遇到了障碍，那么就会产生以下三种情况。

第一种情况：改变行为，绕过路障，达到目的。

第二种情况：如果障碍不可逾越，可以改变目标，从而改变行为的方向。

第三种情况：在障碍面前无路可走，不能达成目标。正是在这种情况下，人们才会产生挫败感。

2. 挫折产生的原因

（1）客观因素

导致挫折产生的客观因素主要指环境方面的因素，这些因素常常是个人意志或能力不能左右的，客观因素包括以下方面。

①自然环境因素。由于个人能力无法克服的自然因素的限制，而导致个人动机不能满足，行为受到阻碍，目标不能实现，如天灾人祸使人们的生命受到威胁而无法逃避等。

②社会环境因素。由于个人在社会生活中所遭受的政治、经济、道德、生活方式、人际关系、风俗习惯等人为因素的限制，使人的动机与目标的满足和实现

只能局限在一个有限的范围内，而造成挫折的情境。

（2）主观因素

导致挫折产生的主观因素主要指由于个体自身条件的限制阻碍了目标的实现。主观因素包括以下方面。

①个人条件因素。主要指个人具有的智力、能力、容貌、身材及生理上的缺陷、疾病所带来的限制，如一个身材矮小的人很难成为优秀的篮球运动员。

②个人思想认识因素。主要指认识能力或思维方法等。

③动机冲突因素。主要指个人在日常生活中，两个或两个以上的动机同时并存而又无法同时获得满足，因此互相排斥或对立，当其中一个动机获得满足，其他动机受到阻碍时所产生的难以抉择的心理状态就是动机冲突。

3．挫折理论在管理中的应用

（1）领导要善于采取容忍的态度

遇到攻击时，不要针锋相对，否则只能激化矛盾。正确的处理方法是将受挫者看成需要帮助的人，对其攻击行为采取容忍的态度，在和谐的气氛中疏导并妥善解决矛盾。当然，这一点并不容易做到，可是古话说得好，"宰相肚里能撑船"，要有容人之心才能成为出色的管理者。宽容的态度并不等于不分是非、一味迁就，与此相反，唯有帮助受挫者提高认识、分清是非，才能使其战胜挫折。

（2）改变受挫者的环境

改变环境是相当有效的方法，主要的方式有两种：一是调离原来的工作岗位或居住地点；二是改变环境的心理气氛，给受挫者以广泛的同情和温暖。

（3）做好心理知识的普及

克服受挫心理的关键在于提高员工的心理健康水平。因此，管理者应该向广大员工普及心理学知识，帮助员工学会维护自身的心理健康。

（4）采用"精神宣泄疗法"

这是一种心理治疗的方法，主要是创造一种环境，让受挫者被压抑的情感得以自由、顺畅地表达出来。人在受挫以后，其心理会失去平衡，常常以紧张的情绪反应代替理智的行为。这时唯有让紧张情绪发泄出来，才能恢复理智状态，达到心理平衡。从这个意义上讲，管理者应该倾听员工的抱怨、牢骚等，让他们把不满情绪发泄出来，待发泄以后自会心平气和。

（二）强化理论

1. 强化理论的基本内容

强化理论又叫作"行为修正理论"。人们做出某种行为或不做出某种行为，只取决于一个影响因素，那就是行为的后果。人或动物为了达到某种目的，会采取一定的行为作用于环境。当他尝试一种行为给自己带来有利的结果时，该行为就可能重复发生；如果给自己带来不利的结果，该行为就会停止。这样，管理者就可以通过控制员工在组织环境中的行为结果，来影响、控制员工的行为。

2. 强化类型

（1）正强化

正强化是运用刺激因素，使人的某种行为得到巩固和加强，使之再发生的可能性增大的一种行为改造方式。

（2）负强化

负强化是预先告知某种不符合要求的行为或不良绩效可能引起的后果，允许员工通过按所要求的方式形成或避免不符合要求的行为来回避一种令人不愉快的处境。因此，负强化与正强化的目的是一致的，但两者所采取的手段则不同。

（3）自然消退

自然消退是指通过对当事人行为的反馈来制止某种不良行为的修正方式。例如，开会时不希望员工提出无关紧要的问题，当员工举手要求发言时，无视他们的表现，举手行为就会自动消失。

3. 强化理论的应用

在管理中，我们可以采取正强化或负强化的改造方式对员工的行为进行影响。如果员工的行为与组织目标一致，那么就给予正强化，如提薪、发奖金等，以及非经济方面的激励，如晋升、表扬、进修等。如果员工的行为与组织目标不一致，那么就进行负强化，如减薪、扣奖金或处以罚款，以及非经济方面的激励，如批评、处分、降级、撤职或免除其他可能得到的好处等。如果员工行为与组织目标无关，则对其采取忽视的办法，不予理睬。

在管理中一般运用四种强化策略：

（1）奖励

奖励亦正强化，用认可、赞赏、加薪、奖金、晋升，或者创造令员工满意的工作环境这些令人喜爱和得到满足的刺激，增强员工的良好行为。

（2）回避

回避是指预先告知某种不符合要求的行为或不良绩效可能引起的令人讨厌的后果，使员工按要求行事，或者为了回避令人不愉快的后果避免不符合要求的行为发生。

（3）消退

消退是对员工的某种行为不做反馈，以表示对此行为的轻视，而逐渐使这种行为消失。

（4）惩罚

惩罚是指施加威胁性和令人生厌的刺激，以消除员工的某些行为。例如，批评、罚款、降薪、降职、开除等手段，就是对某些不符合要求的行为的否定并使这种行为不再发生。

4. 实施强化时应注意的问题

第一，必须针对行为结果给予行为当事人及时、明确的信息反馈。一方面，强化必须是及时的，对一般人来说，当他采取某种行为并产生一定后果时，首先要做的事情往往就是评价自己行为的结果，所以必须给予及时的信息反馈；另一方面，反馈给行为当事人的信息一定要明确，而不能模糊不清。行为当事人很重视来自外界的强化力量，并能在今后的行为过程中体现出这些强化能力的作用，所以必须给予明确的信息，否则容易给当事人带来某种错误的认识，产生不良的后果。

第二，细化的时间选择或安排十分重要。间接性的强化比经常性的强化更有效。

第三，正强化和负强化的作用不仅表现在对行为发生频率的调整差异上，还表现为激励效果的明显不同。一般来说，正强化比负强化的激励效果要好得多，应尽量少用负强化。这是因为正强化可以给人一种满意和愉快的情绪，能给人带来更多的激励信息；相反，负强化给予人们的是不愉快的刺激，而人们对不愉快的刺激往往天生就具有一种抵制情绪。负强化有其不足，但这并不是说在激励过程中就不能用负强化了，只要注重运用方式，负强化仍然是一种有效的激励措施。

四、综合型激励理论

要想有效调动人的积极性，就是要设法激励人的行为动机。但在激发动机的过程中，不是简单地从外界给人一种刺激来推动人的行动，而是通过外界刺激（外在因素）使人的内在动机（内在因素）发生强化作用，从而增强人的内驱力。然而，内容型激励理论和过程型激励理论都是从某一角度来阐述激励规律，因而存在片面性和局限性。而综合型激励理论，把上述两类理论加以概括和发展。

第四节　激励艺术

在人力资源管理工作中，要使激励收到一定的效果，并不仅仅是通晓激励理论就可以做到的，更重要的是如何在实践中进行有效的激励，这就需要激励的艺术。只有正确而恰当的激励，才会使员工更积极地为企业工作。

一、常用的激励术

薪酬、目标和工作激励方法是日常人力资源管理中常用的激励方法，但并非任何人都可以恰当地运用它们，并获得收效。只有管理者真正从内心意识到这些激励方法的重要性，科学并灵活地运用，这些常用的激励方法才能发挥出意想不到的效应，从而达到调动员工积极性的目的。

（一）薪酬激励

在工作中，一个人可能会因谋求个人发展而牺牲收入，但不管多么高尚，他们不可能长期如此，因为他们要生存。员工还需要感受到自己的价值得到了他人的承认，不管你使用多么美妙的言辞表示感谢，不管你提供多么良好的训练，他们最终期望的是得到自己应得的报酬，让自己的价值得到体现。员工们会按照市场情况和一些合适的对象进行比较，他们将以自己的收入来判断对工作的满意程度。

可是一些人坚持认为人们过高地估计了金钱的刺激性。对此，有种种不同看法。问题是大多数人工作所得报酬同他们的工作表现不相关。更进一步说，干多干少、干好干坏都一个样，那么人们加班加点还有什么意义呢？

许多管理者看不到这种关系，而只想到如何最大限度地减少成本以保证利润最大化。员工也是成本的一部分，因此他们的逻辑就是保证支出的报酬维持在最低水平。

一旦员工开始为工资而抱怨，企业最好的员工将会离开，以寻求更高的工资，对此应给予高度注意。当然有时即使付的工资很高，还是有人不能满意。要解决这一问题，不妨试试以下方法：第一，必须信守诺言。不能失信于员工，失信一次会造成千百次重新激励的困难。第二，不能搞平均主义。将个人业绩与报酬挂钩，应当让员工清楚，真正努力的员工将会得到最好的报酬，但他们不会无缘无故得到每一笔报酬。奖金激励一定要使最好的员工成为最满意的员工，这样会使其他人明白奖金的实际意义。第三，使奖金的增长与企业的发展紧密相连，让员工体会到只有企业兴旺发达，才有自己奖金的不断提高，而员工的这种认识会收到同舟共济的效果。第四，报酬是对员工价值的一种认可，积极主动地支付报酬，不要等待员工提出要求。

现金奖励也有一些缺点，就是不像奖章那样可以保存得比较久，员工拿了钱，很快就把这份奖励抛诸脑后了。此外，现金奖励不能把年份刻在上面，不会因岁月而增加它的价值，没有特殊风味，大家都猜得到是什么，也没有意外的惊喜，这就需要配合其他的激励手段一起使用。

（二）目标激励

目标会使人的行为具有方向性，引导人们去达到某种特定的结果，而不是其他的结果。因此，目标设置的过程是一种有效的激励方法。目标设置理论认为，致力于实现目标是人们工作的最直接动机，人们追求目标是为了满足自己的情绪和愿望。员工的绩效目标是工作行为最直接的推动力，因此，为员工设置适当的目标是管理工作中的一项重要任务。

为员工设置目标关键要做到两点：首先，要把企业目标巧妙地转化为个人目标，这就使员工自觉地从关心自身利益变为关心企业利益，从而提高影响个人激励水平效率；其次，要善于把目标展现在员工眼前，管理者要时常运用自己的智慧和管理才能，增强员工实现目标的自信心，提高员工实现目标的期望值。

在制定企业目标时，别忘了考虑企业外部的需要和利益及企业目标的实现将给他们带来什么好处。在企业内部，则要考虑企业内部的环境和条件，总之，要尽量使各方面关系平衡、协调。

在为员工制定目标时还应照顾员工在目标面前的种种心态，一般来说，较好的激励目标应该具有一定的挑战性。这对员工既是一种鼓舞，也是一种压力。他们也许会产生矛盾心理：一方面希望获得成功而受到奖励，另一方面怕失败而受到惩罚而维持原状。人们在现状之下产生的安全感，会由于激励目标的提出而受到威胁。所以，为了使激励目标能够产生积极的效果，应邀请员工参加目标的制定。

（三）工作激励

很多人都说，他们喜欢在有趣的环境里工作，他们希望工作内容有趣，也希望同事相处得有趣。

人们觉得有趣的工作会做得比较顺心，这是不容置疑的。因此，每一位管理者都应致力于创造一种让下属觉得有趣的工作气氛，假如人们必须在压力下进行工作，光是播放音乐是无法改进情况和工作绩效的，作为主管，如果知道问题所在，至少还可以朝着正确的方向迈开脚步。也许无法改善一个人的资质，但是可以借助减轻压力来改进他们的工作环境。有一种方法是，创造一种令员工感到轻松自在而不受压迫的气氛。

为了奖励业绩突出的人，可以尽可能地给他们安排他们喜欢做的工作，同时取消他们厌恶的工作。人们总是乐于做他们最拿手的工作，这是促使他们百尺竿头更进一步的绝妙方法。

工作激励主要指工作丰富化。工作丰富化之所以能起到激励作用，是因为它可以使员工的潜能得到更大的发挥。工作丰富化的主要有以下形式：第一，在工作中扩展个人成就增加表彰机会，加入更多必须负责任和更具挑战性的活动，提供个人晋升或成长的机会。第二，让员工执行更加有趣而困难的工作，这可以让员工在做好日常工作的同时，学做更难做的工作。鼓励员工提高自己的技能，从而能胜任更重要的岗位，做更困难的工作给了他展示本领的机会，这会增强他的才能，使他成为一名奋发、愉快的员工。第三，给予真诚的表扬。当员工的工作完成得很出色时，要恰如其分地给予真诚的表扬，这将有助于满足员工受人尊重的需要，增强其干好本职工作的自信心。

工作丰富化的目的在于让人们对工作氛围感兴趣。最简单的做法是重新安排工作，使工作多样化。这以可从两方面着手：一是垂直工作加重；二是水平工作加重。所谓垂直工作加重，主要指重新设计工作，给员工更多的自主权、更充实的责任感及更多的成就感；所谓水平工作加重则是指工作流程中前后几个程序交给一个员工去完成，它可给员工更多的工作成绩反馈、更完整的工作整体感、更充实的责任感及对自我工作能力的肯定。

工作丰富化的激励是为了满足员工高层次的需求，高层次需求的满足会使员工充分发挥内在潜力，从而提高工作效率，使企业和个人都能得到满足。由于工作丰富化满足的是员工高层次的需要，而员工的实际需要又不仅仅是高层次的，因而这种激励有明显的局限性，它不能解决企业中的全部问题，只有在员工普遍感到现实的工作环境不能发挥自己的能力时，才可以有效地运用这一激励措施。

二、人性化激励术

越来越多的激励专家赞同单靠金钱一项并不足以引发工作动机，并认为金钱倘能和人性结合在一起使用，必能达到最佳效果。事实上，人们除了获取金钱之外，真正想得到的便是一种觉得自己很重要的感觉。因此，谁能够满足人们内心深处这种最渴望的需求，谁就是这个时代的激励大师。

（一）赞美激励

对于一个管理者来说，赞美是激励员工的最佳方式。优秀的管理者，从不会吝惜在各种场合给予员工恰如其分的赞美。赞美别人不仅是一个人为人处世的诀窍，也是一个管理者用人的重要武器。

管理者希望自己的下级尽全力为自己做好工作，然而要想使某人去做某事，普天之下只有一个方法，就是使他愿意这样做，即使是上级对下级也是这样。当然，管理者尽可以强硬地命令下级去做，或以解雇、惩罚的威胁使部下与自己合作，但请不要忘记，这一切只能收到表面之效，而背后必大打折扣，因为这些最下策的方法具有明显令人不愉快的反作用。

赞美之所以能对人的行为产生深刻影响，是因为它满足了人渴望得到尊重的需要，这是一种较高层次的需要。高层次的需求是不易满足的，而赞美的话语则部分地给予了满足。这是一种有效的内在性激励，可以激发和保持行动的主动性和积极性。当然，作为鼓励手段，它应该与物质奖励结合起来，没有物质鼓励做基础，在生活水平不太高的条件下，会影响精神鼓励的效果。但是行为科学的研究指出，物质鼓励的作用（如奖金），将随着使用的时间而递减，特别是在收入水平提高的情况下更是如此。另外，高收入下按薪酬比例拿奖金开支过大，企业也难以承受，而人对精神鼓励的需求也是普遍的、长期的，社会越发展越是如此。因此，我们可以得出结论，重视赞美的作用，正确地运用它是有效的管理方式之一。

有人说，赞美是一小笔投资，细小的关心和激励就能得到意想不到的回报。这话有些道理，但似乎又有太多实用主义的味道。赞扬不应该仅仅是为了回报，它应该是沟通情感、表示理解的方式，如同微笑一样也是照在人们心灵上的阳光。

（二）荣耀激励

在日常生活中经常可以看到这样的事实，许多企业失去了一些优秀员工，这些员工转到了其他企业，因为那里给他们准备了更重要的职位和更大的挑战，为他们提供了更多晋升的机会，企业需要留住的人也正是竞争对手急于雇用的人。

员工在工作上做了长期的努力，晋升他的职位或增加他的工作责任，都可以算是给他的长期奖励。根据问卷调查，绝大多数员工认为以工作表现来升迁或增加工作责任，是一种很重要的奖励方法。

用晋升作为奖励的传统方式是在各个管理阶层内由低到高逐级进行提升，当然，要经常用升迁的方法来奖励员工并不是一件容易做到的事情。那么，可以用"增加他的工作责任"或"使他的地位更醒目"这两种比较容易办到的方法来奖励他。

人的特殊地位，本身就起着一定的激励作用，工作表现杰出的明星员工可以送他去接受更高层的职业训练，也可以让他负责训练别人，这样他就能扮演一个较活跃的角色。对于最优秀的员工，可以让他扮演他所在部门与人力资源部门联络人的角色，也可以让他担任其他部门的顾问，假如有跨部门的问题、计划，或部门之间共同关心的事情，可以让周围最优秀的员工代表主管，与其他部门的人组成一个合作团队。

若是非管理行业的专家（如掌管计算机的人、工程师、科学家），对于企业的兴衰关系重大，需要单独设立一种晋升制度，每一级别的职称、报酬和待遇都应该制定完备。这样，这些技术人员就可以长久地做他们最拿手的工作，不必非要成为管理者才可以得到晋升。

抓住每一个机会，尽力向同事们宣扬杰出员工的表现，如经常与杰出员工商谈，给他特殊的责任，或者让他担任一个充满荣誉的职务。这已经在无形中告诉大家，你对这个人非常器重，那么其他员工必然会注意到这种情况，受到这种情况的启发，必然会奋起直追，争取获得同样的器重。假如企业发行内部刊物的话，可以鼓励杰出员工写些文章，抒发他对工作的观点。那么，很快大家就会知道只要表现杰出，必会在企业里扬名，而且会得到大家的尊敬。

一个杰出的员工能够得到一般人所不能享受的荣耀。例如，给他单独的工作间或更换办公设备等，这些东西有时看来也算不了什么，似乎很容易办到，但真正办起来十分冒险，还需要勇气，不仅对主管，对主管所要夸耀的人也是如此，这些特殊的器物，哪怕是小到刻有名字的写字笔、座椅、工艺品等，都显示出他们已做出了不同凡响的业绩。他们跨进自己的办公室，就会知道自己的业绩和能力已经受到上司的嘉奖，便觉得有了安全感，甚至每跨进一步都增加了一倍的信心。

也许有人以为这样奖赏增加了更多的等级区分，那就错了。这种特殊身份与地位和职务无关，即使是一个普通员工也有可能获得这份殊荣，这不过表明他做出了特殊贡献。因此，这种奖赏实际上是提供了对做出特殊贡献的员工不提升而给予更多鼓励的机会。

（三）休假激励

休假，是很多企业用来奖励员工的方法之一。只要是休假，不管是一天还是半年，几乎全世界的每个员工都热烈欢迎。

休假是一种很大的激励，特别是那些希望有更多自由时间参加业余活动的年轻人。这种办法还足以让人们摆脱浪费时间的毛病。用放假作为奖励有三种基本方式：第一，如果工作性质许可，只要把任务、期限和预期质量要求告诉员工，一旦员工在限期之前完成任务并达到标准，那么剩下来的时间就送给他们作为奖励。第二，如果因为工作性质员工必须一直待在现场，那么告诉他在指定的时间内必须完成多少工作量，如果他在指定时间内完成那个工作量，而且作业的品质也令人满意的话，可以视情形给他半天、一天或一个星期的休假。也可以定一个记分的制度，如果员工在指定的时间内完成指定的工作量，并且持续这种成绩，可以给他放一小时的假，这一小时的假可以累积，累积到四小时的时候放半天假，累积到八小时的时候放一天假。第三，如果员工在工作的品质、安全性、团队合作或其他管理者认为重要的行为上有所改进，也可以用休假来奖励他。

在实际管理中，休假奖励是可以灵活运用的。就费用筹划的过程和时间的耗费来说，让员工出外旅游是一种更高层次的休假奖励，越来越多的员工认为，让得奖人带配偶或同伴到他们想去的地方旅游，是一种有意义的奖励。

旅游休假奖励的好处很多。例如，它对很多员工是很有吸引力的奖励；要诱使员工积极努力，它是很有利的诱因；它提供一个独一无二的场合增加团队的凝聚力；它也可能提供一个让团队学习的机会；它使得奖人在旅游归来之后，有许多经验向同人传播；在努力去获奖的这段时间，它使很多人对这个奖励充满憧憬。不过，旅游休假奖励也有一些坏处。例如，它相当昂贵；得奖人在接受这个奖励时，必须离开工作岗位好几天；它需要耗费某些人相当的精力，也要相当的经验，才能办好高品质的旅游；基本上能够得到这种奖励的人数不会太多。

三、参与化激励术

最好的激励一定是能满足员工潜在需要的，现代企业中的员工需要各种机会发掘自己的潜在价值，员工参与作为一种有效的激励过程为员工提供了这样的机会，它顺应社会发展潮流，既有利于发挥员工的主动性，又能帮助企业提高效益，这已被西方企业的实践所证实。

（一）参与管理激励

参与管理是企业兼顾满足各种需要和效率、效益要求的基本方法。员工通过参与企业管理，发挥聪明才智，得到了比较高的经济报酬，改善了人际关系，实现了自我价值；而企业则由于员工的参与，改进了工作，提高了效率，从而达到更高的效益目标。在实施参与管理时，要注意以下方面。

第一，注重对员工的引导。员工参与必须明确方向，即员工必须得到企业当前的工作重点、市场形势和努力方向等信息，这就需要管理者很好地进行引导。有些管理者面对潮水般涌来的建议和意见不知如何处理，这主要是由于他们自己对企业的经营方向、管理目标缺乏明确的认识，不知如何引导员工有计划、分阶段实施并重点突破。有计划、分阶段的引导是保护员工的参与积极性，使参与管理能持续实施的重要方面。

第二，要有耐心。实施参与管理还要有耐心，在实施参与管理的开始阶段，由于管理者和员工都没有经验，参与管理会显得有些杂乱无章，企业没有得到明显的效益，甚至出现效益下滑。管理者应及时总结经验，肯定主流，把事情告诉员工，获得员工的理解和参与，尽快提高参与管理的效率。

第三，采取适宜的参与方式。由于员工的知识化程度和参与管理的经验存在差异，所以在实施参与管理时要根据不同的情况采取不同的方式。具体地说，在员工知识化程度较低和参与管理经验不足的情况下，通常采用以控制为主的参与管理，控制型参与管理的主要目标是，希望员工在经验的基础上提出工作中的问题和局部建议，经过筛选后由工程师和主管人员确定解决方案并组织实施。在提出问题阶段是由员工主导的，在解决问题阶段，虽然员工也参与方案的制订和实施，但主导权控制在工程师和主管人员手中，改革是在他们的控制下完成的。

当员工知识化程度较高且有相当参与管理经验时，要多以授权的方式让员工参与到管理中来，授权型参与管理的主要目标是希望员工在知识和经验的基础上不但提出工作中的意见和建议，而且制订具体实施方案，在得到批准后，授予组织实施的权利，以员工为主导完成参与和改革的全过程。

在参与管理的第三个层次上是全方位型参与管理，这种参与不限于员工目前所从事的工作，员工可以根据自己的兴趣、爱好，对自己工作范围以外的其他工作提出建议和意见，企业则提供一定的条件，帮助员工从事自己喜爱的工作并发挥创造力。这种参与管理要求员工具有较广博的知识，要求管理部门具有相当的宽容度和企业内部择业的更大自由。

(二) "员工持股计划" 激励

员工持股计划的基础思想是：在正常的市场经济运行条件下，人类社会需要一种既能鼓励公平又能促进增长的制度，这种制度使任何人都可以获得两种收入，从而激发人们的创造性和责任感，否则社会将因贫困不均而崩溃。

员工持股计划的主要内容是：企业成立一个专门的员工持股信托基金会，基金会由企业全面授保，贷款认购企业的股票。企业每年按一定的比例提出工资总额的一部分，投入员工持股信托基金会，以偿还贷款。当贷款还清后，该基金会根据员工的工资水平或劳动贡献的大小，把股票分配到每个员工的"员工持股计划账户"上。员工离开企业或退休，可将股票卖还给员工持股信托基金会。

这一做法实际上是把员工提供的劳动作为享有企业股权的依据，员工持股计划虽然也是福利待遇，但是它将员工的收益与其对企业的股权投资相联系，于是将员工个人利益同企业效益、员工自身努力同企业管理等因素结合起来，因此带有明显的激励成分。

在我国的企业改革中，尤其是国有企业的改革，一直伴随着员工持股的试点。在这些企业中，员工具有出资者和劳动者的双重身份，体现出较强的自主性和参与意识，推动了企业经营管理的完善。

员工持股计划的激励作用主要体现在以下三个方面：第一，为员工提供保障。由于员工持股计划的实施，员工可以从企业得到劳动、生活的保障，在退休时可以老有所养，同时员工也会以企业为家，安心工作，充分发挥自身的积极性。第二，有利于留住人才。在我国，劳动力流动日益频繁，但人力资源的配置存在着很大的自发性和无序性，而且劳动力技术水平越高，人才的流动性也越大。实行员工持股计划，可以有效地解决人才流失的问题。当员工和企业以产权关系维系在一起的时候，员工自然会主动参与企业的生产经营，这是思想政治工作达不到的效果。在员工的参与下，企业精神、企业文化才能真正形成，员工才会将所从事的工作作为自己的一份事业。第三，有助于激励企业经营者。实行员工持股计划，更为重要的是，让经理层持有较大的股份，既有利于企业实现产权多元化，又有利于充分调动企业骨干的积极性。企业还可以实行期股制度，进一步奖励经理的工作，这样也就解决了对企业经营者激励的问题。

员工持股的普遍推行，使员工与企业的利益融为一体，与企业风雨同舟，对企业前途充满信心，企业因而获得超常发展，员工也从持股中得到了巨大利益。这些在国内外的企业经营管理中都有所体现。

员工持股计划更有利于调动员工的工作积极性，增强员工的归属感，增强企业的凝聚力，吸引人才，降低人员流动性，从而提高企业的经济效益。因此，国内许多企业也开始实施员工持股计划。

第六章　员工关系管理

第一节　员工关系与劳动合同管理

一、员工关系

（一）员工关系的概念

员工关系是指组织中劳动者和用人单位双方由于雇佣行为而产生的关系，员工关系会对用人单位的未来发展产生强烈的影响，这种关系取决于不同的社会环境以及管理者对员工的基本看法。随着现代管理理论的不断发展，以及国家劳动法律体系的不断完善，用人单位越来越注重加强内部沟通，改善员工关系。

员工关系具有两层含义：一是从法律层面界定双方因签订雇佣契约而产生的权利义务关系，这是一种法律关系；二是从社会层面界定双方在履行契约过程中存在的人际、情感以及道义等伦理关系。员工关系强调以员工为主体和出发点的用人单位内部关系，注重和谐与合作，是从人力资源管理角度提出的一个取代劳资关系的概念。

（二）员工关系管理的概念

员工关系管理从广义上讲，是在用人单位人力资源体系中，各级管理人员和人力资源职能管理人员，通过拟定和实施各项人力资源政策和管理行为，以及其他的管理沟通手段调节用人单位和员工、员工与员工之间的相互联系和影响，从而实现组织的目标并确保为员工、社会增值。从狭义上讲，员工关系管理就是用人单位和员工的沟通管理，这种沟通更多采用柔性的、激励性的、非强制的手段，从而提高员工满意度，支持组织其他管理目标的实现。其主要职责是：协调员工与管理者、员工与员工之间的关系，引导建立积极向上的工作环境。管理者一直以来非常关心如何才能让员工努力工作，但他们更应该考虑如何实现对员工所承担义务的承诺，包括对员工工作的引导、资源的支持、服务的提供等。

员工关系管理是用人单位人力资源部门的重要职能之一，良好的员工关系可以使员工在心理上获得一种满足感，有利于提高其工作意愿和积极性，也在一定程度上保障用人单位战略和目标的有效执行。员工关系管理的内容包括以下几个方面：

1. 劳动关系管理

（1）员工入职管理

员工入职管理即为新员工入职时的员工管理，专人负责对新员工的一系列入职手续办理，此部分内容包括入职前、入职中、入职后三个部分，公司对此可以制定员工入职管理办法来规范入职管理工作。

（2）员工离职管理

员工的离职应该按照公司制定的员工离职管理规定或者办法执行，这样有程序有依据，才不会产生法律纠纷。

（3）员工信息管理

员工信息管理包括员工的个人基本信息、岗位情况、薪资情况、绩效考核情况、技能情况、培训情况、奖惩情况等重要信息。这些信息管理者应该及时更新，便于公司对员工信息的掌握和动态管理。

（4）人事档案管理

人事档案管理主要包括人员入职时的基本资料、在职期间资料、离职资料三大部分及其他资料，具体内容可在公司制定的管理办法中予以明确。

（5）劳动合同管理

就是用人单位在使用劳动者时，必须严格按照相关的劳动法律法规的管理规定执行，规范用工，消除劳动争议和劳动纠纷。

（6）劳动争议处理

劳资争议处理是指劳动者和用人单位之间因薪酬、工作时间、福利、解雇及其他待遇等工作条件而产生的纠纷，产生纠纷后按照一定的程序进行处理，可选择协商、调解、仲裁、诉讼的方式进行。

2. 员工纪律管理

（1）员工奖惩管理

员工奖惩管理就是在公司的日常管理中，对违反公司管理规定的行为进行惩罚，对员工为公司做出贡献或者为公司取得了荣誉行为等给予奖励，公司必须制定相应的奖惩管理办法，才可以将员工的奖惩管理工作做好。

（2）员工冲突管理

员工冲突管理是指员工在平时的交往过程中产生的意见分歧，出现的争论、对抗，而导致的彼此间关系紧张而使公司介入管理情形。

3. 员工沟通管理

（1）员工申诉管理

申诉是指组织成员以口头或书面等正式方式，表现出来的对组织或有关事项的不满，主要表现为个人申诉和集体申诉两种。

（2）员工人际关系管理

引导建立良好的工作关系，创建和谐的人际关系环境，保证公司内部上下级之间、同级之间的关系融洽，相互理解，互相包容，从而为员工创建良好的工作环境和人际关系环境。

（3）员工满意度调查

用人单位的获利能力主要是由客户忠诚度决定的，客户忠诚度是由客户满意度决定的，客户满意度是由对公司忠诚的员工来创造的，而员工对公司的忠诚取决于其对公司是否满意。所以，欲提高客户满意度，需要先提高员工满意度。

（4）心理咨询服务

心理咨询服务就是应用心理学的方法，帮助员工解决心理冲突，降低精神压力，从而保证心理健康发展的过程。

（5）员工援助计划（EAP）

EAP又称员工帮助项目或员工援助项目，是由组织为员工设置的一套系统的、长期的福利与支持项目。其目的在于协助员工解决其生活及工作上的问题，如工作适应、感情问题、法律诉讼等，帮助员工排除障碍，提高适应能力。

4. 员工活动管理

就是公司定期组织开展各类文体活动，以丰富员工的文娱生活，增进员工之间的沟通交流，调动员工的工作积极性，缓解工作压力，实现劳逸结合，增强团队的凝聚力。活动的内容包括运动会、晚会、联谊会、户外拓展活动、旅游、年终聚餐等以及各类体育活动等。

5. 用人单位文化建设

用人单位文化建设是非常重要的，建设积极有效、健康向上的用人单位文化，对凝聚人心，提升公司的竞争力和员工的忠诚度是至关重要的。

（三）完善员工关系管理

1. 设立专人负责制度

公司根据自己的发展情况和规模，在加强员工关系管理的过程中设立专人负责制度是十分必要的。专人负责员工关系管理工作，可以提升公司员工关系管理的水平。

2. 员工参与管理

员工参与公司的日常管理，参与公司的部分决策，为公司的发展建言献策，对公司的发展进行监督，提出建设性的建议和意见，这样可以促进公司管理更加规范，制度日益完善，所以公司在员工关系管理过程中，需要更加重视员工的参与管理工作。

3. 建立有效的信息渠道，加强内部沟通管理

及时准确的信息是用人单位决策的基础，尤其是在员工关系管理的决策中，要求信息必须真实、可靠、可信，为公司的领导决策提供参考和帮助，因此公司内部就必须建立有效的信息渠道，以提供及时可信的信息来源。加强公司内部沟通能力管理，是员工关系管理的核心内容。公司要完善内部沟通机制和沟通渠道，建立和谐融洽、互通有无的沟通氛围，充分利用正式沟通和非正式沟通方式，把握坦诚、尊重的沟通原则。

4. 做好员工离职管理

适度的员工离职可以促进公司规范管理，增强用人单位活力，但是过度的

话，就会影响公司的正常发展，所以公司应通过建立完善的员工离职管理制度，做好员工离职面谈工作，分析员工离职的原因，以完善公司管理制度，减少离职率，真正将优秀的人才留在公司内部。

5. 优化人力资源管理制度，构建和谐劳资关系

公司要不断优化人力资源管理制度，对不适应公司发展的予以修订或者废除；没有规范的应及时制定，以保证公司的人才战略，并且优化公司人力资源管理制度，对员工关系的管理起到一定的支撑作用。

现在员工的法律意识越来越强，劳动争议事件也越来越频繁，公司为解决这些事件要花费大量的人力、物力和财力，甚至还要付出其他方方面面的成本。因此，构建和谐的劳资关系是做好员工关系管理的基础。

6. 建设积极的用人单位文化，提升员工的工作满意度

建立积极的用人单位文化，明确用人单位的共同愿景，鼓励员工参与用人单位文化的建设，充分展现员工的风貌，发展积极、学习、创新、和睦的文化氛围，将用人单位的发展目标与员工的个人发展联系起来，培养他们的责任感与使命感，从而充分奠定员工关系管理的工作基础。

员工关系管理的最高境界就是通过提高员工满意度来建立良好的员工关系，促进用人单位快速持久的发展。用人单位要制订合理的调查方案，明确调查任务，选好调查时机，做好员工满意度调查工作。

二、劳动合同管理概述

劳动合同是世界上建立劳动关系普遍采用的法律形式。但在实际运行过程中，一些用人单位和劳动者对劳动合同的重要性认识不足，劳动者也不善于运用法律形式来保护自身的合法权益。同时，用人单位和劳动者对劳动合同的订立、履行、变更、解除、终止和续订等环节的操作缺乏法律知识，致使劳动合同行为经常处于不规范状态，不能充分发挥劳动合同对劳动关系的调节作用。因此，加强对劳动合同的管理，完善合同管理制度的相关配套工作，在现阶段具有重要的现实意义。

（一）劳动合同概述

1. 劳动合同的含义

劳动合同又称劳动契约、劳动协议，是劳动者和用人单位之间明确劳动权利义务，规范劳动合同订立、履行、变更、解除和终止行为的协议。对劳动合同的理解，要把握以下几点。

第一，劳动合同的主体具有特定性，一方是劳动者，另一方是用人单位。用人单位主要是指用人单位、个体经济组织、民办非事业单位，以及国家机关、事业单位、社会团体等与劳动者建立了劳动合同关系的组织和个人。

第二，劳动合同是明确双方权利义务的协议。劳动合同以确定劳动关系为目的，劳动合同的内容是双方的劳动权利义务，劳动者依据劳动合同成为用人单位的一员，有义务按照合同约定的岗位、工种或职务提供劳动，完成劳动任务，执行劳动安全卫生规程，遵守用人单位依法制定的规章制度和职业道德。同时，劳动者享有平等就业和择业权，享有获得劳动报酬、休息休假、安全卫生保护、社会保险的权利，享有接受职业技能培训、提请劳动争议的权利等。

第三，劳动合同是双方在平等自愿基础上意思表示一致达成的协议，对双方都具有约束力，也是双方维护合法权益的法律保障。

2. 劳动合同的内容

劳动合同的内容是指劳动者和用人单位双方经过平等协商所达成的劳动权利义务的条款，具体表现为合同条款，可分为法定条款和约定条款。

法定条款是指一份合法有效的劳动合同必须具备的条款。劳动合同应当以书面形式订立，并具备以下条款。

（1）劳动合同期限

劳动合同期限是劳动合同规定的双方当事人权利义务的有效时间，根据有效期限的不同可分为固定期限、无固定期限和以完成一定任务为期限的劳动合同。

（2）工作内容

工作内容是劳动者应当为用人单位提供的劳动，包括劳动者从事的工种、岗位和工作要求等。

（3）劳动保护和劳动条件

劳动保护是用人单位为保障劳动者在劳动过程中的安全和健康，防止工伤事故和预防职业病的发生，所应采取的技术措施和组织措施。劳动条件是为完成工作任务应由用人单位提供的、不得低于国家标准的必要条件。

（4）劳动报酬

劳动报酬是用人单位根据劳动者的数量和质量，以货币形式支付给劳动者的工资。劳动报酬条款应当明确工资的支付周期、支付时间、支付数额等。工资标准不得低于当地的最低工资标准。

（5）劳动纪律

劳动纪律是在劳动过程中，劳动者必须遵守的劳动规则，包括国家的法律、法规规定的规则以及用人单位制定的、符合国家法律规定的劳动规则。

（6）劳动合同终止的条件

劳动合同的终止是指因劳动合同期限届满或者劳动合同履行过程中发生特定的情况，合同双方当事人的权利义务自行终止。

（7）违反劳动合同的责任

劳动合同应当明确约定一方当事人违反劳动合同约定时，应承担的法律后果。

用人单位与员工在签订书面劳动合同时，对劳动合同的内容，应该首先围绕劳动法律中规定的劳动合同必须具备的条款进行协商，然后再协商、约定其他条款。劳动合同除前款规定的必备条款外，当事人可以协商约定其他内容。常见的约定条款包括试用期条款、保守商业秘密和专有技术秘密条款、竞业禁止条款等内容。

签订劳动合同可以不约定试用期，也可以约定试用期，但试用期最长不得超过 6 个月。劳动合同期限在 6 个月以下的，试用期不得超过 15 日；劳动合同期限在 6 个月以上 1 年以下的，试用期不得超过 30 日；劳动合同期限在 1 年以上 2 年以下的，试用期不得超过 60 日。试用期包括在劳动合同期限中。非全日制劳动合同，不得约定试用期。

3. 劳动合同的形式

劳动合同的形式分为书面和口头两种。劳动合同应当以书面形式订立。

4. 劳动合同的种类

（1）劳动合同按人数划分

可以分为个人劳动合同和集体劳动合同。

（2）劳动合同按合同期限划分

可以分为有固定期限的劳动合同、无固定期限的劳动合同及以完成一定任务为期限的劳动合同。

（二）劳动合同管理过程

劳动合同的管理过程主要包括以下六个部分：劳动合同的订立、劳动合同的履行、劳动合同的变更、劳动合同的解除、劳动合同的终止和劳动合同的续订。

1. 劳动合同的订立

劳动合同订立是指用人单位与劳动者就劳动合同的具体内容，通过平等协商达成一致意见，并以书面形式依法签订协议，建立劳动关系的法律行为，是劳动关系双方明确各自的责任、义务和权利的过程。

（1）劳动合同订立的原则

①符合法律的原则。劳动合同必须依法订立，不得违反法律、行政法规的规定。依法订立劳动合同必须符合三项要求：订立合同的主体合法，合同当事人必须具备合法的资格；劳动合同的内容要合法；劳动合同订立的程序和形式必须符合劳动法律、行政法规的规定。

②平等自愿、协商一致的原则。平等是指在签订劳动合同的过程中，当事人双方的法律地位平等；自愿是指双方当事人自由地表达各自主张的权益，任何一方不得将自己的意愿强加于对方，也不允许第三者进行非法干预；协商一致是指用人单位和劳动者在平等自愿的基础上进行充分协商，最终达成一致的意见。

③互惠互利、诚实守信的原则。劳动合同关系本质上是一种经济利益关系，劳动合同必须在经济利益上保证双方当事人的互利互惠。同时，订立劳动合同的双方都必须诚实，守信用，不得采用胁迫等手段，否则订立的劳动合同无效。

（2）劳动合同订立的程序

劳动合同的订立就是劳动合同当事人就合同条款通过协商达成一致意思的过

程，这一过程一般分为要约和承诺两个阶段。

①要约。要约是指一方当事人以订立合同为目的向另一方就合同主要内容做出的意思表示。如果仅有订约的意思而未就合同主要内容做出表示，只能称为要约邀请，不能产生要约的效力。用人单位如果仅在招聘启事、广告或招聘简章中介绍公司自身情况，并发出招工信息，并未就合同主要内容给予说明，该行为只能算是要约邀请，不构成有效要约。如果用人单位在招聘简章中对合同条件给予明确说明，则属于要约，一旦应聘者承诺，用人单位有义务与劳动者签订劳动合同。如果应聘者不同意所列条件，而提出新的条件，则属于反要约，用人单位可以承诺，也可不予承诺而不成立合同。

②承诺。承诺是指受要约人完全无条件地接受要约以成立合同的意思表示。劳动者或用人单位一旦同意对方要约而做出承诺，劳动合同即告成立。

任何一个劳动合同的成立，一般都要经过上述两个阶段，但具体可能要经过要约—反要约—再要约—承诺的复杂的反复协商，最后成立合同的过程，合同一经成立，即对双方当事人产生法律拘束力。

③劳动合同订立步骤。订立劳动合同具体需要经历以下几个步骤：用人单位提出劳动合同草案—双方协商劳动合同内容—双方签约—合同公证。

2. 劳动合同的履行

劳动合同依法订立后，用人单位和劳动者就应当按照劳动合同的约定，全面履行各自的义务，并享受相应的权利，任何一方都不得擅自变更或者解除劳动合同。

（1）劳动合同履行的原则

①亲自履行原则。指劳动合同双方当事人须自己履行劳动合同规定的义务的行为。

②权利义务统一原则。劳动合同的内容具有劳动权利义务的统一性和对应性，没有只享受权利而不履行义务的，也没有只履行义务而不享受权利的。一方的劳动权利是另一方的劳动义务，反之亦然。

③全面履行原则。指劳动合同双方当事人必须按照劳动合同约定的内容、方式、期限，亲自、正确、全部履行其承担的义务。

（2）劳动合同履行的要求

用人单位与劳动者应当按照劳动合同的约定，全面履行各自的义务。

①用人单位应当按照劳动合同约定，为劳动者提供休息和休假，支付工资，缴纳社会保险费用，提供劳动保护、劳动条件和职业危害防护。

②用人单位应当严格执行劳动定额标准，不得强迫或者变相强迫劳动者加班。

③用人单位变更名称、法定代表人、主要负责人或者投资人等事项，不影响劳动合同的继续履行。

④用人单位发生合并或者分立等情况，原劳动合同继续有效，劳动合同由承继其权利和义务的用人单位继续履行。

⑤用人单位应当依法建立和完善劳动规章制度，保障劳动者享有劳动权利、履行劳动义务。

建立劳动规章制度须经职代会或全体职工讨论，提出方案和意见，再与工会或职工代表平等协商确定，用人单位应当将直接涉及劳动者切身利益的规章制度和重大事项决定在单位内公示，或者告知劳动者。如果用人单位的规章制度未经公示或者未对劳动者告知，该规章制度对劳动者不生效。用人单位公示或告知劳动者规章制度可以采用张贴通告、员工手册送达、会议精神传达等方式。

3. 劳动合同的变更

劳动合同的变更是指劳动合同依法订立后，在合同尚未履行或者尚未履行完毕之前，经用人单位和劳动者双方当事人协商一致，对劳动合同内容做部分修改、补充或者删减的法律行为，具体包括工作内容、工作地点、工资福利的变更等。用人单位与劳动者协商一致，可以变更劳动合同约定的内容。变更劳动合同，应当采用书面形式。

（1）劳动合同变更的条件

①订立劳动合同时所依据的法律、法规已经修改，致使原来订立的劳动合同无法全面履行，需要做出修改。

②用人单位经上级主管部门批准转产、调整生产任务，或由于上级主管机关决定改变用人单位的生产任务，原来订立的劳动合同中的某些条款与发展变化的情况不相适应，需要做出相应的修改。

③用人单位严重亏损或发生不可抗力的情况，确实无法履行劳动合同的规定。

④当事人双方协商一致，同意对劳动合同的某些条款做出变更。

⑤法律规定的其他情形。

（2）劳动合同变更的程序

①一方当事人向另一方当事人提出变更请求。当事人一方要求变更劳动合同相关内容的，应当将变更要求以书面形式送交另一方，向对方提出变更合同的要求和理由，并约定答复期限。

②双方协商，达成书面协议。答复方按期向提出方做出答复，可以同意、不同意或提议再协商。在达成一致意见的基础上，书面记载变更的内容。变更后的书面文件须经用人单位和劳动者双方签字或盖章，才能发生法律效力。

③各执一份。为保证用人单位和劳动者全面履行劳动合同，避免劳动合同纠纷，同时也为了便于发生劳动争议时有据可查，变更劳动合同应当采用书面形式。变更后的劳动合同文本由用人单位和劳动者各执一份。

4. 劳动合同的解除

劳动合同解除是指劳动合同订立后，尚未全部履行以前，由于一定事由的出现，导致劳动合同一方或双方当事人提前终止劳动合同关系的法律行为。劳动合同的解除分为协商解除、法定解除两种。劳动法对劳动合同的解除规定了严格的限制条件和程序。

（1）劳动合同解除的条件

①双方协商解除。用人单位和劳动者协商一致，可以解除劳动合同。双方在自愿、平等、不损害对方利益的基础上，互相协商，可以提前终止劳动合同效力。

②劳动者单方提出解除劳动合同。劳动者提前 30 日以书面形式通知用人单位，可以解除劳动合同。劳动者在试用期内提前 3 日通知用人单位，可以解除劳动合同。

用人单位以暴力、威胁或者非法限制人身自由的手段强迫劳动者劳动的，或者用人单位违章指挥、强令冒险作业危及劳动者人身安全的，劳动者可以立即解除劳动合同，不须事先告知用人单位。

③用人单位单方提出解除劳动合同。劳动者有下列情形之一的，用人单位可以解除劳动合同：

在试用期间被证明不符合录用条件的；

严重违反用人单位的规章制度的；

严重失职，给用人单位造成重大损害的；

劳动者同时与其他用人单位建立劳动关系，对完成本单位的工作任务造成严重影响，或者经用人单位提出，拒不改正的；

被依法追究刑事责任的。

有下列情形之一的，用人单位提前 30 日以书面形式通知劳动者本人或者额外支付劳动者一个月工资后，可以解除劳动合同：

劳动者患病或者非因工负伤，在规定的医疗期满后不能从事原工作，也不能从事由用人单位另行安排的工作的；

劳动者不能胜任工作，经过培训或者调整工作岗位，仍不能胜任工作的；

劳动合同订立时所依据的客观情况发生重大变化，致使劳动合同无法履行，经用人单位与劳动者协商，未能就变更劳动合同内容达成协议的。

（2）劳动合同解除的程序

我国法律对用人单位单方解除劳动合同的程序做了明确规定。用人单位单方解除劳动合同，应当事先将理由通知工会。用人单位应当研究工会的意见，并将处理结果书面通知工会。

①提出书面通知。用人单位和劳动者解除劳动合同须提前 30 日以书面形式通知对方。

②征求工会意见。我国法律规定，用人单位进行经济性裁员时，要听取工会或者员工的意见。用人单位违反法律、行政法规规定或者劳动合同约定的，工会有权要求用人单位纠正。用人单位应当研究工会的意见，并将处理结果书面通知工会。

③劳动合同解除的经济补偿。经济补偿是用人单位提前解除劳动合同而给予劳动者的一次性经济补偿金。经济补偿金的标准主要取决于劳动者在本单位的工作年限和劳动者解除合同前 12 个月的平均工资水平。经济补偿按劳动者在本单位工作的年限，每满一年支付一个月工资的标准向劳动者支付。六个月以上不满

一年的，按一年计算；不满六个月的，向劳动者支付半个月工资的经济补偿。劳动者月工资高于用人单位所在直辖市、设区的市级人民政府公布的本地区上年度职工月平均工资三倍的，向其支付经济补偿的标准按职工月平均工资三倍的数额支付，向其支付经济补偿的年限最高不超过 12 年。

④依法为劳动者办理档案转移手续。用人单位应当在解除或者终止劳动合同时出具解除或者终止劳动合同的证明，并在 15 日内为劳动者办理档案和社会保险关系转移手续。劳动者应当按照双方约定，办理工作交接。用人单位依照本法有关规定应当向劳动者支付经济补偿的，在办结工作交接时支付。用人单位对已经解除或者终止的劳动合同的文本，至少保存两年备查。

5. 劳动合同的终止

劳动合同终止是指劳动合同期满或双方当事人约定的劳动合同终止条件出现，以及劳动合同一方当事人因某种原因无法继续履行劳动合同时终结劳动关系的法律行为。劳动合同签订后，双方当事人不得随意终止合同，而应依法终止。

有下列情形之一的，劳动合同终止。

①劳动合同期满的；

②劳动者开始依法享受基本养老保险待遇的；

③劳动者死亡，或者被人民法院宣告死亡或者宣告失踪的；

④用人单位被依法宣告破产的；

⑤用人单位被吊销营业执照、责令关闭、撤销或者用人单位决定提前解散的；

⑥法律、行政法规规定的其他情形。

6. 劳动合同的续订

劳动合同的续订是指劳动合同期限届满，经双方协商一致，可以续订劳动合同。其具体内容包括：

①劳动合同期限届满前 30 日，双方经协商续订劳动合同的，应办理续订劳动合同手续。续订劳动合同不得约定试用期。

②劳动者在同一用人单位连续工作满 10 年以上，当事人双方同意延续劳动合同的，如果劳动者提出订立无固定期限劳动合同，用人单位应当与劳动者订立

无固定期限劳动合同。

③劳动者患职业病或者因工负伤并被确认达到伤残等级，要求续订劳动合同的，用人单位应当续订劳动合同。

④劳动者在规定的医疗期内，或者女职工在孕期、产期、哺乳期内，劳动合同期限届满时，用人单位应当将劳动合同期限顺延到医疗期、孕期、产期、哺乳期期满为止。

⑤劳动者在本单位连续工作满 15 年，且距法定退休年龄不足 5 年的，劳动合同期限顺延至劳动者法定退休日。

第二节　员工社保与劳动争议处理

一、员工社保政策与实务

社会保障是指国家与社会通过立法和行政措施，积极动员社会各方面资源，保证无收入、低收入以及遭受各种意外灾害的公民能够维持生存，保障劳动者在年老、失业、患病、工伤、生育时的基本生活不受影响，同时根据经济和社会发展状况，逐步增进公共福利水平，提高国民生活质量所采取的各种社会措施、制度和事业的总称。社会保障作为一种国民收入再分配形式是通过一定的制度实现的。我们将由法律规定的、按照某种确定规则经常实施的社会保障政策和措施体系称为社会保障制度。由于各国的国情和历史条件不同，在不同的国家和不同的历史时期，社会保障制度的具体内容不尽一致。但有一点是共同的，那就是为满足社会成员的多层次需要，相应安排多层次的保障项目。

一般来说，社会保障由社会保险、社会救济、社会福利、优抚安置等组成。其中，社会保险是社会保障的核心内容。全球的社会保障模式，大致可分为国家福利、国家保险、社会共济和积累储蓄四种。目前，我国在建的社会保障制度，属于社会共济模式，即由国家、单位（用人单位）、个人三方共同为社会保障计划融资，而且这是未来相当长一段时期的改革趋势。个人责任的强化已经成为全球社会保障制度改革的共识。社会保障是现代国家一项基本的社会经济制度，是社会安定的重要保障，也是社会文明进步的重要标志。

（一）社会保障的内容

社会保障包括的范围与实施程度各国有所不同，主要取决于一个国家的社会经济发展水平。一般来说，经济越发达的国家，其社会保障的范围就越宽，水平也就越高。一般社会保障的内容，主要包括以下几个方面：

1. 社会保险

社会保险，是指国家通过立法建立的一种社会保障制度，目的是使劳动者因遇到年老、失业、患病、工伤、生育等风险而暂时或永久丧失劳动能力或失业，导致收入减少或丧失劳动收入时，能从社会获得经济补偿和物质帮助，以维持其基本生活的一种社会保障制度。从社会保险的项目内容看，它是以经济保障为前提的。社会保险是社会保障体系最基本和核心的部分，所占资金也是社会保障基金的最大部分。一切国家的社会保险制度，不论其是否完善，都具有强制性、互济性、资金来源的多元性、权利和义务的一致性、福利性这五个特点。我国劳动法规定，社会保险项目分为养老保险、失业保险、医疗保险、工伤保险和生育保险五个方面。社会保险的保障对象是全体劳动者，资金主要来源是用人单位和劳动者个人的缴费，政府给予资助。依法享受社会保险是劳动者的基本权利。

2. 社会救济

社会救济，是指国家和社会对没有生活来源，或虽有一定收入但生活水平低于国家法定最低标准，或因自然灾害等各种原因无法维持最低生活水平的社会成员给予一定的经济、物质和服务上的帮助，以保障其最低生活水平，维护其基本生存权利的一种社会保障制度。社会救济也是社会保障体系中的重要内容之一。其目的是帮助救济对象获得最低水平的生活条件，所以也被看作社会保障的最低纲领。社会救济经费的主要来源是政府财政支出、社会团体和个人的捐赠以及国际组织的援助和捐赠。社会救济的实施需要被救助者提出申请，有关机构对其实际经济状况进行调查，经审核批准后方可按一定标准执行。社会救济的目标是保障被救助者的最低生活需要，其给付标准一般低于其他社会保险金的发放标准。

3. 社会福利

广义的社会福利，是指国家和社会依照法律或政策规定，为社会全体成员提供各种公共福利设施、福利津贴和社会服务的总称。狭义的社会福利，是指国家向老人、儿童、残疾人等社会中需要给予特殊关心的人群提供的必要的生活保障。社会福利相对于其他社会保障项目，覆盖面更广泛，它是政府向社会全体成员普遍提供的公共福利，不管社会成员的职业、身份、地位和其他个人状况如何，都可以享受医疗卫生福利待遇。社会福利要实现的目标是高层次的，目的是改善和提高社会成员的生活质量，因此被看作社会保障的最高纲领。

4. 优抚安置

优抚安置，是指国家对从事特殊工作者及其家属，如军人及其亲属予以优待、抚恤、安置的一项社会保障制度。在我国，优抚安置的对象主要是烈士军属、复员退伍军人、残疾军人及其家属；优抚安置的内容主要包括提供抚恤金、优待金、补助金，举办军人疗养院、光荣院，安置复员退伍军人等。

5. 社会互助

社会互助是指在政府的鼓励和支持下，社会团体和社会成员自愿组织和参与的扶弱济困活动。社会互助具有自愿和非营利的特征，其资金主要来源于社会捐赠和成员自愿交费，政府往往从税收等方面给予支持。社会互助的主要形式包括：工会、妇联等群众团体组织的群众性互助互济；民间公益事业团体组织的慈善救助；城乡居民自发组成的各种形式的互助组织等。

（二）养老保险

养老保险，全称社会基本养老保险，是国家和社会根据一定的法律和法规，为解决符合条件的劳动者在达到国家规定的解除劳动义务的劳动年龄界限，或因年老丧失劳动能力退出劳动岗位后，由国家和社会提供一定的物质经济帮助，以保障其晚年的基本生活而建立的一种社会保险制度。养老保险是社会保障制度的重要组成部分，是社会保险五大险种中最重要的险种之一。养老保险的目的是为保障老年人的基本生活需求，为其提供稳定可靠的生活来源。

我国现行的养老保险制度主要包括以下内容：

1. 养老保险的层次

我国的养老保险由四个层次（或部分）组成。第一层次是基本养老保险，第二层次是用人单位补充养老保险，第三层次是个人储蓄性养老保险，第四层次是商业养老保险。在这种多层次养老保险体系中，基本养老保险可称为第一层次，也是最高层次。

2. 基本养老保险待遇

参加工作、缴费年限（含视同缴费年限，下同）累计满 15 年的人员，退休后按月发给基本养老金。基本养老金由基础养老金和个人账户养老金组成。退休时的基础养老金月标准以当地上年度在岗职工月平均工资和本人指数化月平均缴费工资的平均值为基数，缴费每满 1 年发给 1%。个人账户养老金月标准为个人账户储存额除以计发月数，计发月数根据职工退休时城镇人口平均预期寿命、本人退休年龄、利息等因素确定。本决定实施后到达退休年龄但缴费年限累计不满 15 年的人员，不发给基础养老金；个人账户储存额一次性支付给本人，终止基本养老保险关系。

社会统筹与个人账户相结合的基本养老保险制度是我国在世界上首创的一种新型的基本养老保险制度。这个制度在基本养老保险基金的筹集上采用传统型的基本养老保险费用的筹集模式，即由国家、单位和个人共同负担；基本养老保险基金实行社会互济；在基本养老金的计发上采用结构式的计发办法，强调个人账户养老金的激励因素和劳动贡献差别。因此，该制度既吸收了传统型的养老保险制度的优点，又借鉴了个人账户模式的长处；既体现了传统意义上的社会保险的社会互济、分散风险、保障性强的特点，又强调了职工的自我保障意识和激励机制。

为建立多层次的养老保险体系，增强用人单位的人才竞争能力，更好地保障用人单位职工退休后的生活，具备条件的用人单位可为职工建立用人单位年金。用人单位年金基金实行完全积累，采取市场化的方式进行管理和运营。要切实做好用人单位年金基金监管工作，实现规范运作，切实维护用人单位和职工的利益。

（三）医疗保险

医疗保险指通过国家立法形式确定的，当法定范围内的社会成员患病时为其提供医疗费用帮助的社会保险项目。疾病是社会成员一生中可能会遇到的使其丧失劳动能力和收入来源的风险之一，医疗保险的目的是保证受保者获得必要的使其康复的治疗条件，以保护受保者的健康。我国的基本医疗保险费应由用人单位和职工个人按时足额缴纳。不按时足额缴纳的，不计个人账户，基本医疗保险统筹基金不予支付其医疗费用。

我国现行的医疗保险制度主要包括以下内容：

1. 建立城镇职工基本医疗保险制度的原则

我国基本医疗保险的水平要与社会主义初级阶段生产力发展水平相适应；城镇所有用人单位及其职工都要参加基本医疗保险，实行属地管理；基本医疗保险费由用人单位和职工双方共同负担；基本医疗保险基金实行社会统筹和个人账户相结合。

2. 城镇职工基本医疗保险的覆盖范围和缴费办法

城镇所有用人单位，包括用人单位（国有用人单位、集体用人单位、外商投资用人单位、私营用人单位等）、机关、事业单位、社会团体、民办非用人单位及其职工，都要参加基本医疗保险。这就是说，必须参加城镇职工基本医疗保险的单位和职工，既包括机关事业单位也包括城镇各类用人单位，既包括国有经济单位也包括非国有经济单位，既包括效益好的用人单位也包括困难用人单位。这是目前我国社会保险制度中覆盖范围最广的险种之一。

3. 建立基本医疗保险统筹基金和个人账户

基本医疗保险基金由统筹基金和个人账户构成。职工个人缴纳的基本医疗保险费，全部计入个人账户。用人单位缴纳的基本医疗保险费分为两部分，一部分用于建立统筹基金，一部分划入个人账户。划入个人账户的比例一般为用人单位缴费的30%左右，具体比例由统筹地区根据个人账户的支付范围和职工年龄等因素确定。

统筹基金和个人账户要划定各自的支付范围，分别核算，不得互相挤占。要确定统筹基金的起付标准和最高支付限额，起付标准原则上控制在当地职工年平均工资的10%左右，最高支付限额原则上控制在当地职工年平均工资的4倍左右。起付标准以下的医疗费用，从个人账户中支付或由个人自付。起付标准以上、最高支付限额以下的医疗费用，主要从统筹基金中支付，个人也要负担一定比例。超过最高支付限额的医疗费用，可以通过商业医疗保险等途径解决。统筹基金的具体起付标准、最高支付限额以及在起付标准以上和最高支付限额以下医疗费用的个人负担比例，由统筹地区根据以收定支、收支平衡的原则确定。

4. 定点医疗和费用报销

参保人员在获得定点资格的医疗机构范围内，提出个人就医的定点医疗机构选择意向，由所在单位汇总后，统一报送统筹地区社会保险经办机构。社会保险经办机构根据参保人的选择意向统筹确定定点医疗机构。除获得定点资格的专科医疗机构和中医医疗机构外，参保人员一般可再选择 3~5 家不同层次的医疗机构，其中至少应包括 1~2 家基层医疗机构（包括一级医院以及各类卫生院、门诊部、诊所、卫生所、医务室和社区卫生服务机构）。参保人员对选定的定点医疗机构，可在 1 年后提出更改要求，由统筹地区社会保险经办机构办理变更手续。

根据该通知规定，参保人员应在选定的定点医疗机构就医，并可自主决定在定点医疗机构购药或持处方到定点零售药店购药。除急诊和急救外，参保人员在非选定的定点医疗机构就医发生的费用，不得由基本医疗保险基金支付。因此，职工如患急病确实来不及到选定的医院医治，自己到附近的医院诊治，持有医院急诊证明，其医药费用，可由基本医疗保险基金按规定支付。

5. 医疗期限

医疗期是指用人单位职工因患病或非因工负伤而停止工作治病休息，用人单位不能解除劳动合同的时限。

该规定对医疗期的说明主要有以下几条：

①用人单位职工因患病或非因工负伤，需要停止工作医疗时，根据本人实际参加工作年限，给予 3 个月到 24 个月的医疗期。实际工作年限 10 年以下的，在本单位工作 5 年以下的为 3 个月；5 年以上的为 6 个月。实际工作年限在 10 年以上的，在本单位工作 5 年以下的为 6 个月；5 年以上 10 年以下的为 9 个月；10 年以上 15 年以下的为 12 个月；15 年以上 20 年以下为 18 个月；20 年以上的为 24 个月。

②医疗期 3 个月的按 6 个月内累计病休时间计算；6 个月的按 12 个月内累计

病休时间计算；9 个月的按 15 个月内累计病休时间计算；12 个月的按 18 个月内累计病休时间计算；18 个月的按 24 个月内累计病休时间计算；24 个月的按 30 个月内累计病休时间计算。

③用人单位职工在医疗期内，其病假工资、疾病救济费和医疗保险待遇按照有关部门规定执行。

④用人单位职工非因工致残和经医生或医疗机构认定患有难以治疗的疾病，在医疗期内医疗终结，不能从事原工作，也不能从事用人单位另行安排的工作的，应当由劳动鉴定委员会参照工伤与职业病致残程度鉴定标准进行劳动能力的鉴定。被鉴定为一至四级的，应当退出劳动岗位，中止劳动关系，办理退休、退职手续，享受退休、退职待遇；被鉴定为五至十级的医疗期内不得解除劳动合同。

⑤用人单位职工非因工致残和经医生或医疗机构认定患有难以治疗的疾病，医疗期满，应当由劳动鉴定委员会参照工伤与职业病致残程度鉴定标准进行劳动能力的鉴定。被鉴定为一至四级的，应当退出劳动岗位，解除劳动关系，并办理退休、退职手续，享受退休、退职待遇。

⑥医疗期满尚未痊愈者，被解除劳动合同的经济补偿问题按照有关规定执行。

（四）失业保险

失业保险是指国家通过立法强制实行的，由社会集中建立基金，对因失业而暂时中断生活来源的劳动者提供物质帮助，进而保障失业人员失业期间的基本生活，促进其再就业的制度。它是社会保障体系的重要组成部分，是社会保险的主要项目之一。

在我国，失业人员须满足以下三个条件，即非因本人意愿中断就业；已办理失业登记，并有求职要求；按照规定参加失业保险，所在单位和本人已按照规定履行缴费义务满 1 年，方可享受失业保险待遇。待遇内容主要涉及以下几个方面：

①按月领取的失业保险金，即失业保险经办机构按照规定支付给符合条件的失业人员的基本生活费用。失业保险累计缴费时间满 1 年不满 5 年的，最长可领

取 12 个月的失业保险金；累计缴费时间满 5 年不满 10 年的，领取失业保险金的期限为 18 个月；累计缴费时间满 10 年以上的，领取失业保险金的期限为 24 个月。

②领取失业保险金期间的医疗补助金，即支付给失业人员领取失业保险金期间发生的医疗费用的补助。如果失业人员患病或生育，到指定的医院就诊，可以按规定申请 70% 的医疗费补贴。

③失业人员在领取失业保险金期间死亡的丧葬补助金和供养其配偶直系亲属的抚恤金。

④为失业人员在领取失业保险金期间开展职业培训、职业介绍的机构或接受职业培训、职业介绍的本人给予补偿，帮助其再就业。

失业保险待遇是由失业保险金、医疗补助金、丧葬补助金和抚恤金、职业培训和职业介绍补贴等构成。失业保险待遇中最主要的是失业保险金，失业人员只有在领取失业保险金期间才能享受到其他各项待遇。

（五）工伤保险

工伤保险是指国家通过立法实施的，对劳动者在工作中或在规定的特殊情况下，遭受意外伤害或患职业病导致暂时或永久丧失劳动能力以及死亡时，劳动者或其遗属从国家和社会获得生活和医疗保障的一种社会保险制度。这种保障既包括医疗、康复所需费用，也包括保障基本生活的费用。

我国现行的工伤保险制度包括以下内容：

1. 工伤保险的覆盖范围

中华人民共和国境内的企业、事业单位、社会团体、民办非企业单位、基金会、律师事务所、会计师事务所等组织和有雇工的个体工商户（以下称用人单位）应当依照规定参加工伤保险，为单位全部职工或者雇工（以下称职工）缴纳工伤保险费。

2. 工伤保险基金

（1）工伤保险基金的构成

工伤保险基金由用人单位缴纳的工伤保险费、工伤保险基金的利息和依法纳入工伤保险基金的其他资金构成。

（2）工伤保险费率

工伤保险费根据以支定收、收支平衡的原则，确定费率。国家根据不同行业的工伤风险程度确定行业的差别费率，并根据工伤保险费使用、工伤发生率等情况在每个行业内确定若干费率档次。行业差别费率及行业内费率档次由国务院社会保险行政部门制定，报国务院批准后公布施行。国务院社会保险行政部门应当定期了解全国各统筹地区工伤保险基金收支情况，及时提出调整行业差别费率及行业内费率档次的方案，报国务院批准后公布施行。

（3）工伤保险缴费

用人单位应当按时缴纳工伤保险费。职工个人不缴纳工伤保险费。用人单位缴纳工伤保险费的数额为本单位职工工资总额乘以单位缴费费率之积。对难以按照工资总额缴纳工伤保险费的行业，其缴纳工伤保险费的具体方式，由国务院社会保险行政部门规定。

（4）工伤保险基金的统筹

工伤保险基金逐步实行省级统筹。跨地区、生产流动性较大的行业，可以采取相对集中的方式异地参加统筹地区的工伤保险。具体办法由国务院社会保险行政部门会同有关行业的主管部门制定。

（5）工伤保险基金的管理

工伤保险基金存入社会保障基金财政专户，用于本条例规定的工伤保险待遇，劳动能力鉴定，工伤预防的宣传、培训等费用，以及法律、法规规定的用于工伤保险的其他费用的支付。

工伤预防费用的提取比例、使用和管理的具体办法，由国务院社会保险行政部门会同国务院财政、卫生行政、安全生产监督管理等部门规定。

任何单位或者个人不得将工伤保险基金用于投资运营、兴建或者改建办公场所、发放奖金，或者挪作其他用途。

工伤保险基金应当留有一定比例的储备金，用于统筹地区重大事故的工伤保险待遇支付；储备金不足支付的，由统筹地区的人民政府垫付。储备金占基金总额的具体比例和储备金的使用办法，由省、自治区、直辖市人民政府规定。

3．工伤认定

工伤保险的认定在于劳动者因工负伤或职业病暂时失去劳动能力，工伤不管是因为什么原因导致，责任在个人或在企业，都享有社会保险待遇，即补偿不究过失原则。

职工有下列情形之一的，应当认定为工伤：

①在工作时间和工作场所内，因工作原因受到事故伤害的；

②工作时间前后在工作场所内，从事与工作有关的预备性或者收尾性工作受到事故伤害的；

③在工作时间和工作场所内，因履行工作职责受到意外伤害的；

④患职业病的；

⑤因工外出期间，由于工作原因受到伤害或者发生事故下落不明的；

⑥在上下班途中，受到非本人主要责任的交通事故或者城市轨道交通、客运轮渡、火车事故伤害的；

⑦法律、行政法规规定应当认定为工伤的其他情形。

职工有下列情形之一的，视同工伤：

①在工作时间和工作岗位，突发疾病死亡或者在 48 小时之内经抢救无效死亡的；

②在抢险救灾等维护国家利益、公共利益活动中受到伤害的；

③职工原在军队服役，因战、因公负伤致残，已取得残疾军人证，到用人单位后旧伤复发的。

职工有前款第①项、第②项情形的，按照本条例的有关规定享受工伤保险待遇；职工有前款第③项情形的，按照本条例的有关规定享受除一次性伤残补助金以外的工伤保险待遇。

职工发生事故伤害或者按照职业病防治法规定被诊断、鉴定为职业病，所在单位应当自事故伤害发生之日或者被诊断、鉴定为职业病之日起 30 日内，向统筹地区社会保险行政部门提出工伤认定申请。遇有特殊情况，经报社会保险行政部门同意，申请时限可以适当延长。用人单位未按前款规定提出工伤认定申请的，工伤职工或者其近亲属、工会组织在事故伤害发生之日或者被诊断、鉴定为职业病之日起 1 年内，可以直接向用人单位所在地统筹地区社会保险行政部门提出工伤认定申请。按照规定应当由省级社会保险行政部门进行工伤认定的事项，根据属地原则由用人单位所在地的设区的市级社会保险行政部门办理。

用人单位未在规定的时限内提交工伤认定申请，在此期间发生符合本条例规定的工伤待遇等有关费用由该用人单位负担。

提出工伤认定申请应当提交下列材料：

①工伤认定申请表；

②与用人单位存在劳动关系（包括事实劳动关系）的证明材料；

③医疗诊断证明或者职业病诊断证明书（或者职业病诊断鉴定书）。

工伤认定申请表应当包括事故发生的时间、地点、原因以及职工伤害程度等基本情况。工伤认定申请人提供材料不完整的，社会保险行政部门应当一次性书面告知工伤认定申请人需要补正的全部材料。申请人按照书面告知要求补正材料后，社会保险行政部门应当受理。

职工或者其近亲属认为是工伤，用人单位不认为是工伤的，由用人单位承担举证责任。

社会保险行政部门应当自受理工伤认定申请之日起 60 日内做出工伤认定的决定，并书面通知申请工伤认定的职工或者其近亲属和该职工所在单位。社会保险行政部门对受理的事实清楚、权利义务明确的工伤认定申请，应当在 15 日内做出工伤认定的决定。做出工伤认定决定需要以司法机关或者有关行政主管部门的结论为依据的，在司法机关或者有关行政主管部门尚未做出结论期间，做出工伤认定决定的时限中止。社会保险行政部门工作人员与工伤认定申请人有利害关系的，应当回避。

4. 劳动能力鉴定

职工发生工伤，经治疗伤情相对稳定后存在残疾、影响劳动能力的，应当进行劳动能力鉴定。

劳动能力鉴定是指劳动功能障碍程度和生活自理障碍程度的等级鉴定。

①劳动功能障碍分为十个伤残等级，最重的为一级，最轻的为十级。

②生活自理障碍分为三个等级：生活完全不能自理、生活大部分不能自理和生活部分不能自理。

劳动能力鉴定标准由国务院社会保险行政部门会同国务院卫生行政部门等部

门制定。劳动能力鉴定由用人单位、工伤职工或者其近亲属向设区的市级劳动能力鉴定委员会提出申请，并提供工伤认定决定和职工工伤医疗的有关资料。省、自治区、直辖市劳动能力鉴定委员会和设区的市级劳动能力鉴定委员会分别由省、自治区、直辖市和设区的市级社会保险行政部门、卫生行政部门、工会组织、经办机构代表以及用人单位代表组成。

劳动能力鉴定委员会建立医疗卫生专家库。列入专家库的医疗卫生专业技术人员应当具备下列条件：

①具有医疗卫生高级专业技术职务任职资格；

②掌握劳动能力鉴定的相关知识；

③具有良好的职业品德。

设区的市级劳动能力鉴定委员会收到劳动能力鉴定申请后，应当从其建立的医疗卫生专家库中随机抽取3名或者5名相关专家组成专家组，由专家组提出鉴定意见。设区的市级劳动能力鉴定委员会根据专家组的鉴定意见做出工伤职工劳动能力鉴定结论；必要时，可以委托具备资格的医疗机构协助进行有关的诊断。

设区的市级劳动能力鉴定委员会应当自收到劳动能力鉴定申请之日起60日内做出劳动能力鉴定结论，必要时，做出劳动能力鉴定结论的期限可以延长30日。劳动能力鉴定结论应当及时送达申请鉴定的单位和个人。

申请鉴定的单位或者个人对设区的市级劳动能力鉴定委员会做出的鉴定结论不服的，可以在收到该鉴定结论之日起15日内向省、自治区、直辖市劳动能力鉴定委员会提出再次鉴定申请。省、自治区、直辖市劳动能力鉴定委员会做出的劳动能力鉴定结论为最终结论。劳动能力鉴定工作应当客观、公正。劳动能力鉴定委员会组成人员或者参加鉴定的专家与当事人有利害关系的，应当回避。

自劳动能力鉴定结论做出之日起1年后，工伤职工或者其近亲属、所在单位或者经办机构认为伤残情况发生变化的，可以申请劳动能力复查鉴定。

5. 工伤保险待遇

职工因工作遭受事故伤害或者患职业病进行治疗，享受工伤医疗待遇。职工治疗工伤应当在签订服务协议的医疗机构就医，情况紧急时可以先到就近的医疗机构急救。工伤保险待遇有以下类型：

（1）医疗康复待遇

医疗康复待遇包括工伤治疗及相关补助待遇，康复性治疗待遇，人工器官、矫形器等辅助器具的安装、配置待遇，等等。

（2）停工留薪期待遇

在停工留薪内，工伤职工原工资福利待遇不变，由所在单位按月支付。停工留薪期一般不超过12个月。伤情严重或者情况特殊，经设区的市级劳动能力鉴定委员会确认，可以适当延长，但延长不得超过12个月。工伤职工评定伤残等级后，停发原待遇，按照条例有关规定享受伤残待遇。工伤职工在停工留薪期满后仍须治疗的，继续享受工伤医疗待遇。生活不能自理的工伤职工在停工留薪期需要护理的，由所在单位负责。

（3）伤残待遇

工伤职工根据不同的伤残等级，享受一次性伤残补助金、伤残津贴、伤残就业补助金以及生活护理费等待遇。工伤职工已经评定伤残等级并经劳动能力鉴定委员会确认需要生活护理的，从工伤保险基金按月支付生活护理费。生活护理费按照生活完全不能自理、生活大部分不能自理或者生活部分不能自理三个不同等级支付，其标准分别为统筹地区上年度职工月平均工资的50%、40%或者30%。

职工因工致残被鉴定为一级至四级伤残的，保留劳动关系，退出工作岗位，享受以下待遇：

①从工伤保险基金按伤残等级支付一次性伤残补助金，标准为：一级伤残为27个月的本人工资，二级伤残为25个月的本人工资，三级伤残为23个月的本人工资，四级伤残为21个月的本人工资。

②从工伤保险基金按月支付伤残津贴，标准为：一级伤残为本人工资的90%，二级伤残为本人工资的85%，三级伤残为本人工资的80%，四级伤残为本人工资的75%。伤残津贴的实际金额低于当地最低工资标准的，由工伤保险基金补足差额。

③工伤职工达到退休年龄并办理退休手续后，停发伤残津贴，按照国家有关规定享受基本养老保险待遇。基本养老保险待遇低于伤残津贴的，由工伤保险基金补足差额。

职工因工致残被鉴定为一级至四级伤残的，由用人单位和职工个人以伤残津贴为基数，缴纳基本医疗保险费。

职工因工致残被鉴定为五级、六级伤残的，享受以下待遇：

①从工伤保险基金按伤残等级支付一次性伤残补助金，标准为：五级伤残为18个月的本人工资，六级伤残为16个月的本人工资。

②保留与用人单位的劳动关系，由用人单位安排适当的工作。难以安排工作的，由用人单位按月发给伤残津贴，标准为：五级伤残为本人工资的70%，六级伤残为本人工资的60%，并由用人单位按照规定为其缴纳应缴纳的各项社会保险费。伤残津贴的实际金额低于当地最低工资标准的，由用人单位补足差额。

经工伤职工本人提出，该职工可以与用人单位解除或者终止劳动关系，由工伤保险基金支付一次性工伤医疗补助金，由用人单位支付一次性伤残就业补助金。一次性工伤医疗补助金和一次性伤残就业补助金的具体标准由省、自治区、直辖市人民政府规定。

职工因工致残被鉴定为七级至十级伤残的，享受以下待遇：

①从工伤保险基金按伤残等级支付一次性伤残补助金，标准为：七级伤残为13个月的本人工资，八级伤残为11个月的本人工资，九级伤残为9个月的本人工资，十级伤残为7个月的本人工资。

②劳动、聘用合同期满终止，或者职工本人提出解除劳动、聘用合同的，由工伤保险基金支付一次性工伤医疗补助金，由用人单位支付一次性伤残就业补助金。

工伤职工有下列情形之一的，停止享受工伤保险待遇：

①丧失享受待遇条件的；

②拒不接受劳动能力鉴定的；

③拒绝治疗的。

（4）工亡待遇

职工因工死亡，其直系亲属可以领取丧葬补助金、供养亲属抚恤金和一次性工亡补助金。

①丧葬补助金为6个月的统筹地区上年度职工月平均工资。

②供养亲属抚恤金按照职工本人工资的一定比例发给由因工死亡职工生前提供主要生活来源、无劳动能力的亲属。标准为：配偶每月40%，其他亲属每人每

月30%，孤寡老人或者孤儿每人每月在上述标准的基础上增加10%。核定的各供养亲属的抚恤金之和不应高于因工死亡职工生前的工资。供养亲属的具体范围由国务院社会保险行政部门规定。

③一次性工亡补助金标准为上一年度全国城镇居民人均可支配收入的20倍。

伤残职工在停工留薪期内因工伤导致死亡的，其近亲属享受第一款规定的待遇。一级至四级伤残职工在停工留薪期满后死亡的，其近亲属可以享受第一款前两项规定的待遇。

6. 监督管理

经办机构具体承办工伤保险事务，履行下列职责：

①根据省、自治区、直辖市人民政府规定，征收工伤保险费；

②核查用人单位的工资总额和职工人数，办理工伤保险登记，并负责保存用人单位缴费和职工享受工伤保险待遇情况的记录；

③进行工伤保险的调查、统计；

④按照规定管理工伤保险基金的支出；

⑤按照规定核定工伤保险待遇；

⑥为工伤职工或者其近亲属免费提供咨询服务。

（六）生育保险

生育保险是国家通过立法，在怀孕和分娩的妇女劳动者暂时中断劳动、失去正常工资收入时，国家或社会对生育的职工给予必要的经济补偿和医疗保健的社会保险制度。我国生育保险待遇主要包括两项：一是生育津贴，二是生育医疗待遇。我国现行的生育保险制度包括以下内容：

1. 生育保险的覆盖范围

凡是与用人单位建立了劳动关系的职工，包括男职工，都应当参加生育保险。

2. 生育保险的费用缴纳

用人单位按照国家规定缴纳生育保险费，职工不缴纳生育保险费。

3. 生育保险待遇

职工享受生育保险待遇，应当同时具备下列条件：①用人单位为职工累计缴费满 1 年以上，并且继续为其缴费；②符合国家和省人口与计划生育规定。

我国生育保险待遇主要包括两项：一是生育医疗费，二是生育津贴。其宗旨在于通过向职业妇女提供生育津贴、医疗服务和产假，帮助他们恢复劳动能力，重返工作岗位。

（1）生育医疗费

女职工生育的检查费、接生费、手术费、住院费和药费由生育保险基金支付。超出规定的医疗业务费和药费（含自费药品和营养药品的药费）由职工个人负担。

女职工生育出院后，因生育引起疾病的医疗费，由生育保险基金支付；其他疾病的医疗费，按照医疗保险待遇的规定办理。女职工产假期满后，因病需要休息治疗的，按照有关病假待遇和医疗保险待遇规定办理。

（2）生育津贴

女职工依法享受产假期间的生育津贴，按本用人单位上年度职工月平均工资计发，由生育保险基金支付。生育津贴为女职工产假期间的工资，生育津贴低于本人工资标准的，差额部分由用人单位补足。生育津贴按照女职工本人生育当月的缴费基数除以 30 再乘以产假天数计算。

二、劳动争议

劳动争议是用人单位与员工之间因为对薪酬、工作时间、福利、解聘及其他待遇等工作条件的主张不一致而产生的纠纷，处理劳动争议必须遵循法律规定的原则和程序。

（一）劳动争议概述

1. 劳动争议的概念

劳动争议是指劳动关系当事人之间因劳动的权利与义务发生分歧而引起的争议，又称劳动纠纷。在我国，具体指劳动者和用人单位之间，在劳动法调整的范围内,因适用国家法律、法规和动力、履行、变更、终止和解除劳动合同,以及其他与劳动关系直接相联系的问题而引起的纠纷。劳动纠纷是劳动关系不协调的反映,只有妥善、合法、公正、及时处理劳动争议,才能维护劳动关系双方当事人的合法权益。

2. 劳动争议的分类

（1）按照劳动争议的主体分

按照劳动争议的主体不同,可将劳动争议分为个别争议和集体争议。个别争议是雇主和员工个人之间所发生的争议,争议对象是劳动合同上的内容;集体争议是雇主与员工的团体即工会之间发生的争议,争议对象是团体的利益,也就是有关集体协议的内容。

（2）按照劳动争议的性质分

按照劳动争议的性质不同,可将劳动争议分为权利事项争议和调整事项争议。国际劳工组织认为,权利争议是指那些对一项现行法律或集体协约的使用或解释引起的争议,也即双方当事人因为实现劳动法、集体协议和劳动合同所规定的既存权利义务所发生的争议。调整争议是双方当事人对于劳动条件主张继续维持或变更的争议。

3. 劳动争议的范围

劳动争议的范围包括:

（1）因确认劳动关系发生的争议

劳动关系自用工之日起建立,而不是从订立劳动合同时成立。

（2）因订立、履行、变更、解除和终止劳动合同发生的争议

用人单位劳动合同管理涉及订立、履行、变更、解除和终止各个环节,劳动关系从建立到履行,再到终结,不可避免会出现争议,这些争议均属于劳动争议的受案范围。

（3）因除名、辞退和辞职、离职发生的争议

无论哪一方要求终结劳动关系,都会对对方产生很大的影响,在这一过程中,双方的争议不可避免。

（4）因工作时间、休息休假、社会保险、福利、培训以及劳动保护发生的争议

工作时间、休息休假、社会保险、福利、培训以及劳动保护都属于劳动标准的范畴，劳动标准与劳动者的切身利益和身心健康直接相关，也是劳动争议的多发环节。

（5）因劳动报酬、工伤医疗费、经济补偿或者赔偿金等发生的争议

劳动报酬、工伤医疗费、经济补偿或者赔偿金，都属于劳动者与用人单位之间的金钱给付，这类劳动争议关系到劳动者和用人单位的经济利益。

（6）法律、法规规定的其他劳动争议

（二）劳动争议处理

1. 劳动争议处理的机构

我国把劳动争议的处理程序分为协商、调解、仲裁和诉讼四个阶段，与此相应的处理机构包括：用人单位内部设立的劳动争议调解委员会、劳动争议仲裁委员会和人民法院。

2. 劳动争议处理的原则

劳动争议的处理原则是劳动争议处理机构在处理劳动争议时必须遵循的基本原则，包括以下几个方面：

（1）着重调解、及时处理原则

调解是处理劳动争议的基本手段，贯穿劳动争议处理的全过程。调解应在当事人自愿的基础上进行，不得有丝毫的勉强或强制。对劳动争议的处理要及时。用人单位劳动争议调解委员会对案件调解不成，应在规定的期限内结案，避免当事人丧失申请仲裁的权利；劳动争议仲裁委员会对案件先行调解不成，应及时裁决；人民法院在调解不成时，应及时判决。

（2）在查清事实的基础上依法处理原则

劳动争议的处理应以事实为依据，以法律为准绳，分清是非，明确责任。所谓依法处理，包含三个层次：第一层次是指以劳动法律、法规的有关规定为依据；第二层次是指以劳动合同（包括集体合同）的约定为依据；第三层次是指以用人单位合法的规章制度为依据，但它只对本用人单位的争议当事人具有效力。

（3）当事人在适用法律上一律平等原则

劳动争议当事人法律地位平等，双方具有平等的权利和义务，任何一方当事人不得有超越法律规定的特权。当事人双方在适用法律上一律平等、一视同仁，对任何一方都不偏袒、不歧视，对被侵权或受害的任何一方都同样予以保护。

3. 劳动争议处理的程序

（1）协商

劳动争议的当事人一方为用人单位，另一方为用人单位员工，因此处理劳动争议应当首先经过充分的协商，以利于自愿达成协议。协商不是处理劳动争议的必经程序。争议一方不愿协商或者协商不成的，可以向本用人单位劳动争议调解委员会申请调解。如不能及时达成协议，也应终结协商程序，选择其他处理方式。

（2）调解

劳动争议调解，是指第三方介入劳动争议，促进当事人达成调解协议。调解是处理用人单位劳动争议的基本办法或途径之一。事实上，调解可以贯穿整个劳动争议的解决过程。它既指在用人单位劳动争议进入仲裁或诉讼以后由仲裁委员会或法院所做的调解工作，也指用人单位调解委员会对用人单位劳动争议所做的调解活动。用人单位调解委员会所做的调解活动主要是指，调解委员会在接受争议双方当事人调解申请后，要先查清事实、明确责任，在此基础上根据有关法律和集体合同或劳动合同的规定，通过自己的说服、诱导，最终促使双方当事人在相互让步的前提下自愿达成解决劳动争议的协议。

劳动争议调解可分为自愿调解和强制调解。自愿调解是当事人一方或双方自愿申请的调解；强制调解是依照法律法规由调解者出面进行，不以当事人自愿与否为条件。当事人申请调解，可用书面或口头形式进行。口头申请的，调解组织应当当场记录申请人的基本情况、申请调解的争议事项、理由和时间。

调解委员会接到申请后，应遵循双方当事人的意见，双方当事人不愿调解的，应在3日内以书面形式通知申请人。争议受理后，应按下列程序处理：第一步，及时指派调解委员会对争议事项进行全面调查，并在调查笔录上签章；第二步，由调解委员会主任（或指定1~2名调解委员）主持召开调解会议；第三步，在听取争议双方陈述、查清事实、分清是非的基础上依法进行调解；第四步，经调解达成协议的，应当制作调解协议书。调解协议书由双方当事人签名或者盖章，经调解员签名并加盖调解组织印章后生效，对双方当事人具有约束力，当事人应当履行。达成调解协议后，一方当事人在协议约定期限内不履行调解协议的，另一方当事人可以依法申请仲裁。因支付拖欠劳动报酬、工伤医疗费、经济补偿或者赔偿金事项达成调解协议，用人单位在协议约定期限内不履行的，劳动者可以持调解协议书依法向人民法院申请支付令。人民法院应当依法发出支付令。

自劳动争议调解组织收到调解申请之日起 15 日内未达成调解协议的，当事人可以依法申请仲裁。调解不是处理劳动争议的必经程序，当事人不愿调解的，可以直接申请仲裁。

（3）仲裁

仲裁也称公断，仲裁作为用人单位劳动争议的处理办法之一，是由第三者介入劳动争议，促使争议双方当事人达成和解协议或做出公断的执法行为。劳动争议仲裁委员会由劳动行政部门代表、工会代表和用人单位方面代表组成。劳动争议仲裁委员会组成人员应当是单数。劳动争议由劳动合同履行地或者用人单位所在地的劳动争议仲裁委员会管辖。双方当事人分别向劳动合同履行地和用人单位所在地的劳动争议仲裁委员会申请仲裁的，由劳动合同履行地的劳动争议仲裁委员会管辖。

仲裁程序如下：

①案件受理。劳动争议仲裁委员会收到仲裁申请之日起五日内，认为符合受理条件的，应当受理，并通知申请人；认为不符合受理条件的，应当书面通知申请人不予受理，并说明理由。对劳动争议仲裁委员会不予受理或者逾期未做出决定的，申请人可以就该劳动争议事项向人民法院提起诉讼。劳动争议仲裁委员会受理仲裁申请后，应当在五日内将仲裁申请书副本送达被申请人。被申请人收到仲裁申请书副本后，应当在十日内向劳动争议仲裁委员会提交答辩书。劳动争议仲裁委员会收到答辩书后，应当在五日内将答辩书副本送达申请人。被申请人未提交答辩书的，不影响仲裁程序的进行。

②案件审理。劳动争议仲裁委员会裁决劳动争议案件实行仲裁庭制。仲裁庭由三名仲裁员组成，设首席仲裁员。简单劳动争议案件可以由一名仲裁员独任仲

裁。仲裁庭应当在开庭五日前，将开庭日期、地点书面通知双方当事人。当事人有正当理由的，可以在开庭 3 日前请求延期开庭。是否延期，由劳动争议仲裁委员会决定。申请人收到书面通知，无正当理由拒不到庭或者未经仲裁庭同意中途退庭的，可以视为撤回仲裁申请。被申请人收到书面通知，无正当理由拒不到庭或者未经仲裁庭同意中途退庭的，可以缺席裁决。当事人申请劳动争议仲裁后，可以自行和解。达成和解协议的，可以撤回仲裁申请。仲裁庭在做出裁决前，应当先行调解。调解达成协议的，仲裁庭应当制作调解书。调解书应当写明仲裁请求和当事人协议的结果。调解书由仲裁员签名，加盖劳动争议仲裁委员会印章，送达双方当事人。调解书经双方当事人签收后，发生法律效力。调解不成或者调解书送达前，一方当事人反悔的，仲裁庭应当及时做出裁决。裁决书应当载明仲裁请求、争议事实、裁决理由、裁决结果和裁决日期。裁决书由仲裁员签名，加盖劳动争议仲裁委员会印章。对裁决持不同意见的仲裁员，可以签名，也可以不签名。

③结案。仲裁庭对劳动争议案件审结后，应填写《仲裁结案审批表》报仲裁委员会审批；经审批结案，应依规定送达仲裁文书，并将案件资料归档。仲裁庭裁决劳动争议案件，应当自劳动争议仲裁委员会受理仲裁申请之日起 45 日内结束。案情复杂需要延期的，经劳动争议仲裁委员会主任批准，可以延期并书面通知当事人，但是延长期限不得超过 15 日。逾期未做出仲裁裁决的，当事人可以就该劳动争议事项向人民法院提起诉讼。当事人对发生法律效力的调解书、裁决书，应当依照规定的期限履行。一方当事人逾期不履行的，另一方当事人可以依照民事诉讼法的有关规定向人民法院申请执行。受理申请的人民法院应当依法执行。

劳动争议仲裁不收费。劳动争议仲裁委员会的经费由财政予以保障。

(4) 诉讼

劳动争议诉讼，是指劳动争议当事人不服劳动争议仲裁委员会的裁决，在规定的期限内向人民法院起诉，人民法院依法受理后，依法对劳动争议案件进行审理的活动。劳动争议当事人对仲裁裁决不服的，可以自收到仲裁裁决书之日起 15 日内向人民法院提起诉讼。一方当事人在法定期限内不起诉又不履行仲裁裁决的，另一方当事人可以申请人民法院强制执行。诉讼是处理劳动争议的最终程序。

劳动争议诉讼的原则：人民法院在审理劳动争议案件中，遵循司法审判中的一般诉讼原则，如以事实为根据、以法律为准绳的原则；独立行使审判权的原则，人民法院依照法律规定对劳动争议案件进行独立审判，不受行政机关、社会团体和个人的干涉；平等原则，诉讼当事人有平等的诉讼权利，人民法院对双方当事人在适用法律上一律平等；回避原则，人民法院审理劳动争议案件时，当事人有权申请回避等。

当事人不服法院一审判决的，可依法提起二审程序，但须在一审判决书送达之日起 15 日内向上一级人民法院提起上诉。上诉状应当写明当事人的姓名、法人名称及法定代表人的姓名，原审人民法院名称、案件编号和案由，上诉的请求和理由。上诉状应通过原审人民法院提交，并按对方当事人或代表人的人数提交副本。二审人民法院做出的判决为终审判决。

第七章 职业规划与职业管理

第一节 职业规划与管理的个人影响因素

一、基本概念与模型

（一）基本概念

1. 职业与职业分层

职业的概念是职业管理和职业规划的起点，然而，人们对这一概念的理解往往存在相当大的差异。有些人将职业视为一类职位的集合（如大学教师的职业就是由助教、副教授、教授等职位组成的），也有些人将职业视为个人在整个工作生涯中的职位调整和晋升过程（即职业生涯）。本书沿用社会学家的观点，认为职业是"在存在社会分工的社会中，个人为了作为独立的社会单位存在而谋求生计维持，同时实现社会联系和自我实现而进行的持续人类活动的方式"。这一定义凸显了职业的重要社会意义：职业体现了个人的社会地位，人通过职业与特定的人群建立联系，并且职业总是与个人的权力和经济利益相一致。从这个意义上来说，员工个人的职业选择、调整与发展机会对其社会和经济需要的满足意义重大，从而构成了人力资源管理与开发系统的重要组成部分。

在员工流动日益频繁的情况下，员工的职业往往涉及多个不同的工作、职位及企业。现实的情况是，员工不再仅仅面临一种直线上升的职业通道，也不局限于为一个组织工作。但在管理其职业、进行职业选择时，人们仍然会关注一个概念，即职业分层。所谓职业分层，即按照职业的社会地位和社会对职业的价值取向所做的职业等级排位。职业分层是纵向的社会职业等级层次排位，它是以职业角色、职业声望为依据，确定劳动者的社会经济地位的方式。任何一种职业都有其社会功能和相应的社会地位，即职业地位。职业地位取决于该职业所具有的权力、升迁机会、薪资、发展前途和工作条件等。常见职业分层模型按职业社会地位将全部职业分为七个层级（由低至高）：

①非熟练体力劳动者，指在技术和责任方面要求最低的体力劳动者，如清洁工、搬运工和擦鞋工等；

②半熟练体力劳动者，指以体力劳动为主、技术要求不高的劳动者，如售货员、服务员、汽车司机、机器操作工等；

③熟练体力劳动者，指具有一定技能的体力劳动者，如印刷工、火车司机，以及服务业的熟练劳动者，如厨师、理发师等；

④白领工人，包括各类职员和技术工人，如图书管理员、打字员、推销员、制图员以及其他从事管理工作和非体力劳动的劳动者；

⑤小企业所有者和经营者：修理业主、服务业主、小零售商、小承包商及其他一切非农产所有者；

⑥专业人员，包括工程师、教授、作家、艺术家、编辑、医生、教师等；

⑦工商业者，指大产业者、大工商业企业家等。

很显然，职业分层是由社会根据当前的价值取向进行的排序，职业间存在高低等级差异，并被社会公众广泛地认可和接受。一时一地的职业分层，能在很大程度上影响从业者的职业选择和对未来的职业发展期望。劳动者期望从事社会地位高、声望好的职业，他会根据个人的学历、技能及其他条件，在现有职业地位的基础上追求适合自己的、可胜任的最高社会地位的职业。企业的职业规划与职业发展正是在确认这种职业追求的合理性的基础上，为确保个人追求与组织战略需要相吻合而进行的规划及管理过程。

2. 职业生涯和职业轨迹

员工个人的职业生涯应被视为一个包含时间维度的概念，它包含了员工个人在整个就业过程中曾占据的各种职位按顺序形成的集合。传统上，职业生涯隐含着一种单向的线性发展，即随着职业生涯的推进，员工的职业往往表现为更高的薪资、更大的责任和更高的权力地位。目前，由于组织精简、晋升机会减少、工作保障下降、零工经济盛行等原因，虽然一个人仍然可能在一个企业度过整个职业生涯并持续获得提拔，但这已经不再是常规。员工需要在整个职业生涯中不断改变职业及受雇的组织，这必然意味着员工视角的职业生涯规划极有可能是跨组织边界的，员工有意愿在个人职业管理上承担更多的责任。有一种观点提出了所谓"无边界的职业"，即人们因为个人及家庭需要、雇佣关系的变化而不断重新安排或改变自己的角色和职责，因而职业生涯包括在多个不同企业甚至多个不同职业间的转换。这一职业生涯的变化有着重要的管理意义：员工的企业忠诚度不再是有意义的绩效指标，员工视角的职业发展目标不在于单个企业中的晋升和职业成功，而在于提高个人在劳动力市场的吸引力和可就业能力，以及对个人有意义的目标实现。在这一过程中，企业与个人建立起一种积极的伙伴关系：员工对组织有较高的承诺，并对自己的职业生涯管理有更大的控制权和管理责任。

员工在单个企业内的职业变换形成的柔性路线，被称为职业轨迹。职业轨迹是企业职业规划和职业发展的重要手段，其目的在于通过设计合理、现实的职业轨迹，留住和激励核心员工，确保沿着一条既定的职业轨迹，有潜力的员工可以在企业的帮助和支持下实现职业发展。传统上，职业轨迹集中表现为特定职类内部的晋升（纵向），但目前的情况发生了很大变化，各种网状的、横向技术的以及双重职业轨迹都为员工提供了更多的可能。

员工职业生涯与职业轨迹的概念，分别代表了员工个人和企业的不同视角。虽然二者之间存在明显的联系，但两种不同视角下的职业发展也存在显著区别。企业视角的职业发展侧重于强调企业人员需要的满足，员工开发及内部职业轨迹安排则是满足这一目标的手段；而员工视角下的职业发展则关注个人职业兴趣、技能与能力的发挥，其规划的范围不限于企业内部。虽然战略性人力资源管理的目标要求管理者强调企业主导下的职业发展，但如果个人的职业规划无法在组织内实现，员工就可能选择离开企业以寻找新的发展机会；即使员工因劳动力市场中缺乏合适的机会而无法在短期内离职，他在本企业也可能表现出较低的工作意愿、生产率，并对整个企业的士气产生不良影响。因此，企业需要整合两种不同视角的职业发展活动，建立有效的职业管理系统，实现个人职业期望与组织发展要求的匹配，这也构成了企业战略性人力资源管理框架的有机部分。

3. 个人职业发展的三个维度

在成长、发展和历经的生命周期中，每个人都经历着三个生命空间周期：生物社会生命周期、家庭生命周期和职业生命周期。其中，职业生命周期（职业生涯）与职业发展直接相关，它体现了由个人心理、社会、教育、体能、经济与机会等因素共同作用而形成的个人职业变化轨迹。职业生命周期始于早期的职业意向、教育培训所确定的工作预备期，历经寻找工作、熟悉工作、建立职业锚、发展职业工作，直至最终退休。通常，员工的职业生涯是沿着三个维度发展的：

（1）在组织中工作的多数员工在其职业道路上沿着一个等级维度移动

这是通过职位晋升而完成的。员工获得若干次晋升，能达到他所属职业或组织中的一定等级层面。这种按等级向上的运动，是一种"纵向垂直"的职业成长。这种纵向的职业成长，往往与发展的机会和状态有关。

（2）组织中的个体沿着一种职能或技术维度移动

例如，有些人本来是工科专业的大学毕业生，被分配到技术部门工作，而因为自己工作方式灵活、善于与人沟通，自己又很喜欢做销售工作，于是调到销售部门。这种工作类型的转变，是一种"水平的"或"横向的"职业成长。

（3）员工沿着一种成员资格维度向组织核心移动

这是涉及进入内圈，或者说进入职业核心的运动。员工经过较长时间工作，个人情况越来越为他人所了解，并逐渐受到职业或组织中老成员的信任，得以承担重任，接近组织核心，可以获得有关组织机密的特殊种类的信息，作为组织的核心骨干发挥作用。需要注意的是，这里的"内圈"或组织"核心"，是各等级层面上的，不一定是最高层面的组织核心。沿成员资格维度接近内圈或核心的运动，是另一种水平或横向的职业成长。当然，向核心的运动与按等级向上运动还是有一定关系的。例如，由一般员工成为组织的核心骨干成员，最后很可能成为组织的核心领导。不过，一个人也完全有可能停留在一个给定的等级层面上，只是实现向核心运动的职业成长。对于许多没有可能沿垂直维度成长的员工，这种成长仍有可能，也有意义，使员工获得满足感、荣誉感和心理上的平衡。

在实际管理中，职业管理更关注前两种维度的职业发展与成长，并且主要的发展规划活动是针对年轻人在其职业早期进行的。但由于组织精简、组织柔性化等方面的实践，使得前两种维度的职业发展机会受到限制。成功的企业实践表明，职业发展不应再仅仅关注晋升和专业发展机会，而应更强调员工心理上的成功。心理成功是指一个人通过个人生活目标的实现（而非局限于工作成就）而获得的自豪感与成就感。传统的以晋升和工作成就为主的职业发展目标，很大程度上取决于公司内部是否存在相应职位空缺，而心理成功却完全取决于个人的价值评判，其中就包含了有意义的工作、和谐的工作氛围、成为组织的核心成员并获得组织信任等方面。

（二）职业规划与管理系统的基本模型

职业规划是指员工在不同的职业生涯阶段，对职业、组织、职位进行选择的连续过程。职业管理则是组织对员工职业进行计划、管理、调整和有效配置的专门活动，常见的生涯管理活动包括管理继任计划、岗位轮换制度、晋升管理等。组织进行职业管理的目的，是为了确保员工个人职业抱负与组织发展规划的有效匹配。企业内部职业规划与管理系统的缺失，可能使企业在人员配置时仅考虑组织需求，其长期影响可能是无法留住适才适任的高潜力人才；而员工也需要花更多时间精力适应工作、发现职业方向，并提高离职意愿。

员工、管理者和企业共同参与职业管理的全过程，并通过有效的职业规划实现各自的目标。在越来越多的企业中，职业发展的责任正在向员工本人转移。员工是个人职业规划的主导者，在充分了解和评价个人的知识、技术、能力、兴趣、价值观的基础上，明确个人的职业取向和职业选择，并在企业提供的工作和培训机会框架下提出体现个人需要的职业期望。管理者应当认识到，为员工的职业发展提供支持和协助是其管理职责的重要部分，这表现为及时向员工沟通企业经营和职位设置的动态信息，分析和设计组织内部可实现的职业发展道路，引导和协助员工形成个性化的、与组织需求相匹配的职业发展规划。企业作为员工职业发展的载体，通过人员优化配置、绩效评估、培训开发、内部流动等人力资源管理活动为员工指导、支持以及职业发展的空间，促进和创造有利于员工个人职业规划实现的环境。如果缺失了组织层面的支持，个人职业发展计划制订得再完美，也注定失败。有些企业为了确保组织对职业发展计划的支持，将高管薪酬和奖励方案与其在支持员工职业发展方面的表现挂钩。例如，IBM 公司要求，管理者除非帮助某些下属做好了升职准备，否则管理者本人将不会得到提拔。

二、职业规划与管理的个人影响因素分析

有效的职业规划与管理应当是充分体现员工个体差异的规划方案。影响职业

规划的个人因素有很多，这里主要介绍有关个人职业发展阶段、职业性向与职业选择、个人的职业价值观（职业锚）、与职业选择相关的个人特征等方面的主流理论模型及研究结论。

（一）个人职业发展阶段

每个人的职业生涯都可以被理解为一个职业生命周期，在职业生命周期的不同阶段，员工的个人需要、能力、职业偏好和期望都会不断发生变化。虽然每个阶段的长短因人而异，但大部分人都在其职业生涯中经历了所有阶段。具体来看，个人的主要职业阶段可大致做如下划分：

1. 成长阶段

成长阶段大体上可以界定在一个人从出生到 15 岁这一年龄段上。在这一阶段，个人通过对家庭成员、朋友和老师的认同与交互作用，逐渐建立起自我概念，并且经历从对职业的好奇、幻想、兴趣，到有意识培养职业能力的逐步成长过程。在这一阶段的早期，角色扮演是极为重要的，儿童会通过尝试各种不同的行为方式，形成人们如何对不同行为做出反应的印象，这将帮助他们建立独特的自我概念或个性。到这一阶段结束时，进入青春期的青少年（他们已经形成了对个人兴趣和能力的某些基本看法），就开始考虑各种可选择的职业是否与个人能力相符，并开始了有意识的能力培养活动。

2. 探索阶段

探索阶段大致发生在一个人 15~24 岁的年龄段。在这一时期，个人将认真探索各种可能的职业选择。他们试图基于个人对职业的了解、个人兴趣和能力来做出职业选择。在这一阶段的早期，他们往往会进行试验性的择业尝试；随着对所选择职业及自我了解的深入，这种最初选择往往会被重新界定。这一阶段结束时，人们基本选定了适合自己的职业，并做好了开始工作的准备。

人们在探索阶段及以后的职业阶段上需要完成的最重要任务，也许就是对个人能力和天赋的现实评价。此外，处于探索阶段的人还应根据可靠的职业信息来做出相应的教育投资决策。

3. 确立阶段

确立阶段发生在 24~44 岁的年龄段，这是大多数人工作/职业生命周期的核心。有时，个人在确立阶段的早期能确定适合自己的职业，并在此后全力以赴地投入提升个人能力、发展职业空间的各种活动中。人们通常愿意（尤其在专业领域内）将自己早早锁定在某一特定职业上。然而，在大多数情况下，这一阶段人们仍然在不断尝试与自己最初的职业选择不同的各种能力和择业可能性。

确立阶段由三个子阶段组成：尝试子阶段、稳定子阶段和职业中期危机阶段。在尝试子阶段（25~30岁），个人确定当前的职业选择是否适合自己。如果不适合，他会准备做出改变。比如，刘静在进入证券公司投资银行部工作后发现，连续数月的出差与她此前的期望不同，她希望从事行业研究工作，以减少出差对个人生活的影响。到了30~40岁，人们通常会进入稳定子阶段。此时，个人往往已经明确了职业目标，并制订了较为具体的职业规划来确定自己的晋升潜力、调换工作的必要性以及为实现这些目标需要进行的教育投资等。最后，在三四十岁的某个时间段，很多人可能会经历职业中期危机阶段。在这一阶段，人们往往会根据最初的理想、目标对自己的职业现状做一次重新评价。结果可能发现，个人离职业目标越来越远，或者在达到预定的职业目标后才发现，自己并未在心理上获得真正的满足。在这一时期，人们也会思考职业与个人生活的关系。处于这一阶段的人往往会审视个人已取得的成就和未来的职业方向，即自己到底需要什么、什么目标是可以达到的，以及为了达到这一目标自己需要做出多大的牺牲。

4. 维持阶段

从45岁到退休前，许多人进入了维持阶段。由于进入了职业生涯的后期，人们通常已经在各自的工作领域中争取到了一席之地，他们的大多数精力将放在维系和保持既定的成就和社会地位，而不再考虑变换职业或创造新的成果。

5. 下降阶段

当退休的日子临近时，人们就不得不面对职业生涯中的下降阶段。在这一阶段，个人的健康状况和工作能力都处于逐渐下降的通道中，他们必须接受权力和责任减少的现实，学会承担一种新的角色——成为年轻人（或继任者）的良师益友。之后，个人将退出工作岗位，结束其职业生涯。

职业发展阶段理论，被用于说明人们在不同年龄阶段所面临的职业生涯角色转变的共性。企业的职业发展和职业管理，需要更具体、更有针对性的职业生命周期的信息。在企业中，专业型管理人员（或称"知识型"员工）对于组织绩效有着重要影响，有必要特别关注对这类员工的职业发展阶段的评判和引导。下面是针对专业技术人员职业发展阶段的简要说明。

（1）起步阶段（工作的前五年）

拥有技术知识的年轻专业人员进入企业，但是他们通常不理解企业的要求和期望，需要与有经验的老员工密切合作。年轻的专业人员与指导者之间形成"指导关系"，学习和接受权威人士的引导。一个人想要成功有效地通过起步阶段，必须接受一种依赖他人的心理状态。有些专业人员在心理上很难接受这种安排，他们希望第一份工作能够提供更多的工作自由空间。

（2）进步阶段（30~45岁）

一旦通过了起步阶段，专业人员将会步入独立工作的进步阶段。要想进入这一阶段，必须证明自己可以胜任特定的专业领域，能在专业领域内提供专家意见。处于进步阶段的专业人员，其首要任务是在所从事的专业领域内成为"独立的意见贡献者"，企业希望这一阶段的专业人员更少地依靠他人的指导，保持独立的心理状态。进步阶段对于专业人员未来的发展极端重要，一般来说，在这一阶段失败的人将来无法很好地发展，因为他们不具有足够的自信。

（3）团队领导阶段

企业期望进入本阶段的专业人员成为起步阶段人员的指导者，而且，他们注意拓展兴趣，注意与企业外的利害关系人开展合作。因此，专业人员在本阶段的中心任务就是对他人的"培训和互动"。在团队领导阶段，专业人员对他人的工作承担责任，这会带给员工相当大的心理压力。在此前的阶段，专业人员只要对自己的工作负责，但是现在他人的工作成为应获得首要关注的事。无法达到新要求的人可能决定转回第二阶段，而那些能通过指导他人获得满足的专业人员将从事更重要、更有价值的工作，这些工作内容可能一直持续到专业人员退休前。

（4）战略思考阶段

一些专业人员将停留在第三阶段直到退休，而另一些专业人员则会进入下一阶段，即战略思考阶段。并非所有员工都能进入这一阶段，因为该阶段的基本特征包括"确立企业的发展方向"。虽然在一个企业中只有最高决策层才能做出上述决策，但是这项工作任务也涉及其他人，如产品开发、加工制造或技术研发的关键人员就可以进入战略思考阶段。由于他们在维持阶段的杰出表现而赢得的重要地位，进入本阶段后，他们将把注意力放在长远的战略规划上。此时，他们扮演的是管理者、企业家和创新构思的发起者。他们的主要工作关系是去发掘和帮助继承者的事业，与企业外部的关键人物打交道。处于本阶段的专业管理人员必须学习和增进个人影响力，即将个人领导能力运用在观念培养、员工选择和组织设计中。这种工作重心的转变对于过去曾依赖上级指导的个人来说将是困难的。

（二）职业性向与职业选择

职业选择理论认为，人格（包括价值观、动机和需要等）是决定一个人选择何种职业的重要因素，同时，一个人能在多大程度上取得职业成功、获得职业满足感，取决于个人的性格类型与职业特性之间的匹配程度。

职业性向测试的研究指出，每个人在一定程度上都属于以下六种性格类型中的一种：现实型、研究型、艺术型、社交型、企业型和常规型。同时，将职业也分为相应的六种类型。个人的性格类型应与职业特性之间实现相互适应，只有在同一类型的劳动者与职业互相结合、相互匹配时，个人的才能与积极性才得以最有效的发挥。

然而，大多数人并不仅有一种性格倾向（比如，一个人的性格中可能同时包含社交型、现实型和研究型三种类型，但可以有主次之分）。无论一个人的性格由哪种类型主导，他都可以通过一系列的策略来处理和周围环境的关系，并且很多策略适用于两个或更多性格类型。

（三）个人的职业价值观（职业锚）

个人不同的志向、背景和经历也会影响职业的选择。职业计划实际上是一个持续不断的探索过程。在这一过程中，每个人都在根据自己的天资、能力、动机、需要、态度和价值观等逐步形成与职业相关的自我概念。随着个人自我概念的不断明晰，会形成一个占主导地位的职业锚。所谓职业锚，就是当一个人不得不做出职业选择时，他不会放弃的首要价值观或职业模式。提前预测、明确个人职业锚的难度很高，因为一个人的职业锚是职业环境与个人因素在较长时间内相互作用的产物，是一个经历探索、选择、自省与调整的动态过程的结果。只有在必须做出重大职业抉择时（接受晋升还是辞职创业），个人以往的所有工作经历、兴趣、资质、性格类型等才会综合形成一个有意义的模式（职业锚），为其职业选择指明方向。

1. 技术职能型职业锚

具有技术职能型职业锚的员工往往强调实际技术或专业职能工作，关注个人专业能力发展，而不愿承担一般管理类的职位（虽然他们并不排斥职能管理工作）。这类员工的职业价值观是追求个人专业技术能力的不断提高，获得本领域专家的肯定与认可，并通过承担不断增长的富有挑战性的工作来实现职业目标。当然，对这类员工而言，组织层级的提升同样是重要的，但他们较少追求专业领域外的职业发展，而是坚持在专业范围内的提升。他们在职业选择上多从事工程技术、营销、财务分析、系统分析、研究发展等职能领域的工作，在职级上包括从专业技术人员到职能部门领导的各类工作。

2. 管理型职业锚

具有管理型职业锚的员工有很强的管理动机，他们期望承担单纯的管理责任、掌握更大的权力，并相信自己具备担任管理职位所需的各种能力素质。这类人具有强有力的升迁动机和价值观，其职业目标就是沿某一组织的权力阶梯逐级攀升，直到承担全面管理责任的高级管理职位，责任、等级地位和收入是其衡量职业成功的标准。当被问及为什么相信自己具备管理职位所需的技能时，许多人表示，自己具备以下三方面的能力：①分析能力，即在信息不完全、不确定的情况下发现问题、分析问题和解决问题的能力；②人际沟通能力，即在各种层次上影响、监督、领导、操纵和控制他人的能力；③情感能力，即在面对情感和人际危机时，有较强的调适和承受能力，并能在较高的责任压力下保持目标、化解危机的能力。这三种能力并非管理型员工独有的，但优秀的管理者要求三种能力的综合，其中情感能力可能是识别何种人在高水平管理工作中获得成功的最重要能力。

3. 创造型职业锚

一些学生在毕业后成为成功的企业家，这些人都有一种需要：建立或创设某种完全属于自己的东西———一件署有自己名字的产品、一家自己的公司或一笔反映个人成就的财富等。对这一类型的员工而言，高专业能力、管理能力是必要的，但并非其主要价值观，发明创造、奠基立业才是他们工作的强大驱动力，为达到这一职业理想，他们一般都做好了冒险的准备。

4. 自主型职业锚

某些毕业生具有自主型职业锚，他们在选择职业时，被一种自主决定命运的需要所驱使，希望最大限度地摆脱组织约束和对他人的依赖。企业中的个人，在提升、工作调动、薪资等诸多方面都取决于企业提供的机会和他人的决策行为。但自主型职业锚的员工追求自由自在、不加束缚、能施展个人职业能力的工作和生活环境。为了满足这一职业价值观，具有强大技术能力的个人，不是到某一企业中去追求技术或专业的成功，而是从事独立自主的工作，比如成为独立咨询顾问、自由职业者或小企业的合伙人。

5. 安全型职业锚

具有安全型职业锚的员工极为重视长期的职业稳定和工作保障。他们愿意从事能提供长期就业保障、收入稳定及工作环境变动较小的工作。员工的安全取向主要分为两类：职业安全及情感的安全稳定（如团队成员稳定、家庭稳定）。这类员工的职业成功标准是，维持一种稳定、安全、整合良好的家庭和工作情境。因此，安全型员工愿意在大企业或政府机构工作，这类组织的稳定系数较高；同时，他们倾向于长期留在任职的组织中，根据上级的要求行事，相信组织会识别他们的需要和能力，并相应做出最佳的安排。由此看来，安全型职业锚的员工往往缺乏强驱动力和主动性，较少做出自我职业发展规划。

6. 服务型职业锚

具有服务型职业锚的人一直追求他们认可的核心价值，如帮助他人、改善人们的安全与健康、改善环境、通过新的产品消除疾病等。为了实现个人的核心价值观，他们不惜更换工作、企业，或者放弃无法实现核心价值观的工作调动或晋升机会。对这类员工的最好激励方式，就是认可他们的贡献。

7. 挑战型职业锚

具有挑战型职业锚的人喜欢解决看上去无法解决的问题，战胜强硬的对手，克服无法克服的困难或障碍等。对他们而言，参加工作或职业的原因是工作允许他们去战胜各种不可能。有些员工追求的挑战是智力层面的挑战，如仅对极端困难的工程设计感兴趣的工程师；也有些人追求的是复杂、多变情境下的挑战，如仅对服务于濒临破产、资源全无的企业感兴趣的战略顾问。新奇、变化和困难是他们的终极目标。如果工作内容非常容易，就会使这类人感到厌烦。

8. 生活型职业锚

具有生活型职业锚的人喜欢一种可以使他们平衡个人需要、家庭需要和职业需要的工作环境。他们希望将生活的各个主要方面整合为一个整体。他们重视能够实现这类整合的有弹性的职业环境。他们眼中的个人成就不仅是职业成功，还包括如何生活、如何处理家庭关系，以及如何实现个人成长。也因此，他们愿意牺牲职业的某些方面来追求个人重视的生活目标。比如，职位晋升需要员工搬到另一地区，这会影响他目前的生活状态，因而需要有所取舍。

将职业锚理论应用于职业选择的意义在于，职业锚中所包含的价值观、动机是个人职业早期阶段动态过程的结果，反映了每个人对明确的自我概念和职业定位的追求，个人追求的这种职业定位有可能是持续终身的。因此，个人可以通过在工作的磨炼中逐步明确自我的能力、动机、兴趣和职业定位，识别个人职业抱负模式和职业成功标准，从而为其职业中后期的职业计划提供指导。

(四) 与职业选择相关的个人特征

职业发展是个人发展的重要组成部分，每个人的发展行为都有其自身的个体特征，如年龄和性别、婚姻状况、能力与人格特质、任职情况等，个体特征和后天形成的职业经验能在很大程度上决定个人的职业选择范围。

1. 年龄和性别

一方面，员工的职业规划与其年龄关系密切；另一方面，员工职业发展要求也存在性别差异。应当说，在与个体发展相关的能力和素质层面上，男性与女性并无明显差异。有充分的研究证据表明，男性和女性在解决问题能力、分析能力、动机、社会交往能力、竞争驱动力以及学习能力等方面也未表现出明显区别。但研究表明，男女之间在职业期望和价值观方面存在差异。

2. 婚姻状况

这里仅考虑已婚和未婚两种情况。已婚意味着家庭责任增加，个体的职业发展压力和动机都会较为强烈。相对而言，未婚的员工责任轻、易满足，有可能个人发展的动力和愿望不及已婚者。家庭对员工职业发展的影响，主要是指家庭抚养人数。家庭抚养人数对员工个体发展存在双重影响：一方面，被抚养及赡养的家庭成员越多，个人承担的责任越重，员工就有更强烈的发展愿望和要求；另一方面，在员工家庭负担过重时，抚养人数从精力、体力、时间、财力等方面牵制员工的学习训练和自由的全面发展，并影响其工作效率，造成缺勤率上升。抚养人数对所有员工都有影响，但通常来讲，在男性员工中，作为动力的作用往往更显著，而对女性员工则负面限制作用更明显。

3. 能力与人格特质

员工的能力包括体力、智力、知识和技能等多个方面，它是员工职业发展的基本条件和基础。一般而言，员工能力越强，对自我价值实现、声望、威信、尊重的要求越高，发展的欲望越强，越能极大地促进个体发展；同时，由于能力较强者往往能得到劳动力市场的认同，获得较高的收入，使高能力者的人力资本投资能力更强，从而为个体发展提供了可能。此外，员工的人格特质也会制约和影响员工的职业发展。与员工职业发展相关的人格特质主要包括控制点、马基雅维利主义、自我调控、冒险精神、自尊和 A/B 型人格。这些不同的人格特质对于员工的职业选择、适应性和未来发展的可能存在重大影响。

4. 任职情况

任职情况包括任职时间、具体职务和责任、工作绩效等。员工在企业的任职时间将影响员工的职业发展动机。一般而言，员工任职的早期，往往有强烈的发挥个人能力和实现工作目标的愿望，充满干劲和激情，期望得到外部的认可和回报。而在员工任职多年、已到达职业生命周期的后期时，个人发展已基本定型，个人的内在要求（稳定、富足等）将取代外部评价而成为首要的职业目标。不同组织层级的员工也存在职业发展机会和意愿的差异。企业的中高层经理人与专业技术人员，职业声望高于一般员工，其个人发展的要求也更为迫切。任职情况与个人发展存在一种良性反馈的关系，即所任职务组织层次越高、所需专业技能越深入、工作绩效越好，则个人发展要求越强烈，上进和发展的动力越强。

第二节　职业规划与职业发展程序

不同企业的职业规划与管理系统在复杂程度、侧重点上各有不同，职业管理虽然是企业主导的活动，但只有员工个人才清楚自己在职业生涯中的真正目标和愿望。因此，个人职业规划的主要责任者是员工。人力资源管理者需要从组织发展的角度，整合组织需求与员工个人职业规划，将员工职业目标、兴趣有效嵌入在组织的职业管理系统中。本节将重点关注个人视角的职业发展规划过程，但其中也需要考虑组织的资源和制度层面的支持。

一、自我评价

准确的自我认识和自我评价是个人职业规划的前提。自我评价通常需要使用一些心理测验和辅助评价工具，以帮助员工清楚地回答以下问题：①个人的价值取向、自我确定的人生道路和生活方式；②本人知识、技能水平及工作适应性；③个人特质，主要是个人素质、性格、爱好、兴趣和专长等；④自己事业中最渴望的是什么？最有价值的追求是什么？下面具体谈谈自我评价阶段的部分重要工作。

（一）界定职业成功

员工制订个人职业计划，旨在获得职业的成功。那么，什么是职业成功？在现代社会观念中，对职业成功的理解往往仅限于地位、收入的提高和经济上的富足，如果达不到这一标准或在短期内难以达到这一标准，就会被认为是失败者。但是，职业成功的定义不应只有一种标准，个人的职业需求不同、职业目标各异，成功的内涵就会存在差别。个人职业成功应强调员工的心理成功，具体体现在以下几个方面：

①个人的价值取向、能力、性格特征与从事的职业高度匹配，且个人在工作中得心应手，工作成绩获得了普遍认可。

②个人有明确的职业目标，无论是整个职业生涯一直从事某种职业，还是历经多次职业变动，最终个人职业目标得以实现，也是一种职业成功。这种职业目标因个人能力、个性、职业经历而有所不同，有人以成为领袖、教授、专家为荣，也有人以做好本职的普通工作为荣。

③在所从事的职位上，充分发挥个人潜力并取得了突出成绩，本人从工作中获得了自我满足感和成就感，或者得到了组织及同事的认同，也是一种职业成功。

④勇于创新、另辟蹊径，在新的领域或以新的方法有所建树的人，也是个人职业成功的实现方式。

(二) 增进自我认识

员工要想取得职业成功，个人必须具备一些重要的能力和素质。符合实际的自我评价，可以提高员工的特殊能力及目标与工作的匹配水平，并帮助员工在整个职业发展周期保持正确的方向。员工经常使用的自我评价工具，除心理测试外，常见的还有技能评估练习、优/缺点平衡表和好恶调查表。

1. 技能评估练习

技能评估练习的目的是确定员工的技能水平，并对未来的学习发展和职业选择提供指导。可以从两个维度（运用技能的熟练水平、喜欢使用这种技能的程度）来对员工技能进行评分。员工对每一技能评分后，进行加权计算，得到各项技能的得分。得分低于6，则表明该项技能低下，或者员工缺乏兴趣；得分大于等于6，则表明该项技能是员工的强项或兴趣所在。各项技能的得分情况可以用于指导员工选择未来适合自己的职业类型。

2. 优/缺点平衡表

这是一种帮助个人认识自身优缺点的自我评价方法。通过认识自己的优点，员工能最大限度地利用它；而认识自己的缺点，则可以使其注意减少或消除其负面影响。编制平衡表的技巧很简单。首先，员工在一张纸的左边标明"优点"，在右边标明"缺点"。接下来记录个人意识到的所有优缺点。表7-1是员工编制的个人优/缺点平衡表的示例。有效编制和使用平衡表的关键在于诚实和真诚的反省。一般来讲，编制的过程是一个多次自我反省的过程，员工通过不断确认和更新自我评价来深化自我认识。

表 7-1　优/缺点平衡表（示例）

优点	缺点
善于与人共事	与少数人非常亲密
乐于接受任务并按自己的方式去完成	不喜欢受到持续不断的监视
受人称赞的好管理者	不容易跟上级交朋友
工作努力，有旺盛的精力	经常说一些不计后果的话
公正无私	不能坚持一直坐在办公桌旁
在目前的环境中很好地发挥作用	个性保守，个人情感会影响工作的选择
思想开放	许多人认为我情绪不稳定
与重要客户打交道时感到很自在	不擅长制订短期计划，长期计划则好些
一旦明确了工作目标，就立刻着手完成	不喜欢处理琐事
善于组织别人的时间，通过他人干好工作	在只有自己参与的环境中，工作效果不好
性格开朗	
关心那些关心我的人（可能是缺点）	
对同事和下属有大量的感情投入	

3. 好恶调查表

对个人好恶的调查和了解也应构成自我评价的重要部分。好恶调查帮助个人认识到自己的兴趣所在及职业选择面临的约束。某些人不愿住在边远地区，也有些人不喜欢频繁的商务旅行，这都会限制他们的职业选择。因此，认识到这种限制条件的存在，可以减少将来的职业问题。在好恶调查表中，应包括所有可能影响个人工作绩效和职业发展的因素。表 7-2 是好恶调查表的一个示例。那些了解自己的人，更容易做出成功的职业计划所必需的决策。许多人不断地跳槽，就是因为他们未能了解自己的需要和职业偏好，而是以偶然的机会、计划和他人的希望作为自己职业选择的基础。

表7-2 好恶调查表

喜好	厌恶
喜欢旅行	不想在大公司工作
喜欢住在东部	不愿在大城市工作
喜欢做自己的老板	不喜欢整天待在办公桌旁工作
喜欢住在中等城市	不喜欢一直穿套装
喜爱体育运动	不喜欢整天加班，没有业余时间
爱在闲暇时看书、听音乐	

仅有个人对特定职业的兴趣和偏好仍然是不够的，现实的职业选择要求个人必须具备完成工作所需的技能。而通过自我评价，员工可以在明确自己的兴趣和动机的基础上，确定待发展的技能和专业领域。这种发展需要来自员工当前的技能、兴趣与员工期望获得的工作或者职位类型之间的差距。

企业在员工自我评价阶段，可以通过组织职业开发中心和职业发展研讨会来提供协助。职业发展中心可能包括线上或线下的职业发展图书馆、职业发展研讨会以及涉及相关主题（如精力管理、职业成长）的其他研讨会，以及能提供职业发展指导的个人职业教练。职业发展中心还可能为员工提供线上或线下的各类职业生涯发展工具，包括职业评价工具和职业发展规划工具等。

职业生涯规划研讨会也是一种常见做法。它是指一项有计划的学习活动，参与者需要积极参与，完成职业生涯规划练习及各种技能测试，并且参加职业技能实战训练环节。一次典型的研讨会通常包括自我评价、环境评价、目标设定和制订行动计划等多个环节。职业生涯规划研讨会可能由公司的人力资源部主导，也可能由外部咨询公司、当地大学等外部机构组织。参与研讨会通常是自愿的，但企业通过组织研讨会表明了它们对员工职业发展所承担的责任。

二、现实审查（组织评估）

个人的职业规划必须切实可行。个人的职业目标或职业需求，需要与自己的能力、特质相符合，这样的职业规划才有在组织内部实现的可能；同时，个人职业目标的确定，也要考虑周围的客观环境和条件的允许。职业发展规划程序的现实审查，就是组织对员工的技能、知识和绩效的评估，使员工了解公司评价结果，帮助员工确定个人条件是否与公司的规划（比如潜在的晋升机会、横向流动等）相符合。

通常情况下，企业向员工提供的信息，可能来自上级管理人员所做的绩效评估及其后续的职业发展讨论。此外，组织在员工甄选中的一些测评工具也可用于职业发展评估，如管理评价中心、心理测评。企业在组织评估时，还可能使用晋升前景预测、管理继任计划等工具。

（一）绩效评估

绩效评估是最常见的职业发展信息来源。在管理实践中，绩效评估通常被用于对过去绩效的回顾与评价，而非面向未来的绩效改进和指导。面向未来的绩效评估可以向员工提供重要的信息，说明其长处和不足，并为其提供未来职业道路的引导。未来导向的绩效评估不应只是简单的评估，还应把学习和发展建议包含在内，并通过绩效评估强化员工的绩效改进行为和学习意愿。在可口可乐公司的职业管理系统中，员工和管理者在年度绩效评估之后，会进行单独的会谈以讨论员工的职业兴趣、优势及可能参与的开发活动等。

（二）管理评价中心

评价中心作为多种情景练习（如公文处理、无领导小组讨论、管理竞赛、个人演讲等）的组合，通常被用于甄选管理人员。但企业也可以将评价中心用于员工发展用途（有些企业将这类评价中心称为"发展中心"），则强调向员工提供反馈和指导。与面向甄选的评价中心不同，面向发展的评价中心具有以下特点：①更强调开发，评估者被称为"观察者/辅导者"，候选人被称为"参与者"；②在评估过程中，向参与者提供反馈、尝试新行为；③在评估过程结束后，向参与者提供详尽的反馈信息，鼓励参与者了解开发中心的成果（评价数据）；④评价中心关注识别参与者的强项、潜在的开发需求，并形成个人"发展计划"；⑤最终的书面报告具体详尽，有复杂的评价效标，关注每位参与者的独特需求，因而需要引入多样化的练习和任务。由于以上特征，以发展为导向的评价中心所花费的时间往往比以甄选为导向的评价中心更长，成本更高。

（三）心理测评

心理测评也被很多组织用于帮助员工更好地理解自己的技能、兴趣和职业偏好。衡量个性、态度、兴趣的心理测试，都属于这个范围。

（四）晋升前景预测

晋升前景预测是管理者针对下属的发展潜力做出的判断和决策。这种预测使组织可以识别出具有高发展潜力的个人。高潜力人才随后可以得到更多的发展机会（如参加高管研讨班），帮助他们将发展潜力转化为现实的职业成长。

（五）管理继任计划

管理继任计划关注的重点是为出现空缺的高管职位准备继任人选。企业的管理继任计划通过考察企业的战略规划、组织未来走向和挑战，提出高端人才需要具备的能力，进而确定组织内外部的目标候选人。在提出"高潜力人才"清单后，企业需要对这些候选人进行研究和跟踪，定期评价其能力、素质和晋升潜力，并佐以持续的管理开发机会，帮助他们为进入高管队伍做准备。

三、目标设定

目标设定是指员工与企业共同确定员工希望从事的职业类型，以及实现其短期、长期职业目标所须采取的步骤。目标设定的成果，通常表达为理想的职位（如在三年之内成为销售经理）、技能应用水平（如运用个人技术专长优化制造工艺）、工作设定（如在两年内转入公司的营销部门）或技能获得（如三年内熟悉和掌握公司各人力资源专业领域的工作内容和方法）等。这些目标的设定需要考虑企业其他领域的努力，包括人员配备、绩效评估、培训与开发等。在与上级管理人员进行讨论后确定的职业目标，可以明确写入员工的发展规划中。

在目标设定阶段，企业通常会使用个别职业咨询及多种信息服务来确保员工的职业目标、发展需求与企业发展保持一致。

（一）个别职业咨询

个别职业咨询是指以帮助员工为目的进行的一对一面谈，以考察和了解员工的职业理想。讨论的话题可以包括员工当前的工作职责、兴趣和职业目标。职业咨询可以由管理者或人力资源专业人员来进行，也可以由外部专业咨询师来进行。如果由直线管理者提供职业咨询，则人力资源管理部门通常会监控面谈的结果，并向直线管理者提供相关的培训、建议。由直线管理者提供职业咨询有明显的好处：管理者在工作互动中对员工的优势和劣势有最充分、及时的了解；管理者了解员工的职业发展目标，有助于促进双方的信任和承诺。

（二）多种信息服务

企业在目标设定阶段的另一个重要工作，是向员工提供职业发展的信息，包括组织内部的职位空缺、可选择的职业发展路径以及其他的职业发展资料。决定如何使用这些信息则主要是员工的责任。由于目前企业中员工兴趣、期望的多元化，这样做充分尊重了员工在职业规划与管理中的自主权。企业通常提供的信息服务包括职位空缺公告、员工技能记录、职业轨迹和职业资料中心。

四、行动规划

在这一阶段，员工将和企业一起确定实现自己长短期职业目标的行动路线。职业发展的行动规划中应与企业的培训开发系统、员工配置及内部职位流动的机会相结合。在职业发展的行动规划中，应特别关注员工职业生涯阶段的影响，以及运用职业轨迹引导员工主动开展职业管理。

（一）不同职业生涯阶段的规划

在职业生涯的各个阶段，职业规划都是很有必要的，但典型的职业有三个时点尤其重要。新员工的第一个职位、第一项任务对于他们未来职业的塑造有着重要意义。处于职业生涯中期的员工面临的压力和责任不同于新员工，但是他们也有一个转折点：备受关注的职业发展停滞期。面临退休的老员工则面临一个经济、社会和人际关系方面的不确定的未来。企业需要在职业发展规划中有针对性地分析和应对不同员工的不同需要。

1. 新员工的职业发展行动规划

新员工根据个人期望选择职位，对于接受了高等教育的新毕业生而言，这种期望包括发挥个人能力和承担工作责任的机会，他们希望能利用既有的知识在企业中获得赏识和升迁。但是，新员工往往会在最初的职业阶段感到失望，从而在未来的职业发展中遇到困难，甚至选择离职。导致新员工在最初职业中感到失望的主要原因有：①新员工在第一份工作中面临的挑战往往低于其能力，员工认为自己无法在工作中充分展示个人能力；②员工的高自我评价和对职业机会的高度预期，使员工面临巨大的"现实冲击"，员工在工作中感到的个人成长及自我需要的满意程度较低；③管理者对新员工的工作绩效缺乏有效的评估、反馈和指导。

大量的研究和实践表明，许多不同的管理培训有助于留住和发展年轻的、有才华的员工。其中，真实工作预览（RJP）可以向新员工提供关于企业、工作职位的真实信息，帮助新员工了解工作中的机会和可能的障碍。在新员工入职后，企业为促进新员工的职业发展，应当鼓励新员工的上级主管进行恰当的工作任务安排。成功实施这项政策需要管理者承担一定的风险，因为管理者对下属的工作表现负有责任。如果分配的任务超过下属员工的能力范围，管理者和下级将共同承担失败的损失。因此，通常只有在下级证明其能力之后，管理者才会愿意通过日益增加任务难度和挑战性来培养下属。然而研究表明，最初经历的工作挑战有助于提高新员工在未来的工作效率。如果企业分派的工作本身缺乏挑战性，新员工的上级可以通过任务强化，激励那些有着强烈成长和成功愿望的新员工。通常强化任务的方法包括赋予新员工更多的权力和责任、允许新员工直接与顾客沟通，以及允许新员工实践自己的想法（而非单纯向上级提出个人建议）。上级的管理风格也会影响员工在职业早期的发展。对员工保持积极期望的上级，会从最开始就为员工设定可以实现的、有挑战性的工作目标，通过指导和咨询的方式帮助新员工，并认可和奖励新员工的工作绩效。这种早期经历不仅有助于留住员工，同时还将使员工为职业中后期的发展做好准备。

2. 职业中期的职业发展行动规划

达到发展中期阶段的管理者和其他员工是企业中的关键人物。他们占据着企业的重要职位，经济收入较高，但职业成功的同时也隐含着严重的职业危机，如面对获得更大成功的压力、中年危机和未来将步入职业下降通道的担忧。也有很多管理者在职业中期可能遇到发展停滞期，由于企业高层职位较少，或个人能力、素质的欠缺，很难获得进一步的职位晋升机会。如果缺乏对职业中期管理者和员工的职业咨询与引导，他们将可能出现职业倦怠、沮丧、健康问题乃至最终离职。因此，这一阶段的有效职业生涯发展规划，将能使企业和员工共同受益。

在职业中期，培训开发是管理者职业发展的一个重要手段。这一做法的重要性不仅在于提高技能、增进知识和提升职业发展的潜力，更在于培训向管理者传递了一个信息：公司对管理者的职业发展感兴趣，管理者仍然是公司需要的、有价值的人才。这一信号传递对于管理者的心理意义重大。除了提供培训开发机会，企业还可以就职业中期的问题向管理者提出现实可行的备选方案。例如，企业可以在缺乏晋升机会的时候，为管理者提供组织内部流动和改变工作职责、工作地点的机会（调整职业轨迹），增加管理者的职业选择机会。

员工在面对职业中期危机时，可能主动重新设计职业方向或改变其职业抱负。员工可能减少工作参与，追求工作之外的自我发展，更多地关注家庭与个人生活质量；也可能减少对工作本身的关注，将注意力放在组织的外在报酬上（如薪资、安全、工作条件等）。员工如何应对这一职业中期的转变，会因其职业锚而有所不同。管理型和安全型职业锚的员工，其成功主要取决于组织的奖酬和来自组织的机会，一般不会轻易减少工作参与或重新设计职业方向、改变职业抱负，他们被工作锁定，无法放弃既有的职业成就模式。而创造型、自主型职业锚的员工，在面对职业停滞期时会倾向于重新定义职业目标，更快地实现职业转型。技术职能型职业锚的员工则有较大的适应性，可以继续争取组织内的职业成长，也可以从事咨询、培训等工作，能更好地做出职业中期的调适。

3. 退休前的行动规划

从组织的视角来看，退休是使员工在职业后期有序退出企业的方式。然而，退休对很多人而言，都意味着人生阶段的重大调整和改变。退休对员工的影响具体表现在：①退休后员工将完全依赖自我管理安排生活，不再有外在的管理者来安排工作目标和工作时间；②员工退休后不再归属于某一工作团体，而这一工作团体多年来构成了员工的主要社会结构和心理寄托；③工作绩效是员工成就感和自尊的源泉，离开工作职位的退休员工无法再从工作中获得满足与自尊，同时丧失了相应的职业地位。针对个人面对的诸多问题，很多企业都尝试进行退休管理，从而使员工从工作到退休的转换更为平稳顺利。企业中常见的退休前职业发展行动规划，通常包括减少即将退休员工承担的工作责任和任务量，安排一些由人力资源部门发起的专题研讨、会议和咨询活动等，帮助员工接受一个逐渐下降的角色，并鼓励他们将经验、工作技巧传授给未来的继任者。

（二）职业轨迹的引导

设置职业轨迹，是组织职业发展规划的核心内容。职业轨迹是指员工在单个企业内的职业变换形成的柔性路线。大多数企业中的职业轨迹都表现为非正式的形式，但如果企业能正式定义和记录职业道路，将能更好地引导员工自主进行职业管理。职业轨迹通常分为以下几种：

1. 传统职业轨迹

传统职业轨迹是员工在组织里，从一个特定的职位层级到下一个职位层级的纵向发展途径。假定每一个当前职位是下一个较高层职位的必要准备，员工就必须逐级变换职位，以获得他所需要的经验和资历。传统职业轨迹的优势是它一直向前延伸，清晰地展示于员工面前，使员工清楚地了解自己必须向前发展的特定职位序列。传统职业轨迹也存在缺陷，即企业因合并、紧缩、停滞及重组，管理职位的数量大量缩减，从而使传统职业轨迹的可能性大大减少。

2. 网状职业轨迹

网状职业轨迹，是纵向发展的职位序列与横向发展机会的综合交叉。这一轨迹承认某些层次的工作经验之间具有可替换性，使员工在纵向晋升到较高层职位之前拓宽和丰富本层次的工作经验。与传统职业轨迹相比，网状职业轨迹结合了纵向和横向的职业选择，减少了职业轨迹堵塞的可能性。但对员工而言，它不及传统职业轨迹那样方向清楚明确，在个人职业目标与组织意愿之间保持一致的难度也会更高。

3. 横向职业轨迹

传统职业轨迹，是向组织中较高管理层的升迁之路。网状职业轨迹，基本上也是管理层职位上的升迁和为升迁做的准备。这两条职业轨迹都存在适用面小的问题。对相当数量的员工来讲，采用横向工作职位调动能使员工焕发新的活力，迎接新的挑战，更具有现实性。尽管这条道路可能没有职位晋升和相应的地位改变，但员工可以学到新的技能和知识，提升自己对组织的价值，使自己获得新的发展机会。尤其对处于职业中期的管理者，这是一条行之有效的职业轨迹。

4. 双重职业轨迹

双重职业轨迹，最初被用于解决受过技术培训、只想当技术专家却不想成为管理者的员工的职业发展问题。后来，这一轨迹又扩展到其他专业人员，如工程、销售、财务、市场、人力资源等专业领域。技术人员与专业人员往往希望在专业领域内有所建树，而不愿从事一般管理工作，但传统职业轨迹为优秀专业技术人员提供只能晋升到管理部门、增加管理责任的机会，这很难使具有技术职能型职业锚的人才感到满足。通过设计双重职业轨迹，专业技术领域的员工可以通过增进自己的专业知识为企业做出贡献并得到相应的回报，也可以寻求晋升到管理层。不论是管理轨迹还是技术轨迹，企业都会提供有吸引力的职位头衔和报酬机会。双重职业轨迹在高科技行业（如电子、信息、化学及生物医药等）中最为常见。双重职业轨迹不是将合格的技术专家培养为拙劣的管理者，而是允许组织既可以选拔高水平的管理者，也培养高素质的专业人员。

组织在了解员工个人职业需求、判明其需求合理性和现实可行性的基础上，根据自身发展的需要及资源条件，具体策划员工职业目标实现的途径，内容包括：①沿着各条不同职业轨迹转移或流动的人数、具体的工种和职位；②发生职业流动或转移的原因；③员工职业转移或流动预计发生的时间；④安置去向；⑤具体实施方案与政策、措施。

第三节　企业职业管理系统

一、企业职业管理：实践与创新

企业在职业发展方面投入的努力，可能很简单，也可能内容众多、极为复杂。简单的做法是公布职位空缺和推进学费报销计划，在员工职业发展过程中提供必要的资源和机会。复杂的职业发展系统则会安排正式的职业发展中心，并为员工提供多个领域的职业发展机会。

传统企业为了增进职业管理系统，实现组织的人力需求、配置与员工个人职业规划之间的整合，需要对人力资源管理的各项子职能进行调整和再设计。具体来看，这种调整可能包括以下方面：

（一）整合人力资源计划

优化人力资源计划过程的现状评估、未来人力预测、人力调整计划等项目，通过管理继任计划、内部晋升和调动安排，帮助员工从事更具挑战性、与个人兴趣目标更契合的工作，有助于其未来的职业发展。

（二）设计职业生涯轨迹

整合相关工作族，建立企业内部的素质模型库，明确各职位需要的素质与技能，以备员工查询。根据职能或组织单元设计并建立明确可行的职业轨迹。

（三）及时提供内部流动、职位空缺的相关信息

利用内部刊物、内部网络公告、社群，传播职位空缺信息。

（四）为员工提供职业测评工具

为员工提供系统化、全面的职业测评工具，帮助员工了解个人在组织架构下的职业发展潜能，供其在职业生涯规划时参考。针对被评估员工的优势、劣势，协助其构建个人职业生涯发展方案。

（五）进行职业生涯辅导

根据员工的个人需求，组织提供适当的咨询人员与员工就职业生涯的相关话题进行咨询和建议。咨询人员可以由直属上级、人力资源专业人员担任，也可以外包给专业的职业咨询机构。

（六）教育与培训的安排

通过职位轮换、指导制、研讨会、拓展性项目、教育协助及学费补助计划等，使企业的培训发展项目成为帮助个人在组织内部实现职业发展的重要资源。

在事先拟订个人职业生涯规划的基础上，通过职业轮换学习不同领域的专业知识与技术，增加管理能力的广度，并获得不同的观察视角。

（七）采用合适的激励措施

在绩效评估中，增加个人发展计划的目标设定。在薪酬和福利的分配中，增加与员工成长、领导力培育相关的项目，如自助餐式福利中的学费补助、针对个人发展的特别奖金、社会认可、晋升等。

（八）配合其他例行人员管理措施

如休长假、弹性工时等，调动不适任员工，将员工个人发展、生活工作平衡纳入考量。员工在企业内部的流动，如晋升、工作调动等，也都可以作为职业管理的有效手段来使用。

二、企业的内部晋升决策

晋升是指一种向上流动，即向一个更具有挑战性、需要承担更大责任及享有更多职权的新职位流动的过程。晋升往往与员工心理上的满足和物质报酬（如自我价值感增强、薪资及职业地位提升等）联系在一起，因此，员工很容易将晋升与职业发展联系在一起。也正因如此，企业的晋升决策是员工最关心的敏感话题，企业做出晋升决策的方式也将极大地影响员工的工作动力、工作绩效以及献身精神的强弱。企业晋升决策主要有以下三项：

（一）决策一：晋升的依据——资历？能力？

晋升决策中首先要考虑的问题，就是以资历为依据还是以能力为依据，或者是二者兼顾。以资历为依据晋升的好处在于，员工在组织中工作年限长短和资历深浅是决策的主要依据，标准明确，简单易行，有助于培养员工对组织的归属感和安全感，但这种晋升标准容易造成员工"不求有功，但求无过"的心理，会阻碍人才的合理流动和对杰出人才的开发留用。因此，从员工激励的效果来看，以能力为依据晋升是最好的。

然而，能否将能力作为唯一的晋升依据取决于多种因素，包括企业中是否有明确的能力和绩效评估制度。在实践中，更常见的做法是兼顾能力和资历，如"在需要提拔员工时，若员工的工作能力、绩效及素质相同时，应优先考虑资历较高的员工"。这就意味着，通常只有在两位员工的能力有显著差异时，企业才会优先提拔资历较浅者。

在做出晋升决策时，还应考虑不同职位的任职资格要求与个人能力、素质的匹配关系。最有效的晋升，是根据员工的才能、特质和潜在素质，将其放在需要这类才能特质的职位上，实现人与职位间的最佳匹配。企业的晋升决策，应考虑对个人各类能力的具体评价，以便做出最恰当的晋升决策。

（二）决策二：对能力的衡量

当晋升是以能力为主要依据时，企业必须决定如何界定和度量员工能力。对员工已取得的工作绩效进行界定和度量是相对容易的：工作职责的界定是清楚的，工作目标也已确定，企业可以据此分析记录员工的工作绩效。但是，在进行晋升决策时，还要求对员工的未来工作潜力做出评价，企业需要制定一些有效的程序来预测候选人的未来工作绩效。为简化起见，许多企业以过去的工作绩效为标准，来推断或假定员工在新的岗位上的工作表现。也有一些企业运用测试工具来评价员工胜任新职位的可能性，判断这些员工在管理方面的发展潜力。评价中心技术也常被用于评价员工的管理潜力和晋升可能性。

（三）决策三：晋升过程——正规化？非正规化？

在晋升问题上，企业还需要做出一项决策：晋升是否应遵循一个正规的决策程序。许多企业依靠非正式渠道来提升员工。在这些企业中，是否存在空缺职位以及空缺职位的任职要求等信息往往是保密的。企业的管理者从自己认识的员工中，根据对员工的个人印象做出晋升决策。但这种做法有很多弊端，其中最大的问题是：当企业不让员工了解企业中的职位空缺、晋升标准以及晋升的决策依据时，工作绩效和晋升的正相关关系无法建立起来，晋升作为激励工具的效用就大大降低了。因此，许多企业制定并发布了正规的晋升政策和晋升程序。在这种情况下，企业向每一位员工提供正式的晋升政策解释，详细说明员工获得晋升的资格要求。此外，一些企业利用 HRIS 系统汇编合格员工的详细信息来进行晋升决策，另一些企业则运用组织更替图来帮助决策。设计正式的晋升程序可以确保在出现空缺职位时，所有合格的员工都能被考虑到；从员工的角度来看，晋升成了一种与工作绩效紧密相关的奖励。

三、企业的内部调动管理

调动是指一种企业内部的水平流动，是指员工接受一项在公司内部不同领域的新工作安排，其中可能不涉及工作职责的增加或薪资水平的上调。这种横向的职位调整对员工职业发展的有利影响，往往容易受到企业和员工本人的忽视，但在晋升机会有限的情况下，工作调动应被作为重要的员工开发手段。如果员工能经常面临新的工作挑战、承担新的工作职责，从工作过程中获得的经验和技能将远远超过从正式发展活动中学到的。研究表明，具有以下特征的员工更容易接受调动安排：具有较高的职业抱负，对自己在公司中的未来充满信心；认为接受工作调动是个人在公司中取得职业成功的必要条件。这类员工将工作调动视为开发工作技能、获得长期职业成功的机会。

研究发现，员工还可以通过工作调动实现心理满足。工作满足感与一个人从事特定职位的时间长短密切相关。在从事特定职位的最初半年里，员工充满了新鲜感，有检验自身知识和能力的愿望，以及达到工作成效的激情。在接下来的五年间，个人关注于尽快了解、熟悉工作和适应工作要求。此时，工作丰富化、工作再设计等方案会对员工的工作兴趣和动机产生很大的正面作用。但是，当一个人从事特定职位超过五年时，其工作满足感的影响因素转向了工作的外部因素，如管理监督水平、工作场所的人际关系、工作环境与条件、薪酬福利等，同时出现工作进取心不足的潜在风险。企业对此类问题的预防措施就是制定出明确的工作轮换/调动方案。为此，组织需要做好三个方面的工作：①复查每一位连续在同一职位上干了五年以上、正处于职业中期的员工或管理者的人事档案；②评价上述员工的工作，了解其工作专长、能力素质；③了解员工的价值取向、需求及未来打算等。在此基础上，组织制订和实施具体的工作调动方案。员工经过工作调动得到了发展新技能的机会，会重新激起职业新鲜感和兴趣，增强工作活力和努力水平。

第四节　团队管理

一、团队概述

(一) 团队的含义

群体泛指本质上有共同点的个体组成的整体，如旅游团、观看球赛的人群、在同一单位工作的人、在一个教室里上课的学员、在同一个医院上班的医务人员。团队是按照一定的目的，由两个以上的组织成员所组成的小组，他们彼此分工合作，沟通协调，齐心协力并共同承担责任。也就是说，一个群体要成为团队，该群体必须具有共同的愿望与目标，和谐、相互依赖的关系，以及共同的规范与方法。

团队与群体存在诸多区别，如表7-3所示。

表 7-3　团队与群体的区别

比较点	团队	群体
领导人	不一定有，尤其团队发展到成熟阶段，成员共享决策权	有明确的领导人
目标	团队可以产生自己的目标	必须跟组织保持一致
协作	一种齐心协力的气氛	协作性可能是中等程度的，有时成员还有些消极，有些对立
责任	除了领导者要负责之外，每个团队的成员也要负责，甚至要一起相互作用，共同负责	领导者要负很大责任
技能	成员的技能是相互补充的，把不同知识、技能和经验的人综合在一起，形成角色互补，从而达到整个团队的有效组合	成员的技能可能是不同的，也可能是相同的
结果	结果或绩效是由大家共同合作完成的产品	绩效是每一个个体的绩效相加之和

团队与群体最主要的区别表现为以下两点：

①在群体中，成员通过相互作用来共享信息，做出决策，帮助每个成员更好地承担起自己的责任；团队则是一种为了实现某一目标而由相互协作的个体组成的正式群体。可以说，所有团队都是群体，但只有正式群体才有可能成为团队。

②群体中的成员不一定要参与需要共同努力的集体工作，他们也不一定有机会这样做。因此，群体的绩效仅仅是每个群体成员个人贡献的总和。在群体中，不存在一种积极的协同作用能使群体的总体绩效水平大于个人绩效之和。团队则不同，它通过成员的共同努力，产生积极协同作用，团队成员努力的结果使团队的绩效水平远大于成员个体绩效的总和。

了解团队与群体的区别有助于理解为什么现在许多组织围绕团队重新组织工作过程。他们这样做的目的是通过工作团队的积极协同作用提高组织绩效。团队可以为组织创造一种潜力，能够使组织在不增加投入的情况下提高产出水平。

1. 按照团队存在的目的和形态进行分类

（1）自我管理型团队

自我管理型团队是与传统的工作群体相对的一种群体形式。传统的工作群体通常由领导者来做决策，群体成员遵循领导者的指令。而自我管理型团队则承担了很多过去由领导者承担的职责，如进行工作分配、决定工作节奏、决定团队的质量如何评估，甚至决定谁可以加入团队等。

自我管理型团队能够很好地提高成员的工作满意度，但是有人发现，与传统的工作群体相比，自我管理型团队的成员离职率和流动率偏高。

（2）问题解决型团队

问题解决型团队常常是为了解决组织中的某些专门问题而设立的。团队成员通常每周利用几小时时间讨论改进工程程序和工作方法的问题并提出建议，但他们通常没有权力根据这些建议单方面地采取行动。

（3）跨职能团队

有的团队是由来自组织内部同一层次、不同部门或工作领域的员工组成的，他们合作完成包含多样化任务的一个大型项目，这样的团队就是跨职能团队。跨职能团队打破了部门之间的界限，使来自不同领域的员工能够交流沟通，有利于激发出新的观点，协调解决复杂的问题。有很多汽车和飞机制造企业就利用跨职能团队来解决工作中的复杂问题，如波音公司新型客机的设计和生产就是由设计人员、生产专家、维修人员、客户服务人员、财务人员及顾客组成的 8~10 人的跨职能团队来完成的。这样做不但提高了效率，降低了成本，在进行产品设计时还能充分考虑来自客户的意见。

2. 按照团队在组织中发挥的功能进行分类

（1）行动—磋商团队

行动—磋商团队通常由拥有较高技能的人员组成，这些人员共同参与专门的活动，每个人的作用都有明确的界定，如医疗团队、运动团队、乐队、谈判团队。行动—磋商团队以任务为中心，具有不同专门技能的团队成员都对成功完成任务做出贡献。团队面临的任务十分复杂，有时是不可预测的。

（2）生产—服务团队

生产—服务团队通常是由专职工人组成的，成员从事的工作是按部就班的，能很大程度上实行自我管理，如生产线上的装配团队、民航客机的机组人员、计算机数据处理团队等。

（3）建议—参与团队

建议—参与团队主要是提供组织建议和决策的团队。大多数建议—参与团队的工作范围都比较窄，不占用大量的工作时间，成员在该组织中还有其他任务，如董事会、人事或财务的专业顾问团队、质量控制小组等。

（4）计划—发展团队

计划—发展团队是由技术十分娴熟的科技或专业人员组成的。这类团队的工作时间跨度一般比较长，有时他们可能需要很多年才能完成一项发展计划，如设计一种新型汽车；有的时候也可能是组织中承担研究工作的永久性团队。常见的计划—发展团队有科研团队、生产研发团队等。

（二）有效团队的特征

一个有效的团队一般是由技能互补、相互信任，有共同目的、共同业绩目标，相互负责任的少数人组成的。有效的团队具有竞争的优势，并能极大地提高企业的绩效。一般来说，有效的团队具备以下几个特征：

1. 拥有共同的愿望和目标

共同的愿望使团队的存在有了基本的主观条件，共同的愿望和目标中包含着团队成员个人的愿望和目标，反映了成员个人的意志和利益，从而使成员具有强烈的认同感、归属感和责任感。只有这样，团队成员之间才能肝胆相照、同舟共济，面对问题才能积极参与，为团队贡献自己全部的才能和智慧。

2. 拥有高效而成熟的团队领导

领导者的角色在团队中的作用举足轻重。领导者个人的素质、性格、管理方式和风格对团队的形成和效率有着决定性的影响。如果领导者是高素质、民主型的，就能使团队内部的沟通通畅而充分，能将自己的理想、热忱、活力传播到整个团队中；如果团队领导者是专制型的，团队成员很难畅所欲言，也不会富于创造精神，信息就会堵塞，不能畅达；如果领导者是放任自流型的，团队沟通就会漫无目的，缺乏自觉性、主动性，就不可能及时得到反馈意见，团队的沟通效率会很低。

3. 能够进行高效的沟通

团队拥有健全的正式和非正式的沟通渠道。团队始终是企业内部问题的发现者和解决者，以及任务的接受者和思想的创造者。团队可以拥有这些功能，正是因为团队的沟通基本是无滞延的；沟通的气氛是充分坦诚、开放的；沟通的层次是少而精的，信息传递迅速，反馈和保真度极高。成员可以通过团队会议充分发表自己的意见，也能接纳他人的意见，并能建立有效的反馈系统。团队内部有一些约定俗成并共同遵守的规范、条例，并有一些集体默认的行为方式。

4. 拥有高素质的成员

团队中每位成员都有过硬的专业知识、独到的技能和经验，团队成员应相互负责、相互学习、相互帮助。他们讨论并决定任务和角色，一旦达成一致，所有成员都会全力支持、热情高涨地投入工作。

因此，高效的团队应有共同的愿望和目标，成员应团结一致，互相负责，领导者应具有较高的工作效率，富有远见和热忱，能够很好地授权，而其沟通渠道应是畅通开放、少层次、全方位的。此外，团队成员间的角色因经常发生变化，所以团队所有成员都应具备丰富的谈判技能，并且团队最好能赢得团队内外的充分支持。

（三）团队文化

1. 团队文化的含义

团队文化是指团队成员在相互合作的过程中，为实现各自的人生价值，并为完成团队共同目标而形成的一种潜意识文化。团队文化是社会文化与团队长期形成的传统文化观念的产物，包含价值观、最高目标、行为准则、管理制度、道德风尚等内容。它以全体成员为工作对象，通过宣传、教育、培训和文化娱乐、交心联谊等方式，最大限度地统一成员意志、规范成员行为、凝聚成员力量，为团队总目标服务。

2. 团队文化的构成

团队文化由人、共同目标、团队的定位、权限与计划等要素构成。其中，人是构成团队最核心的力量；共同目标为团队成员导航，让团队成员知道要向何处去；团队的定位是要明确团队由谁选择和决定团队的成员，团队最终应对谁负责，团队采取什么方式激励下属等问题；权限是指明确团队在组织中及团队内部人员的权限；计划是指明确实现目标的计划及步骤。

3. 团队文化的特征

①团队文化与团队所在企业的企业文化是相关联的。

②团队文化是一个整体，是在共同的兴趣、相互的义务、长期的合作、密切的友谊，以及长期一起工作和一起接受工作挑战中产生的一种社会交往方式。

③团队文化鼓励创新和冒险，也具备一定的容错能力。

④团队文化是一个不断形成的过程，它通过团队中的行为举止、政策、程序、规范、计划、领导风格，以及团队中个人和集体所起的作用逐步地反映出来。

4. 团队文化的功能

①凝聚功能。凝聚功能是指团队成员在共同的价值观和理念下相互信任，彼此和谐一致，从而激发出强烈的归属意识，并最终融为一个团结的整体。它体现为团队对成员的吸引力和成员对团队的向心力两个方面。

②激励功能。激励功能是指团队把成员视为最为宝贵的资源，团队在激励机

制设计上更加灵活，其目的就是充分激发成员的主动性和创造性。

③导向功能。导向功能是指团队以大家认可的价值观、理念和规范指引成员为明确的团队目标而努力工作。

二、团队建设

（一）团队成员的不同角色及其职能

作为一个团队的领导者，必须了解不同类型的团队成员的优缺点，必须明确他们的角色，发挥他们的长处，这样才能使团队高效运作。

研究人员对团队中成员所扮演的不同角色进行了研究，提出了许多关于团队角色的理论，最有代表性的是贝尔宾团队角色理论。贝尔宾将团队角色分成以下几种类型：

1. 带头人

带头人是一个有独创性并自己订立规则的人，他能找到独创的方法来解决问题，但对工作细节问题却缺乏耐心。带头人需要小心地处理团队问题，但他可以为团队工作开拓新领域。

2. 协调人

协调人是团队中必不可少的成员。他有能力主持会议，帮助成员明确其目标及做出明智的决策。协调人最主要的优点是协助其他成员工作并使其更有效率。

3. 骨干人员

骨干人员是确定团队工作进展速度的关键人物，他们在压力之下能工作得很出色且具有克服工作障碍的动力。但他们可能对别人的感觉并不敏感，他们的批评使别人恼火。如果团队里有骨干人员，就可能需要经常对他们进行约束。

4. 团队工作者

团队工作者很喜欢在团队中工作，他细心聆听其他成员的意见，并且建设性地与他们共同工作。他讨厌争论，尽量避免争论。如果团队中有专断的成员，团队工作者可以起到镇静的作用。他不是天生的领导者，并易受其他人的影响，很难做出决策。

5. 执行者

团队工作都需要执行者。执行者懂得将策略变成事实，是可靠、高效的工作成员。他们是拥有较高技术才能、在特殊领域工作的专业人员，他们可能很不灵活，但能谨慎地采纳新观念。他们可能不像其他成员那样性格外向，也许还会被性格开朗的人低估。团队领导要确保其他人了解执行者的价值。

6. 完成者

完成者是责任心极强的人，能胜任项目的细节性工作。他们经常为工作担心，并且宁愿自己多做一些，而不愿将责任推给其他人员。其他成员可能会因为完成者对细节过于强调而不耐烦。团队领导要帮助他们将眼光放远一点，而且要时常帮助完成者抓紧时间，并更有效地利用资源。

7. 监督评估者

监督评估者能严谨慎重地估量情况，做出审慎周密的判断。他具有战略性眼光，能够做出对项目最有利的决定。因为监督评估者的专业水平高，他对成员的工作要求很苛刻，不要指望他会提出创造性的想法，或希望他能激发别人工作。监督评估者可能会与资源研究员或骨干人员发生冲突。

8. 资源研究员

资源研究员有无限的精力，尤其是在项目建设的初期。资源研究员是良好的沟通者，经常是其直接接触投资商并说服投资商支持项目。一旦项目动工，资源研究员就会渐渐对项目失去兴趣，在项目执行阶段较少发挥作用。

9. 专家

专家有特定的、相当狭窄的专业领域的技术知识，这些知识对项目来说很重要，但项目并不一定对专家重要。他可能只因为团队需要他的专业知识而感到兴奋。虽然团队需要专家的技术和经验，但不能期望他会全心全意地为项目团队做贡献。

作为团队的领导者，需要知道团队成员的薄弱环节，同时为他们提供所需资源和支持他们在自己最强项上发挥潜能。有时候有必要改变团队结构，以避免项目团队里有过多的带头人和骨干人员，使团队结构不均衡。多引进一些团队工作者、执行者、完成者和监督评估者，可以持续稳定团队，甚至可以让有相应特征的人担任骨干或行政要职。职位相对低的成员也可能有避免正常工作出错的才能。相反，如果成员过于墨守成规，团队的领导者应该激励他们，让他们与骨干人员和带头人交流思想。团队的领导者还可以同项目发起人召开会议，或引进一位咨询顾问帮助成员提高某方面的技能，提高他们的理解能力。团队的领导者可以计划在整个项目过程中定期举行这样的合议。

（二）团队领导与领导力的发挥

在一个高效的团队中，领导者所起的是"教练"和"后盾"的作用，他们对团队提供指导和支持，而且必须经常性地在权力下放与权力控制、指令式风格和协商式风格之间做出分析、判断和比较。领导者的主要任务不是如何控制下级，而是改变组织内部权力的运用方式，改变对员工的绩效评估体系，为团队营造一种相互尊重的人际氛围，以确保团队成员的自信心并拥有共同的信念。

1. 团队领导的类型

理论界常常将团队领导分为赤字型领导和先锋型领导两种类型。

（1）赤字型领导

赤字型领导善于寻找团队的薄弱环节，及时进行补差，主动提供各种资源。这种领导注重团队对领导者的要求，认为团队成员具有强烈的创造欲和求知欲，他们勇于承担责任。领导的责任是积极为团队成员提供发挥其聪明才智的空间，注重培养、鼓励、支持下级。团队如果欠缺活力，领导者应通过改变组织结构和内部权力运用方式来增加活力；团队如果欠缺控制，领导者应通过完善制度和规范来控制。随着社会的发展，赤字型领导越来越显示出其优势。

（2）先锋型领导

先锋型领导事事身体力行，试图通过榜样的力量灌输给团队成员同样的品质。他们往往认为下属缺乏积极性、主动性和创造性，不愿也不敢承担责任，需要领导者提供方法和指导，强调领导对团队的要求及如何激发成员的能力。

2. 建立高效、规范团队的主要措施

（1）使团队成员互补

作为团队的领导要充分考虑团队任务的特点，如果在创造性方面和技能的多

样性方面对任务的要求不高，就应尽量补充具有相似态度、价值观和背景的成员，这样团队成员之间易于交往和沟通。如果团队的任务需要多种技能和大量信息输入，就应注意成员间的技能互补，给团队成员分配适合他们的不同角色，使个体能够给团队带来最大的个人优势，使团队成员的个人偏好与团队的任务分配相一致。

（2）明确团队的目标

目标是团队存在的理由，也是团队运作的核心动力。没有目标的团队只能走一步看一步，处于投机和侥幸的不确定状态中。在目标的指引下，团队成员才能拧成一股绳，劲往一处使，不断朝着既定的方向前进；同时，团队成员共同参与决策，使成员自觉致力于自己参与确定的目标，团队则为成员提供可靠信息和各种资源，但应避免领导独裁专断。

（3）使团队维持小规模

团队规模越大，成员越会感觉到自身的不重要；而小的团队规模（但足以完成工作），可使个体感觉自己是重要的贡献者，这样团队内部容易进行深层沟通，相互的信任度也高。

（4）维持团队进入的高门槛和高标准

要使团队成员对团队有较强的归属感，就要让他们跨入团队的门槛时有一定的难度，只有经过有相当难度的面试、笔试竞争，并通过不断的培训和教育，才能使团队成员为自己的这种身份感到自豪。身为一支高效团队的成员，本身就是荣誉的象征。

（5）营造团队内部开放性的信息交流气氛

团队内部允许不带个人冲突和偏见的不同意见存在，支持在可接受范围内进行不同的实验，团队成员能够坦诚交流，共享信息，领导者要提供定期的信息反馈，并做好在信息和技术方法上的指导与建议。

（6）从团队外部引入挑战

从团队外部引入挑战，可使团队清楚自己的目标，而且在和其他团队的竞争中，使成员之间更紧密地团结，增强团队的凝聚力。

总之，团队领导应该成为战略的制定者。战略思想需要通过不断培训和教导及清楚到位的沟通，才能使团队成员达成共识。团队领导还应是信息沟通者，具有较好的沟通技能和沟通愿望，能够在内部沟通中当好信息的收集者、控制者、传播者和协调者，在外部沟通中当好信息联络者、公关者和信息集散枢纽。团队的领导应成为出色的"教练"，能够很好地担负起对下级进行辅导和培训的工作。团队绩效的高低在一定程度上取决于对成员的潜能开发和利用的程度。作为"教练"，团队领导应客观地认识下级的优缺点，以正确的心态和良好的辅导技巧去挖掘下级的潜力，强化他们的正向行为，改变他们的消极行为。团队领导还应是企业文化的创建者和变革者，积极倡导团队的核心价值观，做一个有创新精神、能与时俱进的领导者。团队领导还应是团队资源的良好配置者和危机冲突的有效管理者。

（三）团队建设的阶段

良好的团队并非一日组建而成，团队的形成要经过几个发展阶段。人们通常把团队的建设分为组建、磨合、规范、致力和解体五个阶段。这几个阶段是沿着团队工作曲线发展的，在开始期（组建阶段）较为低效，最终变得较有组织性和重点性（规范和致力阶段）。应该指出的是，每个团队的发展都要经历组建这一阶段。有些团队能迅速经过各个发展阶段到达鼎盛；而有些团队则发展缓慢，需要较长的时间才能产生效益。但是，并非所有团队都能发展和保持高效的工作，有些团队可能永远踏步于第一阶段。那么，与其浪费时间解决团队如何攀升工作曲线，还不如解散这类团队，让他们重新组建其他团队。

1. 组建阶段

组建阶段是团队发展阶段中人员的首次聚集阶段。在这一阶段，团队成员关注的是如何适应团队的工作及自己在团队中的作用。有些新成员担心自己能否为团队带来贡献，并且还会思考以下问题：

①我为什么加入此团队？
②我能否信任团队中的其他成员？
③团队的规则是什么？
④团队的重要性如何？

在团队发展的第一阶段，团队成员都在尝试各种习惯做法，他们更为关注的是与其他成员建立关系和整个团队的构成，而无暇考虑团队组建的目的和应完成的工作任务。人际沟通也较为和谐，相互都在谨慎行事。在团队发展的第一阶段，人们常伴有焦虑的心情，工作效率普遍较低。这时的"团队"不是实际意义上的团队，因为这时的组合缺少凝聚力，不能致力于共同的目标。

2. 磨合阶段

磨合阶段是团队成员尽力试图明确团队目标和价值的阶段，各种冲突正是在这一时期出现的。组建初期的礼貌、礼仪被打破，团队成员开始在团队中扩大自己的影响力并寻找自己的恰当位置。一些团队成员可能在这一阶段失去原有的幻想，他们放弃了早期的美好憧憬而更为务实地面对现实，并且意识到完成目标的严峻性。此时，由于团队的规定、准则还未制定，很可能会出现一两名成员来控制团队活动的局面。团队成员中会出现戒备、试探和相互指责的现象，或是因进展缓慢而灰心丧气。在这一阶段，团队成员常常会自问以下问题：

①到底谁是团队的负责人？

②应如何解决所有出现的问题？

③如何才能使团队不受部门的影响？

④为什么团队成员之间互不理睬？

此时的团队还没有形成共同的目标和任务感，而且常发生团队工作下滑，甚至成员的工作表现不尽如人意的现象。这是成员为了确定各自在团队中的位置和试图结为一体而分心造成的。

3. 规范阶段

在规范阶段，团队成员逐渐度过磨合期而开始以团队面目出现。在这一阶段，团队建立了自己的准则、经营方式和沟通渠道及行为规范。同时，团队成员更能相互容纳对方，更为了解团队内不同的思维方式和人员特性，成员各司其职，团队的目的和目标更为明确，人们确定了自己在团队中的位置，相互之间的关系更加融洽。团队形成了真正的凝聚力。团队成员各就其位，建立了团队的整体性并做好了完成工作的准备和实现既定目标的决心。

4. 致力阶段

在致力阶段，团队开始有效地解决问题并积极工作，生产率得到极大提高。由于经历了磨合阶段和规范阶段的各种准备工作，团队成员此时建立了极强的信任感，大家畅所欲言，并避免冲突的发生。此时，由于团队成员能亲眼看见成功的运营，所以他们更珍视团队的作用。也正是在这一阶段，团队成员能得到个人和职业的发展。这时的团队成为真正的团队。团队成员都致力于共同的目标并为此而相互负责。在此基础上，有些团队发展成为成功的团队，即团队成员都极为关注并承担相互发展和成功的义务，这类团队往往能取得惊人的成就。

5. 解体阶段

高效的团队会因为关键成员的离开而使团队建设受到影响，给团队工作造成损失，这就是团队建设的第五阶段——解体阶段。团队中失去核心人物或最佳团队成员对团队建设是一个重大打击，即使一般团队成员的离开也会给团队带来负面影响，甚至导致团队解体。这是因为团队需要时间弥补由于失去成员造成的损失，而新团队成员也需要时间接受培训，需要与其他团队成员建立信任与和谐的关系的时间。

由于人员流动，因而需要组建、形成一个新的团队，需要经历一个新的组建、磨合、规范、致力和解体的循环，团队的工作效率又会经历一个从低到高的发展过程。

(四) 团队建设的目的和原则

1. 团队建设的目的

团队产生于传统组织内部，是传统组织为了进一步提高效率和环境适应力的结果，企业核心化为团队，则是当今环境的直接要求。因此，团队建设的目的，就是克服传统组织的弊端，塑造出一种适应信息时代的新型组织。

(1) 催生强烈的动机激励

工作团队由传统的组织中的被动接受命令转变为拥有独立的决策权，使团队成员拥有一个更大的活动天地，享有宽松、自主的环境，极大地调动团队成员的工作积极性和创造性。在团队生产条件下，由于最终产出是共同努力的结果，因此，团队的气氛会给那些因存在"搭便车"的企图而产生偷懒动机的参加者施加社会压力，迫使他们为团队的绩效、荣誉而努力工作。

（2）提高劳动生产率

团队的组织模式使组织结构大大简化，组织内部结构简单，领导和团队、团队和团队及团队内部成员之间的关系变成伙伴式的相互信任和合作的关系，使企业决策层能腾出更多的时间和精力去制定正确的经营发展战略，寻找良好的市场机会，改变传统的"火车跑得快，全靠车头带"的企业状态，组成联合舰队式的作战群体，产生比个体简单相加高得多的劳动生产率。

（3）增强组织灵活性

市场环境的新变化是企业组织普遍采用团队形式的主要原因。如今的市场环境已逐步走向全球化激烈竞争的买方市场，产品的寿命周期不断缩短，顾客的需求也日益向个性化和多样化的方向发展，多样化和及时获得是顾客需求的最重要特征。因此，组织的团队结构管理模式就成为企业竞争战略重点转移的必然要求。任何企业要想在激烈的竞争环境下生存、发展，都必须改变过去等级分明、决策缓慢、机构臃肿、人浮于事、对外界变化的应变能力差的管理模式。团队给予职工必要的团队工作技能训练，团队的共同价值取向和文化氛围使组织能更好地应付外部环境的变化和适应企业内部的改革、重组。团队工作以灵活和柔性为其竞争战略。

（4）保证信息传递畅通

信息渠道畅通可以提高信息的开放性、共同性和集成性，改善组织决策。团队工作模式以计算机网络、信息处理软件为支撑技术，团队之间的协调和联系通过总线上的共享信息实现。通过建立企业内联网和企业外部网实现信息的共享和集成，消除了传统组织结构（如宝塔式的科层结构）中由于层层传递所造成的信息失真和延误，提高了信息传递的质量和速度。

（5）建设积极的内部员工关系

建设积极的内部员工关系是指促使企业内部公共关系条件的优化，增进团队沟通协调，提高员工的归属感和自豪感，增强企业内部的凝聚力。每个团队都有特定的团队任务和事业目标，团队鼓励每个参与者把个人目标融入和升华为集体的团队目标并承诺他们的共同目标，这就使企业文化建设中的核心问题——共同价值体系的建立，变成可操作性极强的管理问题。同时，团队的工作形式要求其参加者只有默契地配合才能很好地完成工作，促使他们在工作中有更多的沟通和理解，共同应对工作和生活中的压力。

（6）提高员工素质

团队建设可以极大地提高员工素质，增强员工的工作技能，充分体现企业的人本管理。团队鼓励成员一专多能，并对员工进行工作扩大化训练，要求成员积极参与组织决策。团队工作形式培养了员工的技术能力、决策能力和人际关系处理能力，使员工从机器的附属中解放出来，充分体现了以人为本的管理思想。

2. 团队建设的原则

（1）准确分配团队成员角色

在如何选择一个有效的团队时，管理人员发现选择合适的人员组合是很重要的，团队角色分配是对个人拥有的技能和本领的识别，然后还要把这些技能和本领与实际情况所需要的技能和本领做比较。

采用参与式管理方式的企业应当在其期望中的管理人员身上寻找某些特征。在设计一个有效团队时，管理人员必须记住，团队需要不同品质的人，必须确保选择合适的团队成员；应考虑每个成员在技术方面能做出多大的贡献，以及该成员在团队中扮演什么角色。

（2）团队规模适中

纵观国内外最适宜工作的团队就会发现，工作团队规模一般都不是很大。其原因有以下三个：

①避免出现"搭便车"现象。在进行绩效考评时，成员过多容易造成该奖的没奖，该罚的没罚，导致不客观、不公正和团队凝聚力下降，使团队工作效率大打折扣。

②成员太多，很难顺利进行相互沟通。团队成员沟通少，就很难培养成员之间相互尊重、相互信任的氛围。

③成员过多，意见分散，讨论问题时很难达成一致。团队规模一般应尽量小，但团队规模还受其他许多因素的影响。

（3）树立共同目标

共同的目标是团队存在的基础。杰出团队的显著特征便是具有共同的目标。由于人的需求不同、动机不同、价值观不同、地位和看问题的角度不同，对企业的目标和期望值有着很大的区别。要使团队高效运转就必须有一个共同的目标，这一目标是成员的共同愿望，在客观上它能够为团队成员指明方向，是团队运行的核心动力。

（4）完善成员技能

任何团队都必须培养正确的技能组合。每一种技能都是为完成团队目标所必需的、互济余缺的技能。团队技能可以分为三类，即技术性或职能性的技能、解决问题和决策的技能、人际关系的技能。

如果一个团队不具备以上三类技能的成员，就不可能充分发挥其绩效潜能。对具有不同技能的人进行合理搭配是极其重要的。一种类型的人过多，另两种类型的人自然就少，团队绩效就会降低。但在团队成立之初，并不需要成员全部具备以上三种技能。在必要时，可安排一个或多个成员去学习团队所缺乏的某种技能，从而使团队充分发挥其潜能。

（5）明确团队领导和团队结构

目标决定了团队最终要取得的结果，但高绩效团队还需要团队领导和团队结构来提供方向和焦点。如确定一种成员认同的方式就能保证团队在实现目标的手段方面达成一致。

在团队中，对于谁做什么和保证所有成员承担相同的工作负荷问题，团队成员必须取得一致意见。另外，团队需要决定的问题还有：如何安排工作日程，需要开发什么技能，如何解决冲突，如何做出和修改决策，以及如何决定每个成员的具体工作任务，并使工作任务适应团队成员个人的技能水平。所有这些都需要团队领导和团队结构发挥作用。有时，这些事情可以由管理者直接来做，也可以由团队成员通过担当各种角色来做。

三、团队沟通

（一）团队的决策

有效的团队一定是自主型、自我管理型的群体，团队成员不但亲自执行解决问题的方案，承担工作的全部责任，而且积极参与有关团队目标和问题解决方法的决策。团队领导逐渐将权力、责任和控制转移给自我管理的团队成员，从而使自己成为团队的"教练"或促进人员，而不是监督评估者。

1. 团队决策的基本程序

团队决策为的是确定团队工作的目标，明确团队的任务，包括：做什么，怎么做，由谁做，做的方法、途径，做出的结果在质量、数量、时限上的要求等。任何决策过程都是组织为实现某一特定的目标，从两个或两个以上的备选方案中选取一个满意的答案并付诸实施的过程。

团队的决策也是如此。团队决策的基本程序如下：

①判明问题和目标。明确团队需要解决的问题和实现的目标，进而明确团队的任务和任务涉及的范围。

②收集处理有关的信息。如实现目标所需的资源，实施的环境与条件，团队成员对目标的认同程度及团队成员的能力、经验等。

③决策方案的制订和选择。运用具体的决策技术和手段优选方案，明确质量标准和实现的方法与途径。

④决策方案的实施与评估。团队共同讨论如何分配成员工作，征求成员对承担工作的希望，力求发挥每个人的积极性，使工作分配得更合理、更公平。在决策的目标实施完成后对其结果进行评估。

2. 团队决策的方式

人们在长期的社会实践中，摸索总结出了许多有特色的决策方式，特别是群体决策方式的多样化，保证了决策的科学化和理性化。这些群体决策方式被广泛地运用到团队决策之中，有些主要是组织性的，有些主要是技术性的。

（1）头脑风暴法

头脑风暴法是指在决策环境中，对决策参与者不加任何限制，让其头脑中的各种想法都能表达出来，大家互相激发，从而形成许多新方案。新方案越多，就越有可能得到一个创造性、科学性的解决问题的机会。

头脑风暴法要求决策的所有参与者都要遵守以下几个基本规则：

①决策群体负责人在决策会议之前，应把组织期望达成的目标和各种已有的决策方案通报给全体成员，让他们充分了解决策的问题和方案。

②在决策过程中，鼓励参与成员尽情地发表自己的意见，在会议上禁止对其他人的意见提出批评，每个人只认同自己认为最好的方案。

③提出的想法越多越好，然后再寻求对各种想法的综合和改进。

（2）列单法

列单法也称列名团体法，是指在决策会议讨论之前，群体中的每个成员不与其他成员讨论就先提出自己的方案，或对已有的方案进行评估，然后再集中讨论每个方案，进而形成科学决策的过程。

列单法是一种运用团队会议形成决策的方法。一般来说，使用这种方法的团队规模为7~10人。列单法的具体操作过程如下：

①由主持人介绍将要讨论的决策问题及已有的解决方案，然后每个人把自己的意见写在纸上，不要相互商量和讨论，避免影响参与者各自的独立思考。

②在每个人写完自己的意见之后，每隔一段时间，每个人开始读自己的意见，要求不按职位顺序和座位顺序，而且每个人每次只读一条意见，而不是将意见一次性读完，其目的是让其他人忘记意见提出者是谁。

③由专人记录每条意见。意见常被罗列于记事板或黑板上，直到所有意见被逐一记下为止。

④对记录下来的意见进行逐条讨论，重点对每条意见的优缺点、可行性等进行讨论，每个参与者都可以发表意见。

⑤对各方案进行文字形式的投票表决，计算投票结果，得票最多的方案可以作为团队的决策，也可以将前几个方案的内容加以综合决策。

列单法避免了团队成员之间的相互影响，有效地防止了决策过程中的压制和屈从问题。但是在实行列单法的过程中，仍应提倡秘密表决，以避免部分参与者屈从权威而不敢表达自己的意愿。在一些团队中甚至规定团队正式会议都采取这种方式。

（3）决策树法

组织决策是一项非常复杂的系统工程，决策树法是运用系统论的分析方法，把各种决策方案及可能出现的结果进行分组排列，然后确定最佳方案的决策过程。其图示极像一棵树，故称决策树。

以上都是团队决策的常用技术，并被广泛应用于团队决策之中，它们在决策实践中发挥了很大的作用，但又都有一定的局限性，要注意扬长避短。

（二）团队的沟通策略

团队的目标不是自然而然实现的，需要团队成员的努力，积极创造条件才能达成。在新的团队形成时，必须接受早期阶段的挑战；而当群体逐渐成熟时，大多数团队都会面临团队工作的开展难以深入的问题，这时团队建设就起到了重要作用。团队建设在不同时期采用的沟通策略也有一定的差异。

1. 形成期的沟通策略

形成期是从混乱中理顺头绪的阶段。团队由不同动机、需求与特性的人组成，在此阶段缺乏共同的目标，彼此的关系也尚未建立起来，人与人之间的了解与信任不足，尚在磨合之中，整个团队还没建立规范，或者对于规范尚未形成共同看法。这时团队中的矛盾很多，内耗很大，一致性很少，即使花很多力气也产生不了明显效果。

这一阶段的团队沟通目标是团队领导立即掌握团队，快速让团队成员进入状态，降低不稳定的风险，确保团队工作步入轨道。

这一阶段的团队沟通表现为控制型。团队目标由团队领导者设立，目标要清晰、合理。团队领导者要直接告知团队成员自己的想法与目的，不能让成员自己想象或猜测，否则容易偏离目标。团队成员要强调互相支持、互相帮忙。在这一阶段，人与人之间的关系尚未稳定，因此不能太过坦诚。例如，刚到公司的员工，领导问他有何意见时，他最好回答："我还需要多多学习，请领导多指点。"如果他实事求是地、认真地指出缺点与问题，即使很实际，也可能得不到肯定与认同。在这一阶段，要快速建立必要的规范，这时的规范不需要完美，但需要能尽快让团队工作步入轨道；这时的规范不能太多、太烦琐，否则不易理解，不利于执行且会影响工作效率。

2. 凝聚期的沟通策略

凝聚期是团队成员开始产生共识与积极参与的阶段。经过一段时间的努力，团队成员逐渐了解团队领导者的想法与组织的目标，互相之间也经由熟悉而产生默契，对于组织的规范也渐渐了解，违规的事项逐渐减少。这时，日常事务都能正常运作，团队领导者不必特别费心也能维持一定的生产力；但是团队对团队领导者的依赖很重，主要的决策与问题需要团队领导者的指示才能进行。团队领导者的事务繁忙，极有可能耽误决策的进度。

这一阶段的团队沟通目标是挑选核心成员，培养核心成员的能力，建立更广泛的授权与更清晰的权责划分。

这一阶段的团队沟通表现为相互竞争型。团队领导者的工作重点是在可掌握的情况下，把日常事务授权部属直接去做，并且定期检查和维持必要的监督；团队领导者还要在成员能接受的范围内对其提出善意的建议；如果有新成员进入，必须使其尽快融入团队之中。团队领导者要注意，在逐渐授权的过程中，要维持控制，不能一下子权力下放太多，否则回收权力时会导致士气受挫。对团队成员进行配合培训在此阶段也很重要。

3. 激化期的沟通策略

激化期是团队成员可以公开表达不同意见的阶段。通过领导者的努力，建立开放的氛围，允许成员提出不同的意见与看法，甚至鼓励建设性的冲突；团队目标由领导者制定转变为团队成员的共同愿景；团队关系从保持距离、客客气气变成互相信赖、坦诚相见；规范由外在限制变成内在承诺。这一时期团队成员融为一体，愿意为团队奉献智慧，创意源源不断。

这一阶段的团队沟通目标是建立愿景，形成自主化团队，调和差异，运用创造力。

这一阶段的团队沟通表现为和谐融洽型。团队领导者必须创造参与的环境，并以身作则，容许团队中出现不同的声音。在初期，可能会有混乱，但如果领导者害怕混乱又重新加以控制，则会导致不良后果。可以借助建立共同愿景与团队学习有效地渡过这一难关。这一阶段的转型是否成功，是组织长远发展的关键。

4. 成熟期的沟通策略

成熟期是品尝甜美果实的阶段。通过过去的努力，组织形成强而有力的团队，所有成员都有强烈的一体感，团队爆发出前所未有的潜能，创造出非凡的成果，并且能以合理的成本高度满足客户的需求。

这一阶段的团队沟通目标是保持团队成长的动力，避免组织僵化。团队领导者要能纵观全局，并保持危机意识。团队成员要持续学习，持续成长。

这一阶段的团队沟通表现为协作进取型。进入成熟期的团队能够紧密协调地合作，团队成员了解团队对每个成员的期望，会将时间和精力花在实质性问题而非一些程序性问题上。但是，成熟期的团队在具有协调感的同时，也有变得僵化的危险。团队成员的关系既是一种协调性极强的沟通渠道，又是团队自身健康运作受束缚的绳索，需要通过有效的团队沟通促进组织创新和提高组织效率。

四、团队学习

（一）不同取向的团队学习

（1）行为取向的团队学习

行为取向的团队学习强调团队学习过程中团队成员进行互动的具体行为，并认为这些行为对团队绩效具有重要影响。例如，团队学习是一种基于反思与行动之间相互交叠的过程，并总结概括出该过程中团队成员应有的学习行为，即提出问题，寻求反馈，进行实验，反思结果，讨论错误或出人意料的行为后果。

（2）信息加工取向的团队学习

信息加工取向的团队学习强调团队学习是发生在团队水平上的信息加工过程，尽管团队的信息加工过程与个体的信息加工过程相似，但团队在信息加工的具体方式和特征上与个体是不同的。

有学者从信息加工的角度提出，团队学习的过程中存在几个信息加工的阶段，即明确加工目标、加工处理（注意、编码、保存及抽取）、反应、反馈，并认为团队学习贯穿于信息加工的各阶段之中。

（3）结果取向的团队学习

结果取向的团队学习强调团队学习是一种团队成员之间发生的知识转移。团队学习发生的标志主要体现在团队成员在知识和绩效上发生相对持久的改变，并利用组织和团队学习曲线的分析方法测量团队学习的结果。团队学习是一种经由团队成员通过分享各自的经验从而导致在集体水平上的知识和技能发生相对持久的变化，团队学习包括两个方面，即个体从直接经验中学习与个体从其他成员的经验中学习。

纵观上述三种对团队学习不同的理论描述，可以明显看到其不同之处主要在于研究者描述的视角存在差异，行为取向和信息加工取向强调学习的过程，结果取向强调学习的结果；而三种理论描述则一致认为，团队学习是一种基于知识与个体经验共享的团队成员间的互动，团队和个人均能从该互动中获益。

（二）团队学习的特征

团队学习有以下两个特征：

①团队目标一致。个人目标与团队目标的一致是团队学习的基本条件。在实际运作中，个人目标是无法否定和抹杀的；但个人目标如果最大限度地与团队目标一致，则会推进团队学习的进程。

②知识共享。知识共享实质上是内部交易的过程。只有通过知识共享，才能互通有无，共同提高；如果没有知识共享，团队学习只能是一句空话。

（三）团队学习的方式

1. 交叉式团队学习

团队成员在学习时，通过吸取他人的长处以弥补自己在知识、信息、技能等方面的欠缺。团队成员间相互为师，形成学习的磁场，这个磁场有利于吸纳他人的长处。

2. 共享式团队学习

团队成员就一个主题展开学习，各自发表自己的见解、看法、建议、意见等。每个成员分享其他成员的思想和信息并可能产生新的思想。团队成员都是学生，在这个主题上都获得了重要的知识和重要的提升。

3. 核心式团队学习

团队成员中在某一方面较有成效者，或某一知识显著优于他人者，成为其他成员的共同教师、指导者。团队成员向他学习知识，分享他的智慧，共同提升这方面的能力。

4. 集束式团队学习

开展某一主题或某一领域的专题论坛，由这一领域有成就的几位专家组成"一束"专家团，他们在这一领域的不同方向上有独特的见解和杰出的成就。这是通过小团队的智慧辐射大团队的过程。

第八章　现代人力资源管理信息化的人才与系统建设

第一节　人力资源管理的信息开发与人才队伍建设

一、人力资源管理的信息开发

人力资源信息开发是根据大量客观存在的信息事实和数据，以各种载体和各种类型的信息为基础，运用判断与推理、分析与综合等多种方法，提供不同层次的信息服务。人力资源信息开发的目的，是对人力资源潜在能量的挖掘，促使人们更加充分有效地运用人力资源信息，发现人才、任用人才，实施人才发展战略。

（一）人力资源信息开发的作用

1. 最大限度发挥经济和社会价值

信息技术的快速发展，为深度开发和广泛利用人力资源信息创造了前所未有的条件。树立和落实科学发展观，根据社会需要，全面、及时、准确地提供人力资源相关信息，充分开发利用反映劳动、工作、保险福利以及人力资源管理方面的信息，强化人力资源管理，能够加快人力资源管理制度的建立，使信息流更加有效地引导人员流、物资流和资金流，实现对物质资源和能源资源的节约和增值作用，带来直接和间接的社会和经济效益。

同时，随着政府、社会公共服务、企业上网工程的深入发展，办公自动化的普及和电子商务的发展，人力资源数字化信息数量不断增加，人力资源信息也越来越丰富，不断满足社会各项事业对人力资源信息的需要。人力资源管理部门要通过各种有效的方式，最大限度地发挥人力资源信息的价值效用，更好地为社会发展和进步服务。

2. 发挥人力资源信息的价值

在信息社会中，信息价值往往体现在运动中。只有处于运动中的信息，才能被人们随时捕捉到，进而发挥作用。处于静态中的信息，即使蕴含巨大的价值，如果不能得到及时充分的开发和利用，其潜在价值不能转化为现实价值，也就无法有效发挥作用。

人力资源部门保存并积累了大量人力资源信息，人力资源信息的存储和传递就是为了有效地提供利用，即把静态中的信息变成动态信息，进而无止境地开发利用，直接体现信息的使用价值。人力资源信息是人力资源活动原始、真实的记录，及时、有序、系统地开发利用人力资源信息，就是揭示人力资源信息的使用价值，发挥人力资源信息富有生命力的独特作用。

3. 加大人力资源的管理服务

在一切管理系统中，人是最主要的因素，是最活跃、最能动、最积极的要素。组织活力的源泉在于劳动者的创造力、积极性和智慧。要充分挖掘、准确识别和长足发展人的潜力和能量，必须开发利用人力资源信息。

加强人力资源信息的开发利用，是人力资源管理的基础和可靠保证，也是人力资源管理的根本目的。人力资源管理的各项活动都必须充分利用信息。参与决策、建立企业优秀文化、决定组织的结构需要信息；设立人事选拔标准、制订招聘计划、建立新的招聘市场、确定职业发展途径、制订员工开发计划要建立在充分信息的基础上；实施招聘计划、设立并运作控制系统、管理报酬项目、建立年度绩效评估系统、贯彻员工培训计划、安排员工上岗或转岗需要信息。有关人力资源招聘、培训、晋升等具体计划的信息的提供利用，可以便于员工据此制订自己的发展计划，有助于提高员工的留任率。员工的教育、经历、技能、培训、绩效等信息的利用，可以帮助了解并确定符合某空缺职位要求的人员，对内部人员晋升非常重要。为了有效地进行工作设计，必须通过工作分析，全面了解和把握工作现状。只有获得工作单位以及工作本身所须完成的任务方面的详细信息，管理者才能选择适宜的方式来进行工作设计。

必须指出，现代人力资源管理是一个开放的系统，人力资源管理的发展过程是一个适应外部环境变化的过程。人力资源管理者必须时刻接受外界环境输入的信息，利用这些反映人力资源发展趋向与需求的信息，适时改变人力资源管理的目标、战略、方式、措施、技术，才能使人力资源管理发生适当的变革，适应环境变化，服务社会。

4. 为决策者提供有效的信息依据

决策对管理的影响作用大，而且影响持续的时间长，调整起来比较困难。进行正确的决策，需要完整、准确、真实的人力资源信息。人力资源的供需状况、人力资源的素质、人力资源的工作绩效与改进、人力资源培训与开发的效果等信息，可以为决策的确定提供内在保证；劳动力供给的状况、竞争对手所采用的激励或薪酬计划的情况以及关于劳动法等法律方面的信息，能够为决策制定提供外在依据。充分开发利用人力资源信息，才能保证客观、科学地进行决策。

5. 积极促进人的潜能开发

人是生产力中最基本、最活跃、最关键的因素，提高人的素质，充分调动人的积极性、创造性，合理利用人力资源信息，是提高生产力水平的主要途径。人力资源信息对于开发人的智能，调动人的积极性和创造性，推动经济社会发展具有重要作用，是科学合理开发人才资源的必要条件。人才的筛选、识别和管理、制定人才机制、进行人才战略储备，都需要掌握大量的信息。充分挖掘人的潜力，提高人的素质，发挥人的聪明才智，关键在于对人力资源信息的开发和管理。人力资源管理部门以信息为依据，根据经济、社会发展的需要，从战略目标出发，有计划、有步骤地实施人才培养计划，进行吸收、选拔、任用等一系列管理活动，使人才的培养与岗位的要求，个人的发展与组织的目标相适应。

6. 为制订人力资源规划提供数据

现代竞争的根源是人力资源的竞争。一流的人才才能造就一流的企业。人力资源规划是单位的长期人力资源计划。要做到规划的科学性，必须根据经济社会发展的需要，制订一定时期的人才需求规划。依据人力资源信息，才能根据社会环境状况、单位的规划、组织结构、工作分析和现有的人力资源使用状况，处理好人力资源的供求平衡问题；才能科学地预测、分析环境变化中人力资源供给和需求状况，制定必要的政策和措施，合理分配组织的人力资源和有效降低人力资源成本，确保组织的长远利益。

（二）人力资源信息开发的类型

人力资源信息开发的主体是人员；人力资源信息开发的客体是有一定实体整理基础的信息；主体要对客体进行作用，即人力资源部门要对信息进行重新整合加工，将信息中的内容与其原载体相脱离进行重新组织，使客体形成系统化、有序化的状态。在人力资源信息开发利用的过程中，可以按照主体对客体的作用程度进行信息分类。

1. 按照加工程度分类

按照对信息加工的程度，信息开发可分为浅加工和深加工。浅加工是指对人力资源信息进行压缩提炼，形成信息线索并存储在一定载体上的过程，即信息检索工作。深加工是根据一定的需求，对庞杂的人力资源信息进行系统化、有序化的过程，以解决利用者需求的特定性与人力资源信息量大、有杂质的矛盾，即信息编研工作。

2. 按照加工层次分类

按照对信息资源加工的层次，信息开发可分为一次信息开发、二次信息开发和三次信息开发。

（1）一次信息开发

一次信息开发在人力资源管理活动中直接形成的原始信息，具有直接参考和凭证的使用价值。对一次信息进行开发有利于把无序的原始信息转变成有序的信息，节省收集原始信息的精力和时间，提高利用率。其主要形式有剪报、编译。

（2）二次信息开发

二次信息开发是对一次信息进行加工整理后而形成的信息，专门提供信息线索，供人们查阅信息来源。它是对信息加工而得到的浓缩的信息，容纳的信息量大，可以使人们在较短的时间对一定范围内的信息有概括的了解。其主要的开发形式有目录、索引。

（3）三次信息开发

根据特定的需要，在一次、二次信息开发基础上，经过分析研究和综合概括而形成更深层次的信息产品。从零星无序、纷繁复杂的信息中梳理出某种与特定需求相关的内容，解释某种规律性的认识，并最终形成书面报告，从而为管理决策服务。三次信息是高度浓缩的信息，提供的是评述性的、动态性的、预测性的信息。其主要形式有简讯、综述、述评、调查报告。

（三）人力资源信息开发的不同形式

1. 编写材料

（1）编写工作说明书

工作说明书的编写，是在职务信息的收集、比较、分类的基础上进行的，要根据工作分析收集的信息编制工作说明书，可以帮助任职人员了解工作，明确责任范围，为管理者的决策提供参考。工作说明书是对有关工作职责、工作活动、工作环境、工作条件以及工作对人员素质要求等方面信息所进行的书面描述，一般由工作描述和工作要求两部分组成。工作描述是对工作职责、工作内容、工作条件以及工作环境等工作自身特性所进行的书面描述。工作要求则描述了工作对人的知识、能力、品格、教育背景和工作经历等方面的要求。

（2）编写人员供给预测材料

人员供给预测包括内部供给预测和外部供给预测。要充分利用信息，对信息进行综合分析，进行人员供给预测。

要收集有关人员个性、能力、背景等方面的信息，分析研究管理人才储备信息，如工作经历、教育背景、优势和劣势、个人发展需求、目前工作业绩、将来的提升潜力、专业领域、工作特长、职业目标和追求、预计退休时间。在对信息进行综合分析的基础上，编制出"职业计划储备组织评价图"，编写人员供给预测信息材料。

编写人员供给预测材料，必须收集和储存有关人员发展潜力、可晋升性、职业目标以及采用的培训项目等方面的信息；要获得目前人力资源供给的数据，包括：个人情况；工作历史；培训经历以及职业计划；目前的工作技能；累计数据，如员工总数以及他们的年龄分布、教育程度等，明确目前的人力资源供给情况，有效分析人力资源的供给及流动情况。

2. 编制统计表

统计表是用表格来显示各种变量的取值及其特征，是表现人力资源信息最常用的形式，是为统计工作提供统计数字资料的一种工具。它可以概括文字的叙述，科学合理地组织人力资源信息，使人力资源信息的排列条理化、系统化、标准化，一目了然，给人以明显、深刻的感觉，便于阅读和进行统计分析。

（1）统计表的结构

由总标题、横栏标题、纵栏标题和指标数值四部分构成。

总标题是统计表的名称，概括说明统计表所反映信息的内容，一般位于表的上端中央；横栏标题是横行的名称，表明信息反映的总体及其分组的名称，一般位于表的左侧；纵栏标题是纵栏的名称，说明信息指标的名称，一般位于表的上方；指标数值列在横栏标题与纵栏标题的交叉处，具体反映其数字状况。有些统计表还增列补充资料、注解、资料来源、填表时间、填表单位等内容。

（2）统计表的分类

①按用途分类。统计表按照用途可分为调查表、汇总表和分析表。

调查表是用于登记、收集原始统计资料的表格，只记录调查对象的特征，不能综合反映统计总体的数量特征。

汇总表是用于表现统计汇总和整理结果的表格。由两部分组成，一部分是统计分组，另一部分是用来说明统计分组各组综合特征的统计指标。汇总表能够综合说明统计总体的数量特征，是提供统计资料的基本形式。

分析表是用于对整理所得的信息统计资料进行定量分析的表格，能够更深入地揭示信息所反映内容的本质和规律。

②按分组情况分类。统计表按照内容的组成情况，可分为简单表、分组表和复合表。简单表指总体未做任何分组的统计表。分组表是指总体按一个标志进行分组后形成的统计表。利用分组表，可以分析不同类型的不同特征，研究总体的内部构成和分析现象之间的依存关系等。复合表是指统计总体按两个或两个以上标志进行层叠分组后形成的统计表。利用复合分组表可以反映研究总体同时受几种因素影响而产生的变化情况。

（3）统计表设计的一般原则与要求

统计表的设计应遵循科学、实用、简明、美观的原则，力求做到以下五方面：第一，标题要简明扼要地概括信息的内容及信息所属的空间和时间范围。第二，纵、横栏的排列内容要对应，尽量反映逻辑关系。第三，根据统计表的内容，全面考虑表的布局，使表的大小适度、比例适当、醒目美观。第四，统计表中的指标数值，都有计量单位，必须标写清楚。计量单位都相同时，将其写在表的右上角；横行的计量单位相同时，在横行标题后列计量单位；纵栏的计量单位相同时，将其标在纵栏标题下方或右方。第五，统计表中的线条要清晰，尽量表明各指标的简单包含关系。

3. 编制统计图

统计图是用点、线、面、体等构成的几何图形或其他图形表现信息，表示变量的分布情况，是信息分析研究的重要方法。利用统计图来表现信息，形象具体、简明生动、通俗易懂，能将信息所反映的复杂的内容，用简明扼要的形式表现出来。

（1）统计图的种类

常用的统计图形有圆瓣图、直方图、条形图、折线图、机构图等。

①圆瓣图。用一个圆代表研究对象的总体，每一个圆瓣代表研究对象中的一种情况，其大小代表它在总体中所占的比例。圆瓣图只表示变量的某个取值在总体中的比重，对变量取值的排列顺序没有要求。

②直方图。直方图是紧挨着的长条组成的，条形的宽度是有意义的。它用每一个长条的面积表示所对应的变量值的频率或频次的大小。

③条形图。条形图是以宽度相等的条形长度来表示指标数值大小的图形。条形的排列既可纵排，也可横排。纵排的条形图叫柱形图，横排的叫带形图。

④折线图。折线图是用直线连接直方图条形顶端的中点而形成的。当各条形的组距减小、条形增多时，折线将逐渐变为平滑，趋向为曲线。

⑤机构图。机构图是用图形来表示组织结构和管理体制的一种方法。典型的企业组织结构模式主要有直线制、职能制、直线职能制和事业部制。机构图与组织结构有着密切的关系，要根据企业组织结构模式设计机构图。

（2）编制统计图应遵循一定程序与基本要求

①确定编制目的。编制人力资源信息统计图，要根据实际需要，确定编制目的，以便进行信息的筛选、分析和综合，明确信息的表达方式和统计图形式。

②选择图示信息。信息的选择，应在反映所研究内容的一切指标中，选择符合制图目的、有价值、反映内容本质的重要信息，避免图示信息过多，内容繁杂，表达模糊。

③设计统计图。图形的设计要力求科学、完整、真实、清晰地体现信息的各种特征。图形的外观要尽量美观、鲜明、生动，具有一定的观赏性。标题要简单明确，数字及文字说明应准确无误。不同类型统计图的特点和运用的条件不同，应根据制图目的、信息内容和特点，确定编制的统计图形式，科学、准确地表达信息，使图形的布局、形态、线条、字体、色彩体现艺术性。统计图的形式应与利用需求相适应。用于领导、业务工作参考和分析研究时，可采用条形图、折线图和其他几何图形，呈现内容可详尽些；用于展览、宣传教育，尽量采用条形图、直方图或其他鲜明生动的图形，图形的标题、文字说明、数字和单位的标示简明扼要、色彩鲜明、通俗易懂。

④审核检查。统计图编制完成以后，要进行认真的审核检查和修改，确保编制的图形客观地揭示信息，符合制图目的，图形结构简明准确、生动鲜明，图式线形、数字标示、文字说明等适用，注解具体，图面清晰整洁。

4. 编写统计分析材料

统计分析是对获得的人力资源信息进行量化分析，客观、准确、科学地揭示人力资源管理工作中的特点和规律，深入地反映人才资源状况，以此调整工作方式，提高人力资源管理水平。编写统计分析材料，能够精确描述和认识信息的本质特征，揭示信息的内在联系，使人们对信息的利用从感性认识上升到理性认识，为管理提供深加工、高层次、有价值的信息。

统计分析材料是充分表现统计过程、方法和结果的书面报告，为建立宏观人才资源信息库，为建立和完善人才市场体系、促进人才合理流动、实现人才工作协调发展、为人才规划的落实提供信息服务。编写统计分析材料有提炼主题、选择材料、拟定提纲、形成报告四个主要环节，编写要求是：针对性，明确编写目的、解决的问题和服务对象；真实性，尊重客观实际，以充分可靠的信息为基础，真实地反映客观实际，事实具体，数据准确；新颖性，在对原始信息深入挖掘、把握本质的基础上，提取新的信息，形成新的观点、结论；时效性，着眼于现实问题，讲求时间效果，在信息的最佳有效期提供利用。

（四）人力资源信息开发的方法

人力资源信息开发是在掌握大量信息的基础上，根据决策、管理、业务活动的需要，利用科学的研究方法，对现有信息进行系统的归纳分析，对各项活动的发展趋势做出判断和预测，提供全面性、高层次的信息，为工作活动服务。

1. 汇集法

围绕某一特定的主题，把一定范围内的人力资源原始信息，按照一定的标准有机地汇集在一起。汇集法适合于反映一个地区或一个部门某方面的状况，当人力资源信息资料较多、反映面宽的时候比较适用。

2. 归纳法

将反映某一主题的人力资源原始信息集中在一起，加以系统综合归纳和分析，以便完整、清晰地说明某一方面的工作动态。归纳法要求分类合理、线条清楚、综合准确。

3. 纵深法

根据需要，把若干个具有内在联系，有一定共同点的人力资源信息，或几个不同时期的有关人力资源信息，从纵的方面进行比较分析，形成新的信息材料。可以按原始信息材料提供的某一主题层层深入，按某一活动的时间顺序或按某一事件的历史进程深入进去，要清楚问题的来源。

4. 连横法

按照某一主题的需要，把若干个不同来源的人力资源原始信息材料从横的方面连接起来，做出比较分析，形成新的信息材料。采用连横法要选择最能说明主题的信息，从不同来源信息中选择具有一定同质性的信息。

5. 浓缩法

通过压缩人力资源信息材料的篇幅，凝练主题，简洁文字。使用浓缩法要主题集中，内容突出，一篇信息材料只表达一个中心思想，阐明一个观点；压缩结构，减少段落层次；凝练语言，简明地表达含义。

6. 转换法

人力资源原始信息中若有数据出现，应把不易理解的数字转换为容易理解的数字。

7. 图表法

如果人力资源原始信息中的数据有一定的规律，可以将数据制成图表，使人一目了然，便于传递与利用。

8. 分析法

分析法是在充分信息的基础上，通过综合分析，进行人力资源的现状规划和需求预测，包括现状分析、经验分析、预测分析。

进行短期人力资源预测规划，要依据有关信息进行现状分析，预算出规划期内有哪些人员或岗位上的人将晋升、降职、退休或调出本单位的情况，根据预测规划期内人力资源的需要，做好调动人员替补准备工作，包括单位内管理人员的连续性替补。

进行中、短期人力资源预测规划，可采用经验分析法、分合性预测法。经验分析是根据以往的信息进行经验判断，根据以往的员工数量变动状况，对人力资源进行预测规划，预测组织在将来某段时间内对人力资源的需求；分合性预测是在下属各个部门、机构根据各自的业务活动、工作量的变化情况，预测的将来对各种人员需求的基础上，进行综合平衡，预测整个组织将来某一时间内对各种人员的总需求。

进行长期的、有关技术人员或管理人员的供求预测，采用预测分析法。针对某些重大的变革和发展趋势而带来的人力资源供求的变化，向有关专家征求意见，并在此基础上形成预测结果。

二、人力资源管理信息化的人才队伍建设研究

（一）人力资源管理信息化人才队伍的素质要求

实现人力资源管理信息化，需要一批适应形势发展、德才兼备、有创新思维和创造能力的人才推进信息化工作的发展。必须充分发挥人的主观能动性，建设一支思想作风过硬、业务素质高、知识结构合理的信息化管理人才队伍。素质是一个外延广泛而内涵丰富的概念，是人的品质、知识、能力的总和。信息化人才

素质是信息化的前提和保障，主要包括信息素质、业务素质、知识素质。

1. 信息素质要求

信息素质也称信息能力，是使用计算机和信息技术高效获取、正确评价和善于利用信息的能力。信息科技特别是网络科技的迅猛发展，使人类的沟通与信息交换方式变为以人际互动为主的模式，终身学习、能力导向学习和开放学习成为新的理念。为满足知识创新和终身学习的需要，提高信息素质将成为培养人才能力的重要内容。

（1）信息素质的意义体现

信息素质是信息化建设的要求。只有提高信息素质才能保证人力资源发展战略和信息化战略的实现。提高信息素质的意义主要体现在以下方面：

第一，人力资源发展需要信息素质。在信息瞬息万变的今天，市场的竞争就是人才的竞争，必须广、快、精、准地掌握与人力资源相关的政策、技术、市场、管理等全方位信息，进行科学决策，开发人才，才能从本质上全面提高组织的社会效益和经济效益。

第二，能够改善员工的知识结构。信息科学是一门新兴的交叉科学，涉及计算机科学、通信科学、心理学、逻辑学等诸多相关学科。随着科学技术的飞速发展，信息科学与其他学科知识一样，不断推陈出新。及时补充各学科的历史、现状和未来的信息知识，才能充分激发员工已有的业务潜能，改善员工单一的知识结构，重塑员工崭新的能力构架，使员工充分运用现代的信息工具，积极主动跟上时代发展的步伐，成为信息化建设的贡献者和受益者。

第三，使信息价值得到更大程度的体现与发挥。信息是科学决策的基础，在人力资源管理中发挥着巨大作用。普及信息知识，提高信息处理能力，能使人们在人力资源管理信息化过程中，充分挖掘信息环境中的各种有利因素，排除不利因素，了解过去、把握现在、预测未来，让信息化建设更加有的放矢。

第四，进一步提高组织的信息管理水平。人们既是信息的需求者，又是信息的提供者，互利互惠，互相依存，总体上的信息需求结构达到动态的基本平衡，在组织内部形成一个有效的信息增值网络。此外，普及信息知识还能激发人们潜在的信息需求，促使组织根据需求进一步完善人力资源管理系统的功能，对人力资源管理信息化提出更高的要求，最大限度地发挥人力资源信息的社会经济价值，促进人力资源管理信息化向高水平发展。

（2）信息素质的主要内容

信息化人才要做好本职工作，出色完成任务，必须具有较高的信息素质。信息素质的内容主要包括以下几个方面：

①强烈的信息意识。当今社会已经进入信息时代，信息无处不在，谁重视信息，谁就能赢得主动。人力资源管理者要有敏锐的信息意识，广泛收集人力资源信息，精心加工、准确提供、快速传递、充分利用，以适应人力资源管理信息化发展的客观要求。强烈的信息意识主要表现在三个方面：一是对信息的敏感性。指对人力资源信息价值的充分认识，对信息内容特有的敏感。对信息现象反应快的人，思维敏捷，机智聪颖，应变能力强，适应环境能力强，善于将信息现象与实际工作迅速联系起来，善于从信息中找到解决问题的关键。二是对信息的观察力。具有强烈信息意识的人，对信息的关注成为一种习惯性倾向而不受时间和空间的限制。无论在工作范围内，还是在日常生活中，都善于收集信息，并把这些信息与要解决的问题联系在一起。三是对信息价值的判断力。一个具有强烈信息意识的人，除对信息有敏感性之外，更重要的是对信息价值的发现以及分析加工的能力。要分析信息的价值，充分利用有价值的信息。信息意识是在人力资源管理活动中产生和发展的，是在长期工作和学习中不断形成的。当对信息的开发利用变成一种自觉行动时，就会逐渐树立信息意识。

②信息管理能力。指信息技术能力、认识能力、信息沟通和人际关系的才能、领导艺术和信息管理技能以及战略信息分析和规划决策的能力，即运用信息管理科学的基本原理和方法，提高在实际工作中认识问题、分析问题和解决问题的本领和技巧。

③管理信息服务能力。即围绕特定的管理业务进行的信息收集服务、检索服务、研究与开发服务、数据资料提供和咨询服务的能力。信息服务工作的开展必须依据管理科学和心理行为科学的理论，根据服务对象的不同，进行用户研究和用户管理工作。

④信息处理能力。即获取和处理信息的能力，应该具备信息获取能力、信息加工能力、信息激活能力、信息活动策划能力、决策能力、指挥能力，这是人们认识问题、解决问题的本领。

2. 业务素质要求

（1）娴熟的专业能力

系统掌握有关人力资源管理的理论知识，熟悉人力资源部门各个业务环节的基本技能，了解整个业务工作的流程及各项业务的有机联系，掌握人力资源工作的基本技能和基本方法，具备人力资源信息获取、加工、开发和交流的能力，精通本职工作。随着知识、新技术的不断更新，及时学习、补充新的人力资源管理业务知识和技能，适应新时期人力资源管理发展的需要。

（2）驾驭现代科技设备能力

随着现代科技日新月异的发展和办公自动化的普及，特别是电子计算机及现代通信技术在人力资源管理中的应用，人力资源管理的方法发生了深刻的变化，正在从传统的手工管理模式向现代化管理模式转变。只有学会新的思维方式，掌握现代科学知识，能够驾驭现代科技设备，熟悉计算机技术、信息开发技术、网络技术，并能运用科学的方法和技术，才能更好地进行人力资源管理，大力开发人力资源信息，加快人力资源管理信息化进程。

要具有掌握现代化办公设备的能力，能熟练使用电子计算机、打字机、传真机、复印机设备，掌握计算机操作技术、复印技术、打字技术、录音录像技术、光盘刻录技术等现代化手段。现代科学技术的突飞猛进，促进了人力资源工作设备与技术的现代化发展。电子计算机系统、缩微复制系统、声像技术系统、电视监护系统、自动报警系统、自动灭火系统在人力资源工作及人力资源信息管理中将日益广泛应用。这就要求掌握运用电子计算机储存和检索信息的技术，掌握缩微胶卷、胶片、影片、照片、录音带、录像带、磁带、磁盘、光盘等各种新型载体人力资源信息的保管条件、保管技术和利用手段，能够熟练应用新技术进行人力资源信息的存储、自动标引、图形处理和自动利用，实现对人力资源信息的科学管理和开发利用。

要不断提高驾驭现代化科技设备的能力，提高设备的利用率，充分发挥其功能，变单机操作为联机操作，运用网络系统，实现人力资源信息共享，提升信息化水平。

（3）熟练的工作能力

熟悉社会信息化的发展动向和本单位人力资源管理现代化状况，把握社会对人力资源信息需求的变化特点，脚踏实地进行人力资源管理信息化建设，进行人力资源信息的开发和利用，提高人力资源工作的效率、质量和水平。有较强的处理问题、解决问题的能力，能根据利用者提供的关于时间、内容、作用等不同的信息线索，快速、准确地提供人力资源信息利用。能够利用互联网、多媒体技术拓展工作空间，提高工作效率，实现各部门的交互作用，使人力资源信息优质高效、无时空限制地进行资源共享，更好地为信息化发展服务。

（4）开拓创新的能力

破除传统思想观念，建立现代化的创造性的思维方式，开创人力资源管理信息化工作新局面，发展人力资源管理事业。创造性的思维是多种思维方式的综合表现，主要体现为强烈的创新意识、奋发进取的创新精神、从容应对新情况和新问题的创新能力。观念的更新是提高人力资源管理质量与效率的基础。人力资源管理工作要在信息时代取得新的理论、实践、技术成果，实现信息化发展，就要求人们有创新思维。

3. 知识素质要求

在经济全球化、社会信息化的背景下，人们意识到信息化战略的重要性，纷纷开始寻求信息化人才。既通晓信息科技，又熟悉组织策略、业务流程且精通电脑网络的人才，将在信息化建设中发挥越来越重要的作用。

信息化人才要具备广博的知识，既有横向的丰富知识，又有纵向的学科专深知识。现代科学技术的发展，各类边缘学科、综合学科和交叉学科的兴起，要求信息化人才有科学的头脑，善于学习，具有广博深厚的知识基础，不断更新自己的知识结构。这样才能融会贯通，有所发现，有所创新，使自己能跟上时代发展的要求，适应人力资源管理工作不断变化的新需要。

一般来讲，信息化人才的知识结构包括以下几方面：

第一，业务知识。精通人力资源管理的业务知识，是信息化人才必须具备的基本功。因此，必须学习人力资源管理理论，不断加强继续教育，更新知识，熟悉本专业的新理论、新知识、新技术，熟悉人力资源管理各项业务环节的专门知识，成为人力资源管理的通才。

第二，信息管理业务知识。信息管理业务知识指信息管理的基本原理和方法，以及与信息管理业务活动有关的计算机科学知识和信息技术知识。信息管理学是一门边缘学科，是计算机科学、管理科学、信息科学交叉形成的，涉及社会科学和自然科学的许多领域。要深入学习，综合运用相关知识。

第三，现代科学技术知识。科技的发展使人力资源管理日益科学化、规范化、智能化，应该学会熟练使用计算机进行人力资源管理，学习一些科学基础知识，如高等数学、物理学、化学、电子学微电子技术、办公自动化、仪器设备维护及标准化知识等，特别是要掌握涉及电子人力资源工作方面的应用知识。

第四，现代信息技术知识。信息社会的发展不仅对人力资源管理提出了新的要求，而且使人力资源信息的来源、载体、管理方式、加工方式、传播方式发生了变化，只有具备信息技术方面的知识，才能有效地处理人力资源信息，加强人力资源管理。

第五，管理科学知识。人力资源管理信息化建设是一个系统工程，其实施必须建立在科学管理的基础上。因此，要掌握行政管理、经济管理知识，了解信息论、系统论、控制论知识，提高决策和管理水平。

第六，外语知识。随着网络化的进一步发展扩大，我国用户通过互联网与国际连接，大量的国外信息资源以外文的形式出现在网上。如果不掌握外语这个工具，就不能获得国际化人才信息和国外人力资源管理发展的信息。具备一定的外语水平，才能在信息海洋中迅速而有效地获取有价值的信息资源。特别是在信息和网络时代，全球的信息交流日益频繁和便利，学习外国的先进经验与管理技术，与国际现代化人力资源工作接轨，参与国际学术交流，进行人力资源信息对外交流和服务，都需要熟练掌握一门或多门外语，达到能看、会听、日常对话及一般笔译的水平，以适应人力资源信息国际交流的需要。

人力资源管理信息化必须树立以人为核心的管理思想。如果信息化人才准备不足，势必会极大地影响人力资源管理的发展。因此，当前的首要任务就是要培养合格的信息化人才。

（二）人力资源管理信息化人才队伍的培养对策

信息时代的核心是科技，关键是人才。要培养造就一批人才，形成一支推进人力资源管理信息化的基本队伍。

1. 注重人才队伍建设与加速人才培养

（1）注重人才队伍建设

信息时代迫切要求从领导到员工转变传统的管理理念，领导更要重视电子环境下的人力资源工作，在资金、人员和政策上加大支持力度，以新的方式、新的观念全方位发掘、培养、选拔人才，建立人才库和激励机制。要不拘一格选人才，着重解决人力资源管理信息化人才队伍建设中存在的突出问题，把工作重点放在高层次和紧缺人才上，注重人才队伍建设的整体推进和协调发展。

（2）利用各种途径加速人才培养

人力资源管理信息化建设急需大量的信息技术人才。要加强继续教育，通过委托代培、在职业务学习、专题讲座和学术报告以及业务函授、自修班和专业研究班学习等形式培养人才。要充分利用学校教育，从人力资源管理、信息管理专业的博士、硕士、本科、专科毕业生中选拔人才，为信息化人才队伍输送新鲜血液，不断充实信息化人才队伍。要强化社会教育，通过多种途径和手段，采取有效措施和政策，形成多层次、多渠道、多形式的人才培养体系，培养适应信息化发展的多门类、多层次的信息化人才，使之具有计算机知识和网络知识，熟悉数字化、网络化的环境，成为既精通信息技术又精通业务的复合型人才，在信息化进程中充分发挥作用。还可以制定引进人才的相关政策，创造良好的人才环境，吸引海内外优秀的信息技术人才。

2. 加强信息技术技能训练的培养

在信息化条件下，人力资源管理工作的技术性必然要求人们具备操作计算机等现代办公设备的能力，熟练地运用开发的系统；能运用通信技术，熟悉信息系统软件和网络工具；能运用多媒体技术，提供图、文、音、像一体化的多媒体信息服务。因此，要进行专业人员的知识培训和技能的训练，使之具备现代化的管理知识，了解电子环境下人力资源管理的全过程和发展趋势，掌握应有的信息技术，确保人力资源管理系统更科学、更合理、更高效地发挥作用。

3. 普及信息知识

一流的人才能造就一流的组织，实现人力资源管理信息化，需要人们具有信息观念和信息知识。通过多种方法和手段普及信息知识对提高人们的信息素质至关重要，必将对信息化产生良好的效果和积极的影响。

（1）普及信息知识的具体方法

一是专题讲座。举办专题讲座是提高信息素质的有效途径。主讲者可以是国内著名的信息学专家，也可以是对信息有独到见解和丰富经验的集团和公司领导，还可以是长期从事信息业务的工作人员。主讲内容以信息领域中某一方面知识的深入剖析为主，采取理论与实践相结合的方式，使人们既有感性认识又有理性认识。二是专题研讨。组织相关人员和领导就当前的信息化形势和单位人力资源信息系统现状进行研究和讨论，将有助于掌握更多的信息知识和技能，利于对已有信息资源深层次开发和利用。三是发行手册。用通俗易懂的文字或以图文并茂的形式将信息系统的软硬件操作手册或使用指南编辑成册，既有较广的发行面，又能具有一定的累积性，方便自学和备查。四是参观考察。组织相关人员和领导到信息行业的先进单位参观学习，获取信息，对比找差距，使信息系统更为合理而有效。

（2）普及信息知识的主要原则

第一，简明性原则。信息技术是信息化管理的工具和手段，因此普及信息知识，必须以简明、概括为原则，深入浅出，循序渐进，起到事半功倍的效果。第二，实用性原则。普及信息知识要注重实用性。以使用率高、能直接在工作中运用且具有明显收效的信息内容为主，尽量介绍与目前已建成的可操作的信息软硬件紧密相联的有关信息知识，如因特网的检索与电子邮件的使用等，这样才能增加学习的兴趣，达到学以致用的目的。第三，新颖性原则。进行普及信息知识的活动中，无论是内容还是形式都要与国内外信息化发展趋势、内外部信息环境、信息技术的最新动态保持同步，具有强烈的时代感和鲜明的新颖性，提高学习的效率和水平。第四，层次性。普及信息知识要因人而异，根据人们的知识水平、专业结构、职务职位、业务能力因材施教，做到授其所需补其所短。

4. 强化信息化人才培训

信息化人才的培训，关系到全面、及时地提高人们的素养和知识结构、掌握基本技能与新的技术手段，增强适应不断变化的工作环境、接受新思想、新事物的能力。可以按照信息化人才素质的要求，建立培训机制，有计划、有组织、有目的、多渠道、多形式地开展队伍培训。

（1）信息化人才培训的主要方法

①理论培训。理论培训是提高信息化人才队伍理论水平的一种主要方法。可以采用短训班、专题讨论的形式，学习人力资源管理、信息管理的基本原理以及一些新的研究成果，或就一些问题在理论上加以探讨。可以通过研讨会、辅导、参观考察、案例研究、深造培训，提高对理论问题的认识深度。总之，各级各类组织在具体的培训工作中，要根据单位的特点来选择合适的方法，使培训工作真正取得预期的成效。

②岗位培训。岗位培训是根据岗位职责的需要，以受训对象的知识和实际工作能力与所在岗位现实和未来需要为依据，着重于岗位所需能力的培养和提高。岗位培训为人们不断补充和更新知识与技能，使其知识、技能与人力资源工作的发展保持同步；可以规范业务行为，提高管理的效率，减少工作失误；可以开发人力资源，发现人才、培养人才。

岗位培训的形式主要有：一是鼓励人员参加专业或相关专业的函授教育、自学考试教育、电视教育、网络教育等高等学历教育，系统学习科学文化知识；二是聘请专家、学者讲学，及时接受最新的思维观念、科学技术、管理理论和管理方法；三是在单位内开办培训班，对即将从事工作的人员进行岗前培训，学习组织的人力资源管理规章制度、操作方法；四是鼓励人员利用业余时间自学人力资源管理知识和相关科学文化知识。

（2）信息化人才培训的注意问题

首先，信息化队伍建设要与信息化目标相结合。要清楚地认识到，培训的目的是提高人们的素养和能力，以更好地适应现职务或新职务的要求，保证信息化目标的实现。

其次，充分调动积极性。针对参加培训人员的各自情况决定具体的培训内容，才能产生好的培训效果。应该精心策划培训内容，让每一个参加培训的人员真切地感受到培训是一次难得的机会，能够学到有价值的内容，从而积极主动参加学习。

最后，理论与实践相结合。在培训时，必须注重学以致用，把理论培训与实践锻炼有机结合。只有这样才能有效达到培训目的，培养出既有一定理论水平，又有一定的实践经验，素质和能力都较高的合格信息化人才，形成一支推进人力资源管理信息化的基本队伍。

5. 积极建设梯队的信息化人才队伍

人力资源管理信息化人才队伍建设，应重点突出、目标明确、形成梯队。

（1）信息化人才骨干队伍建设

重点抓好高层次骨干人才的培养，特别要注意发现和培养一批站在世界科技前沿、勇于创新和创业的带头人，具有宏观战略思维、能够组织重大科技攻关项目的科技管理专家及人力资源技术专家。探索新形势下加速信息化人才骨干队伍建设的新思路，把培养信息化人才骨干当成一项至关重要的任务来抓。

（2）青年信息化人才的培养

拓宽视野，不拘一格，注重发现具有潜质的青年人才，为他们提供施展才华的舞台。要重视培养年轻人的创新精神和实践能力，鼓励他们在信息化过程中和工作实践中努力拼搏。大力倡导团结协作、集体攻关的团队精神，努力培养青年人才群体。注意正确处理现有人才与引进人才的关系，创造各类优秀青年人才平等竞争、脱颖而出、健康成长的机制，不断探索培养优秀青年信息化人才的途径。

（3）信息化管理人才的培养

信息化规划的实施与落实，需要引进、开发、投资建设一大批信息资源及网络基础设施。为了保障信息化的快速、稳定、健康发展，需要一批具有较高专业素质的管理人才从事资源及设施的建设、运行、管理及维护工作。信息化管理人才的培养，要考虑队伍的稳定性，培养对象的选择，要注重是否具备较高的政治素质，是否热爱人力资源管理事业，同时在政策上要有良好的激励机制和制约措施。

（4）信息化技术应用型人才的培养

信息化建设的最终目标是要培养具有综合职业能力和全面素质、具有信息化意识，并掌握现代信息技术、计算机技术、通信技术、网络技术的适应现代化建设需要的应用型人才和高素质劳动者。这是检验信息化建设能否服务于人力资源事业体系的建立、服务于人力资源管理现代化、服务于经济和社会发展的标准。

应该充分创造条件，采用多种途径对信息化人才进行培训，尽快普及现代信息技术、计算机技术、通信技术、网络技术的教育，组织人力资源工作者参加社会认可的计算机应用资格证书考试，让更多人参与到信息化建设工作中来。

6. 重视加强信息化人才队伍建设的组织领导

人是社会信息活动的核心，人才问题是信息化的根本保证。从现在起就要有目的、有计划地培育和吸纳优秀人才，为信息化建设准备坚实的人才基础。为了培养综合素质的人才，逐步形成知识结构合理、层次配置齐全的信息化人才队伍，加快信息化建设的步伐，完成时代赋予人们的历史使命，必须加强信息化人才队伍建设的组织领导。

第一，重视人才队伍建设工作的领导。各级人力资源部门和领导干部要真正树立科技是第一生产力和人才是"第一资源"的意识，把信息化人才队伍建设工作摆上重要议事日程，引导人们特别是青年人树立正确的世界观、人生观、价值观，求实创新、拼搏奉献、爱岗敬业、团结协作，努力成为信息化建设的有用人才。

第二，健全人才建设的工作机制。建立和完善信息化人才交流制度，加强各地区、部门之间的联系、沟通，协调有关重要政策的研究、执行和工作部署、落实。

第三，加强人力资源管理部门自身的建设。充实人力资源管理部门的力量，配备高素质人员，并保持相对稳定。提供必要的工作条件，保证工作经费，加强对人员的境内外培训，提高综合素质、服务意识和信息安全意识。重视对人才理论、人才成长规律和管理规律的研究，学习和借鉴国外人力资源开发的经验。

第四，加强督促检查，狠抓落实。抓紧建立一支掌握先进科学技术和管理知识、政治素质好、创新能力强的信息化人才队伍，是事关事业当前和长远发展的根本大计。人力资源部门要结合实际，在抓落实上下功夫。定期对信息化人才队伍建设进行调查研究、督促检查。要进一步提高对人才问题的认识，把人才工作摆到更为重要、更为突出的位置上来，加快创造有利于留住人才和人尽其才的社会环境，切实加大工作力度，努力营造充分发挥人才作用的良好氛围，从而保证信息化目标的实现。

第二节　人力资源管理信息化系统的功能解析

人力资源管理信息系统是由相互联系的各个子系统组成的，子系统之间相互关系的总和构成了人力资源管理信息系统的整体结构。不同的管理层次和工作任务对应不同的系统，要求系统发挥不同的功能。

一、信息处理与服务功能

（一）信息处理功能

人力资源管理信息系统设置标准化计量工具、程序和方法，对各种形式的信息进行收集、加工整理、转换、存储和传递，对基础数据进行严格的管理，对原有信息进行检索和更新，从而确保信息流通顺畅，及时、准确、全面地提供各种信息服务。

1. 数据处理

数据处理涉及设备、方法、过程以及人的因素的组合，完成对数据进行收集、存储、传输或变换等过程。将原始数据资料收集起来，输入计算机，进行文字处理，在机器屏幕上直观、方便地对文字进行录入、编辑、排版、增删和修改，方便地存档、复制、打印和传输，由计算机完成计算、整理加工、分类、排序和分析等信息处理工作，进行数据的识别、复制、比较、分类、压缩、变形及计算活动。数据处理实现信息记录及业务报告的自动化，通过对大批数据的处理可以获得对管理决策有用的信息。

2. 电子表格

人力资源管理信息系统拥有丰富的人力资源数据，具有灵活的报表生成功能和分析功能，能够用软件在计算机上完成制表、录入数据、运算、汇总、打印报表等项工作，十分快捷地得到准确、美观的表格。系统可以直接利用来源于各基本操作模块的基本数据，既以信息库的人力资源数据作为参考的依据，又根据人力资源管理者提供的信息进行综合分析，提供从不同角度反映人力资源状况的信息报表和分析报表。如生成按岗位的平均历史薪资表，员工配备情况的分析表，个人绩效与学历、技能、工作经验、接受培训等关系的统合性分析报表，供日常管理使用和决策参考。报表提供的不是简单的数据，而是依赖于常规的人力资源管理与分析方法，从基本的数据入手，形成深层次的综合数据，反映管理活动的本质，指导管理活动。

3．电子文档管理

运用电子文件处理软件，实现文件的审定、传阅、批示、签发以及接收、办理、反馈、催办、统计、查询、归档等环节的计算机处理。用计算机管理文件材料，完成文件的编目、检索，进行文件信息统计分析，实现利用者的身份确认、签名、验证，办理借阅手续，方便利用者的查找，达到安全管理信息的目的。

4．图形与图像处理

图形处理是利用计算机完成条形图、直方图、圆瓣图和折线图等各种图形的制作，对图形进行剪辑、放大、缩小、平移、翻转等处理，满足不同需求的使用。图像处理是利用计算机将图像转变为数字形式，再用数字形式输出并恢复为图像，主要包括图像数字化、图像增强与复原、图像数字编码、图像分割和图像识别等。

（二）信息服务功能

人力资源管理信息系统的特点，是面向管理工作，收集、存储和分析信息，提供管理需要的各种有用信息，为管理活动服务。

1．整合优化管理

由于现代管理工作的复杂性，人力资源管理信息系统以电子计算机为基础，按照所面向的管理工作的级别，对高层管理、中层管理和操作级管理三个层面展开服务。按其组织和存取数据的方式，可以分为使用文件和使用数据库的服务；按其处理作业方式，可以分为分批处理和实时处理的服务；按其各部分之间的联系方式，可以分集中式和分布式服务。一个完整的管理信息系统，能够针对更多层次的结构，以最有效的方式向各个管理层提供服务，使各层次间结合、协同行动。一方面，进行纵向的上下信息传递，把不同环节的行为协调起来；另一方面，进行横向的信息传递，把各部门、各岗位的行为协调起来。

人力资源管理信息系统，通过各种系统分析和系统设计的方法与工具，根据客观系统中信息处理的全面实际状况，合理地改善信息处理的组织方式与技术手段，以达到提高信息处理的效率、提高管理水平的目的。人力资源管理信息系统是为各项管理活动服务的一个信息中心，具有结构化的信息组织和信息流动，可以按职能统一集中电子数据处理作业，利用数据库构成较强的询问和报告生成能力，有效地改善各种组织管理，提高电子计算机在管理活动中的应用水平。只有这样，管理活动才能成为一个有机的整体，呈现整体化和最优化的局面。

2. 组织结构管理

系统根据相关信息，形成组织结构图，提供组织结构设计的模式。通过职能分析，确定职务、职能、职责、任职要求、岗位编制、基本权限等，形成职务职能体系表，并根据不同职位的职责标准，进行职责诊断。系统根据需要对组织结构及职位关系进行改动、变更，对职位职责、职位说明、资格要求、培训要求、能力要求及证书要求进行管理，配置部门岗位和人员，生成机构编制表，进行岗位评价，实现内部冗余人员和空缺岗位的匹配查询。

3. 人事管理

系统具有对人员档案中的信息进行记录、计算查询和统计的功能，方便人事管理。系统对每个员工的基本信息、职位变更情况、职称状况、完成的培训项目进行维护和管理。记录人事变动情况，管理职员的考勤，形成大量的声音、图像、视频文件及其他各种形式的信息，并保存在信息库中。系统拥有人员履职前资料、履职登记及培训、薪资、奖惩、职务变动、考评、工作记录、健康档案等丰富的信息。可以按照部门人数、学历、专业、院校、籍贯、户口、年龄、性别等进行分类统计，形成详尽的人力资源状况表。系统通过众多的检索途径，可以直接提供满足各种需求的信息利用，在员工试用期满、合同期满时，自动通知人力资源部门处理相关业务。

4. 招聘管理

系统能够为招聘提供支持，优化招聘过程，进行招聘过程的管理，减少业务工作量；对招聘的成本进行科学管理，降低招聘成本；为选择聘用人员的岗位提供辅助信息，有效地帮助进行人力资源的挖掘。

5. 薪资管理

系统可以根据基本数据，在职务职能设计的基础上，进行岗位分析，确定薪酬体系，自动计算单位及各部门的薪酬总额、各种人事费用比例、各级别的薪酬状况，及时形成薪酬报表、薪酬通知单等单据，根据目前的状况对薪酬体系进行自我调整，形成详尽的薪酬体系表和薪级对照表，便于对薪资变动的处理。

6. 绩效考核管理

系统的绩效考核功能，包括考核项目定义、考核方案设置、考核等级定义、考核员工分组定义、考核记录、考核结果。系统根据职务职能设计将人员分成决策层、管理层、基本操作层、辅助运作层等职级，分别设计考评的标准，对月份、季度、年度考核进行统计分析，并与薪酬、奖惩体系等进行数据连接，生成数据提供利用。

7. 培训管理

系统制订培训计划，对培训进行人、财、物的全面统筹规划。在资金投入、时间安排、课程设置等方面实施控制。系统对课程分类、培训计划等提供了基本的模式，根据职位中的培训要求及员工对应的职位，能自动生成培训安排。员工改变职位后，其培训需求自动更改，可直接增加培训计划，也可由培训需求生成培训计划。系统能够获取培训过程中的各种信息材料，有各种培训资料收集途径信息，有大量培训组织机构的信息，逐步形成了专业的培训信息库，使个人的培训档案能够直接与生涯规划紧密联系在一起。系统可以从教师、教材、时间安排、场地、培训方式、培训情景等方面进行综合评估，检查培训的效果。

二、信息事务处理、计划与控制功能

（一）信息事务处理功能

人力资源管理信息系统能优化分配人力、物力、财力等在内的各种资源，记录和处理日常事务，将人们从单调、繁杂的事务性工作中解脱出来，高效地完成日常事务处理业务，既节省人力资源，又提高管理效率。

　　系统在审查和记录人力资源管理实践的过程中，通过文字处理、电子邮件、可视会议等实用技术，以及计算和分析程序，进行档案管理、编制报告、经费预算等活动。集中实现文件材料管理、日程安排、通信等多种作用，辅助人力资源管理者进行事务处理，协调各方面的工作。人力资源管理信息系统的处理事务功能具有以下两个特性：

　　第一，沟通内部与外部环境之间的联系。在内、外部之间架起一座桥梁，确保信息交流渠道的畅通，及时、准确地获取有用的信息，并向外界进行有效的信息输出。

　　第二，系统既是信息的使用者，又是信息提供者。系统与外界环境联系密切，在运行过程中产生并提供信息利用，管理者通过它获取有关组织运转的现行数据和历史数据，从而很好地了解组织的内部运转状况及其与外部环境的关系，为管理决策提供依据。

（二）信息计划与控制功能

　　人力资源管理信息系统的计划功能表现在，系统能体现未来的人力资源的数量、质量和结构方面的信息，针对工作活动中的各种要求，提供适宜的信息并对工作进行合理的计划和安排，保证管理工作的效果。人力资源计划按重要程度和时间划分，有长远规划、中期计划和作业计划等；按内容划分有人员储备计划、招聘计划、工资计划、员工晋升计划等。系统可以对有关信息进行整合，形成完整的人力资源计划，为人力资源管理提供利用。

　　控制是人力资源管理的基本职能之一，而信息是控制的前提和基础。及时、准确、完整的信息可以保证对人力资源管理全过程进行有效的控制，做到指挥得当，快速应变。人力资源管理信息系统能对人力资源管理的各个业务环节的运行情况进行监测、检查，比较计划与执行情况的差异，及时发现问题，并通过分析出现偏差的原因，采用适当的方法加以纠正，从而保证系统预期目标的实现。

三、信息预测功能

　　人力资源管理信息系统不仅能实测现有的人力资源管理状况，而且可以对人力资源管理活动进行科学分析和组织，利用过去的历史数据，通过运用适当的数学方法和合理的预测模型来预测未来的发展情况，对人力资源需求、劳动力市场、未来战略、职业生涯和晋升等做出科学预测。

系统通过对行业信息、人才市场信息等做出测评，针对不同的岗位，按照一定人力资源规划的方法进行综合计算，预测某一时期单位及各职能部门的需求人数，并对人员的学历、资历、专业、工作行业背景、毕业院校等基本素质进行规划，最终自动生成详细的易操作的人力资源规划表，确定新进、淘汰、调动、继续教育的基本目标。对人员、组织结构编制的多种方案，进行模拟比较和运行分析，并辅之以图形的直观评估，辅助管理者做出最终决策。

系统可以制定职务模型，包括职位要求、升迁途径和培训计划。根据担任该职位员工的资格和条件，系统提出针对员工的一系列培训建议，一旦机构或职位变动，系统会提出一系列的职位变动或升迁建议，对人员成本做出分析及预测。

四、信息决策与执行支持功能

（一）信息决策支持功能

当今社会，信息变得越来越重要。真实、准确的人力资源信息是进行决策的坚实基础。所以，人力资源管理信息系统的决策支持功能非常重要。把数据处理的功能和各种模型等决策工具结合起来，依靠专用模型产生的专用数据库，针对某方面具体的决策需要，专门为各级、各层、各部门决策提供人力资源信息支持，可以达到决策优化。

决策支持功能的学科基础是管理科学、运筹学、控制论和行为科学。通过计算机技术、人工智能技术、仿真技术和信息技术等手段，利用数据库、模型库以及计算机网络，针对重要的决策问题，做好辅助决策支持。决策支持功能具备易变性、适应性、快速的响应和回答、允许用户自己启动和控制的特征。

决策支持的类型主要有：专用决策支持，针对专业性的决策问题，如招聘决策、人力资源成本决策，具有决策目标明确、所用模型与程序简单、可以直接在系统中获得决策结果的特点；集成的决策支持，能处理多方面的决策问题，模型、数据库和计算机网络处理的决策问题，具有更强的通用性；智能支持，由决策者把推测性结论与知识库相结合，用来解答某些智能性决策问题。

决策支持面对的是决策过程，它的核心部分是模型体系的建立，提供方便用户使用的接口。人力资源管理信息系统能充分利用已有的信息资源，包括现在和历史的数据信息等，运用各种管理模型，对信息进行加工处理，支持管理和决策工作，以便实现管理目标。它不但能在复杂的迅速变化的外部环境中，提供相关的决策信息，从大量信息中挖掘出具有决策价值的数据、参数和模型，协助决策者制定和分析决策，提高决策质量和可靠性，降低决策成本，而且可以利用各种半结构化或非结构化的决策模型进行决策优化，提高社会经济效益。

决策支持要求提供的数据范围广泛，但对信息的数量和精度方面要求比较低。它通过灵活运用各种数学和运筹学方法，构造各种模型来支持最终的决策。

决策支持主要帮助管理者解决问题，使管理者不受空间和时间的限制，共享系统提供的各种信息。当支持决策的数据变量发生改变时，分析出现变化可能带来的结果，帮助管理者调整决策。

（二）信息执行支持功能

主要服务对象是战略管理层的高级管理人员。它直接面对的是变化无常的外部环境。执行支持只是为决策提供一种抽象的计算机通信环境，而不同于决策支持为决策者提供某种特有的解决问题的能力。执行支持系统能以极低的成本和极快的速度向决策者提供有用的信息，从而保证管理者能进行及时的决策，避免耽误决策时机。为了方便高级管理人员操作，系统往往具有很友好的界面。

第三节 人力资源管理信息系统的开发与风险控制

一、人力资源管理信息系统的开发与建立

（一）人力资源管理信息系统的开发

人力资源管理信息系统都是按照一定的管理思想，借鉴相应的管理理念开发

出来的。人力资源管理信息系统的开发，要考虑系统的要素、系统的管理过程，分析系统开发的要求，在创造各种有利条件的基础上进行开发。

1. 人力资源管理信息系统的要素

人力资源管理信息系统作为实现管理现代化的重要手段，是由相互联系、相互作用的多个要素有机集合而成的，执行特定功能的综合体。

（1）人

人力资源管理信息系统是一个人机系统，人员是系统的重要组成部分，包括数据准备人员与各层次管理机构的决策者以及系统分析、系统设计、系统实施和操作、系统维护、系统管理人员。人力资源管理信息系统的实施，关键在于系统人员的管理，应该将参与系统管理的人员，按照系统岗位的需要进行分工和授权，使之相互配合，协调一致地参与管理过程。明确规定系统的各个岗位的任务、职权和职责，对系统人员承担的任务进行明确的授权；用客观、公正的评价指标和衡量优劣的方法，定期或不定期地对系统人员进行检查和评价；对系统人员进行培训，应使计算机专业人员与管理人员在内容上各有侧重。

（2）硬件系统

硬件主要指组成人力资源管理信息系统的有关设备装置，包括计算机及通信网络、工作站和有关的各种设施，主要进行信息输入、输出、存储、加工处理和通信。计算机是整个系统的核心；通信网络可采用局域网、因特网或其他网络，以适于不同部门、不同区域的需要；工作站可以是简单的字符终端或图形终端，也可以是数据、文字、图像、语音相结合的多功能的工作站。

（3）软件系统

软件系统主要包括系统软件和应用软件两大类。系统软件主要用于系统的管理、维护、控制及程序的装入和编译等工作。应用软件包括指挥计算机进行信息处理的程序或文件等。

（4）数据库

数据库是指数据文件的集合。数据库对各种人力资源的数据进行记录和保存，将这些数据和信息转化成为人力资源管理信息系统可以识别和利用的信息，把所有人力资源信息纳入系统，使不同来源的输入数据得以综合，方便提供必要的利用。数据库的内容包括描述组织和员工情况的数据以及影响人力资源资源管理环境的因素，可以提供对于人力资源计划和管理活动具有广泛价值的多种类型的输出数据。应该把人力资源管理活动中形成的人力资源信息，按照数据库设计的要求转换成数据信息，及时更新、修改和补充新的数据，以便在满足基本业务需求的同时，适应不断增长的业务信息需求。

（5）操作规程

操作规程指的是运行管理信息系统的有关说明书，通常包括用户手册、计算机系统操作手册、数据输入设计手册等。遵循操作规程，整合优化人力资源管理，统一业务处理流程，就可以顺利完成管理信息系统的各项功能，如信息处理、数据维护及系统操作等，从资源规划和整合上优化人力资源管理信息系统。

2. 人力资源管理信息系统的基本环节

一个完善的人力资源管理信息系统，包含信息输入、信息转换、信息输出、信息反馈控制四个基本环节，其核心任务是向各层次的管理提供所需的信息，实现信息价值，体现了人、机、信息资源三者之间的关系。

（1）输入

向人力资源管理信息系统提供原始信息或第一手数据，即为输入。人力资源管理信息系统主要包括两个方面的信息：第一，组织方面的信息，主要是政策、制度、程序、管理活动的真实记录。第二，个人方面的信息，主要是自然状况，性别、年龄、民族、籍贯、健康；知识状况，文化程度、专业、学历、学位、职称、取得的各种资格证书；能力状况，操作技能、管理技能、人际交往能力、组织协调能力、语言表达能力、其他特长；经历，个人承担过的工作、职务、时间，是在个人职业生涯中形成的历史信息；工作状况，所属部门、职位、等级、绩效表现；培训，受过哪些培训、时间、成绩；收入，工资、奖金、福利；心理状况，兴趣、偏好、积极性水平、心理承受能力；家庭状况，家庭成员、家庭职业取向；部门评价，使用意见、综合评价等。系统要完整、准确、及时地记录数据，加快信息更新速度，丰富信息资源。

（2）转换

转换是指对输入的信息进行加工，使其成为对组织更有价值、更方便利用的信息形式。信息的转换要经过信息的分类、信息的统计分析、信息的比较和信息的综合处理等环节，要求确保信息的客观性和提高信息的可用性。系统对获得的原始信息材料做分类加工处理，就可以得到许多能满足需求的有用信息，员工文化素质的结构、年龄结构、业务水平、培训情况等，使信息利用更有效。如输入员工每月的工作时数，就可得到其应发工资数、扣发工资数及实际数等项目。计算机和软件对信息进行转换，形成合成信息、深层次信息、计量模型和统计模型计算的数据，使信息转化为符合利用需要的信息，可以帮助管理者做出科学的决策。用计算机系统进行信息加工，比手工的处理速度更快、更准确。

（3）输出

输出加工处理后的信息成果，用报表、报告、文件等形式提供给系统外部利用，如工资单、招聘分析报告。信息输出的形式因利用者对信息内容和质量的要求不同而有差异。一定要根据存储量、信息格式、使用方式、安全保密、使用权限等方面的要求来确定。人力资源管理信息系统的最终目的是为用户提供技术数据、管理信息和决策支持信息。信息只有经过输出，才能实现价值，发挥作用，变潜在价值为现实价值。系统输出高质量的信息，是管理活动的基础和依据，能够起到辅助管理的作用。

（4）反馈控制

系统将信息输出后，输出的信息对管理活动作用的结果又返送回系统，并对系统的信息再输出发生影响的过程。利用系统提供的反馈信息，可以改变系统参数和重新配置人员，重新确定工作标准、配置人力资源、修订人力资源发展计划。反馈控制确保整个过程的实施，确保系统所预想达到的结果，以提高整个系统的有效性。

3. 人力资源管理信息系统开发的一般要求

人力资源管理信息系统具有复杂的结构形式，既要反映业务活动的特点，又要反映组织结构的特征，而且时间、环境、个体因素都会对其产生影响。因此，进行人力资源管理信息系统的开发要遵循一定的要求。

（1）完整性与集成性

人力资源管理信息系统是基于完整而标准的业务流程设计的，能够全面涵盖人力资源管理的所有业务功能，是用户日常工作的信息化管理平台。对员工数据的输入工作只须进行一次，其他模块即可共享，减少大量的重复录入工作。人力资源管理信息系统，既可作为一个完整的系统使用，也可以将模块拆分单独使用，必要时还能扩展集成为一个完整系统。

（2）易用性

界面友好简洁，直观地体现人力资源管理的主要工作内容，引导用户按照优化的人力资源管理流程进行每一步操作。尽量在一个界面显示所有相关信息，并操作所有功能，使信息集成度高，减少大量对弹出式对话框的烦琐操作。

（3）网络功能与自助服务

能提供异地、多级、分层的数据管理功能，日常管理不受地理位置限制，可在任何联网计算机上经身份验证后进行操作。

为员工与管理者提供基于 Web 的企业内部网络应用，允许员工在线查看企业规章制度、组织结构、重要人员信息、内部招聘信息、个人当月薪资及薪资历史、个人福利累计、个人考勤休假等；注册内部培训课程、提交请假、休假申请，更改个人数据，与人力资源部门进行电子方式的沟通；允许主管人员在授权范围内在线查看所有下属员工的人事信息，更改员工的考勤信息，审批员工的培训、请假、休假等申请，并能在线对员工进行绩效管理；高层管理者可在线查看人力资源配置情况、人力资源成本变动情况、组织绩效、员工绩效等各种与人力资源相关的重要信息。

（4）开放性

提供功能强大的数据接口，轻松实现各种数据的导入导出以及与外部系统的无缝连接。便于引入各类 Office 文档，并存储到数据库中，规范人力资源文档的管理，并增加文档的安全性。能够支持所有主流关系型数据库管理系统以及各种类型的文档处理系统。

（5）灵活性

可方便地根据用户需求进行功能改造，更改界面数据项的显示。具有强大的查询功能，可灵活设置众多条件进行组合查询。支持中英文或其他语种实时动态切换。

（6）智能化

系统的自动邮件功能，可直接批量通过 E-mail 发送信息给相关人员，如通知被录用人员、给员工的加密工资单等，极大地降低管理人员的行政事务工作强度。系统设置大量的提醒功能，以便用户定时操作，如员工合同到期、员工生日等，使人力资源管理变被动为主动，有效地提高员工对人力资源工作的满意度。

（7）强大的报表、图形输出功能

提供强大的报表制作与管理工具，用户可以直接、快速地设计各种所需报表，并能随时进行设计更改。报表可以输出到打印机、Excel 文件或 TXT 文本文件。提供完善的图形统计分析功能（如条形图、圆瓣图、折线图等），输出的统计图形可直接导入 MS Office 文档中，快速形成人力资源工作分析报告。

（8）系统安全

对数据库进行加密，进行严格的权限管理，设定用户对系统不同模块、子模块乃至数据项的不同级别操作权限。建立数据定期备份机制并提供数据灾难恢复功能；建立日志文件，跟踪记录用户对系统每一次操作的详细情况。

4. 人力资源管理信息系统开发的条件

人力资源管理信息系统的开发及运行能够产生巨大的社会经济效益，但是必须具备一定的前提条件，否则不仅不能获益，反而会造成人力、财力、物力和时间的浪费。一般来说，开发人力资源管理信息系统应具备以下四个基本条件：

（1）管理基础坚实

人力资源管理信息系统应建立在科学管理的基础上。可以说，系统的开发过程就是管理思想和管理方法变革的过程。只有在合理的管理体制、完善的规章制度、稳定的工作秩序以及科学的管理方法的基础上，完善人力资源管理运作体系，实现工作规范化、系统化，系统的功能作用才有可能充分发挥。

（2）领导重视

人力资源管理信息系统开发是一项复杂的系统工程，涉及统一数据编码、统一表格形式等多项协调工作，不能仅仅依靠专门技术人员单独实现。从某种程度上说，领导的重视程度可以直接决定人力资源管理信息系统的应用效果，因为在管理信息系统开发与应用的各个时期，对于资源投入、总体规划等全局性的重大问题，需要领导决策。领导要了解人力资源管理信息系统的优势，熟悉计算机基础知识和系统基本操作，重视并积极参与系统开发工作。

（3）相关人员积极参与

要明确规定系统开发相关人员的职责，协调相互之间的关系，充分发挥系统开发人员的作用。

系统开发相关人员要履行自己的职责，积极参与开发。方案设计人员，要具有非常好的计算机技术，熟悉自动化流程业务，负责整个项目的需求分析、方案论证和实施方案的设计。项目实施人员，负责整个系统的开发、测试和安装，保证系统实施过程中的质量，并定期向其他人员通报进展情况。技术服务人员的主要职责是用户的操作指导和培训，做好技术支持。资料员负责提供和保管在系统开发实施过程中需要的各种数据和产生的各种文档。

业务人员主动配合对人力资源管理信息系统的开发与应用同样具有重要作用。在系统开发阶段，需要他们介绍业务、提供数据和信息；在系统建成之后，他们是主要的操作者和使用者。因此，他们的业务水平、工作习惯和对系统的关注与参与程度，将直接影响系统的使用效果和生命力。所以，要充分调动业务人员的积极性，使其能够很好地配合，并主动参与系统的使用和部分开发工作。

（4）紧密结合实际

进行人力资源管理信息系统的开发，要做客观而充分的评估，了解人力资源管理现状，做出系统的预算，决定是否需要引入管理咨询，确定实施系统的范围与边界。既考虑满足当前人力资源管理的需求，又设法确保系统为人力资源管理层次的提升带来帮助。要从实际情况出发，不盲目地贪大求全，准确定位，寻找到合适的解决方案。在功能层面上，根据人力资源管理的实际情况，规划实际有效的、能够产生价值的功能模块，比如招聘、培训发展、薪酬、沟通渠道、绩效管理、福利管理、时间管理、自助服务等。要具备完整的系统运行环境，如服务器、硬件设备、用户服务支持、数据处理和管理、流程控制等。

（5）高水平的专业技术团队

人力资源管理信息系统的开发和运行必须有一支具备合理结构的专业技术人员队伍。队伍的组成包括：系统分析员，主要进行系统开发的可行性研究，做好调查研究，对系统目标、系统功能、系统的效益预测、资金预算、开发步骤与开发方法等进行分析；系统设计员，是系统的具体执行者和组织者，既要懂管理知识、计算机硬件软件知识和经济管理知识，又要具有系统开发实践经验和组织能力，其主要任务是系统功能设计、数据库设计、系统设备配置安排、系统输入与输出设计、代码设计等；数据员，主要负责与业务人员共同收集、整理和输入数据；程序员，既要了解管理业务，又要具有程序编程设计能力。

（二）人力资源管理信息系统的建立过程

随着信息技术与管理现代化的发展，人们越来越意识到人力资源管理信息系统的重要性，运用各种信息技术建立人力资源管理信息系统。完善的人力资源管理信息系统的建立，具有很强的阶段性，应该根据单位一定时期的规模、发展速度、业务范围和地域以及信息化水平，针对各个阶段的特点，确定开发目标，明确各个阶段的主要任务，选择合适的人力资源管理信息系统及其实现形式，建立目标明确的人力资源管理信息系统。

1. 系统规划

系统规划阶段的主要任务是，明确系统开发的目的，进行初步的调查，通过可行性研究，确定系统的逻辑方案。

（1）明确系统创建的目的

根据组织发展战略及现有规模，针对管理的需求，明确系统建立的目的，弄清系统要解决的问题。要对系统进行规划，做好各种人力资源信息的设计和处理方案，确定系统发展的时间安排，建立系统管理的各项规章制度，使管理人员和员工了解人力资源管理信息系统的含义、用途和作用，明确系统目标。

（2）进行系统的调查分析

可以通过对管理现况的初步调查研究，重点加以分析，全面深入地了解业务情况。认识人力资源管理的发展方向和优先次序，找准人力资源管理工作的瓶颈，确定系统的目标和可能涉及的变量，决定人力资源管理信息系统计划的范围和重点。

（3）建立人力资源管理信息系统逻辑模型

分析组织结构及功能，将业务流程与数据流程抽象化，通过对功能数据的分析，建立人力资源管理信息系统的运行模型，制定员工关系管理和人力资源服务模型电子化的目标、策略和实施计划，争取管理层的支持，力争获得资金和其他资源的支持。

2. 系统设计

系统设计阶段的主要任务是确定系统的总体设计方案，划分系统功能，确定共享数据的组织，进行具体详细的设计。系统设计要立足于操作简单、实用，并能真正解决实际的业务问题。

要分析现有的信息，为人力资源管理信息系统提供有效的数据。确定系统中数据的要求、系统最终的数据库内容和编码结构，说明用于产生和更新数据的文件保存和计算过程，规定人力资源信息的格式和处理要求，决定系统技术档案的结构、形式和内容要求，确定人力资源信息系统与其他智能系统的接口的技术要求等。

进行系统设计要优化人力资源管理流程。了解用户的使用体验，明确系统的功能和技术需求，设计功能模块，构建薪酬管理、绩效管理、招聘、培训、人力资源评估、福利管理和不同用户的人力资源自我服务功能，为人力资源管理搭建一个标准化、规范化、网络化的工作平台。通过集中式的信息库、自动处理信息、员工自助服务、外协以及服务共享，可以达到降低成本、提高效率、改进服务方式的目的。必须考虑人力资源管理信息系统的经济、技术操作的可行性，分析软件硬件的选择及配备、系统方案设计的合理性，分析人员组成与素质、人工成本，从成本和收益方面考察方案的科学性。要建立各种责任制度，通过专家与领导对系统进行评审。

3. 系统实施

系统实施阶段的主要任务是执行设计方案，调试系统模块，进行系统运行所需数据的准备，对相关人员进行培训。

（1）配置软硬件

购置硬件要注意选型。员工人数较少的单位可自行开发软件，开发的软件要尽量简单、易用；人数较多，则适宜外购软件或请专家帮助开发。信息时代，人力资源管理从思想到行动都发生着巨大的变化，正在变革中的人力资源管理要求软件能够以不变应万变，适应变化了的需要，解决软件的灵活与操作的简单之间的矛盾，使软件具有生命力。

（2）保障系统的安全

由于现行的人力资源管理信息系统受到网络技术的制约，系统安全问题也就显得尤为重要。要采取切实措施，保证系统内有关员工隐私和保密的数据，免受无访问权限的人获取和篡改。此外，人力资源管理部门对员工绩效评估程序以及薪酬计划的制订等内部机密，也应当得到有效的保护。

（3）系统的日常运行与维护

系统达到可行性分析提出的各项要求，并通过验收后，就可以进入日常运行和维护。系统的日常运行与维护涉及业务部门、人力资源部门和技术部门。业务部门进行日常数据输入，用指标、表格及模型对相关数据进行整合，提出新的信息需求，开展授权范围内的信息处理、查询、决策支持服务，对系统运行提出评价和建议。人力资源部门进行数据使用与更新，根据各部门人力资源配置的新需求，整合信息，进行人力资源管理与决策支持。技术部门进行日常运行的管理与维护，对系统进行修改、补充、评价及检查。

人力资源管理信息系统投入使用后，日常运行和维护的管理工作相当重要。系统的实际使用效果，不仅取决于系统的开发设计水平，还取决于系统维护人员的素质和系统运行维护工作的水平。

要对计算机的硬件、软件系统进行检查，对系统的使用环境进行评估，确定输入-输出条件的要求、运行次数和处理量，提供有关实际处理量、对操作过程的要求以及使用者的教育情况的信息，对人力资源管理信息系统的输入进行控制。

（4）对相关人员进行培训

实现人力资源管理信息系统的良性运行，需要对相关人员进行培训，特别是对人力资源管理者进行培训。既要对人力资源管理人员进行系统应用和简单维护的培训，又要对有机会接触系统的员工进行系统操作方法的培训。培训必须以授权访问系统权限的高低来加以区别。

系统管理人员负责整个系统的运行维护和日常操作指导，其培训的基本内容是：系统的设计方案、系统的安装调试和运行数据的组织、信息环境的配置、基础数据的定义、系统安全和备份、系统运行维护、系统常见问题的解决。

对于一般用户的培训内容主要是：人力资源管理信息系统的基本理论、各模块功能的基本操作、常见问题的处理。

4. 系统评价

系统评价阶段的主要任务是针对系统日常运行管理的情况，实施推广和综合评估，从而进行信息反馈和系统改进。系统评价主要包括以下四个方面的内容：

第一，系统运行一般情况的评价。分析系统的运行效率、资源利用率及系统管理人员利用率情况，判断对系统管理、服务改进的空间，评估各项业务需求是否按照高质量、高效率完成，最终用户是否对系统满意。

第二，技术应用情况评价。对系统应用、技术支持和维护进行评估，分析系统的数据传递与加工速度是否协调，系统信息是否能够满足信息需求，外围设备利用率、系统负荷是否均匀，系统响应时间是否符合要求。

第三，效果评价。对系统的整体效果进行评估，分析提供信息的数量、质量是否达到要求，是否及时、准确地根据需求提供信息服务，提供的信息报表、管理参数的利用率及对管理决策的支持效果。

第四，经济评价。对运行费用和效果进行检查审核，评估系统的运行费用是否在预算控制范围内，考虑实施系统后带来的收益和成本比。

系统评价的目的是健全和完善人力资源管理信息系统。应该根据评价结果，对系统的某些方面进行改进、调整，开发新的功能和流程。要根据系统的需要，确定有关管理部门和管理人员对信息的特殊要求。对与人力资源管理信息系统有关的单位，提出保证系统信息安全的建议，不断优化人力资源管理信息系统流程，使人力资源管理信息系统充分发挥效能。

二、人力资源管理信息系统的应用效果与风险控制

（一）人力资源管理信息系统的应用效果

1. 全面人力资源管理

企业人力资源管理系统是一种适合多种人力资源管理解决方案的开放式平台：由用户自行定义多种信息数据项目；实现业务流程自定义与重组；管理工具以组件的形式灵活组配；通过战略模块控制不同层次的业务活动。通过提供人力资源管理的全员参与平台，使人力资源管理工作从高层管理者的战略设定、方向指导，到人力资源管理部门的规划完善，再到中层经理的参与实施，最终到基层员工的自主管理，形成一个统一立体的管理体系。

2. 业务模式清晰，界面友好灵活

企业人力资源管理系统为一般员工、直线经理和人力资源管理者等提供个性

化的人力资源管理业务操作窗口，以事件和流程为中心规划业务进程，使琐碎的业务活动变得清晰明了。针对每个操作员，该系统都能够定义其菜单的组织方式与个性化的名称，并且能够集成其他系统的应用，为每个操作员提供一体化、个性化的操作环境与应用平台。

3. 系统开放，转换灵活

企业人力资源管理系统通过客户化平台提供各种不同系统接口，实现系统的开放和灵活，提供包括 Word、Excel、TXT、DBF 等不同格式的数据导入导出接口，方便于不同格式数据的灵活转换。

4. 强大的查询、统计和分析功能

企业人力资源管理系统提供查询模板、查询引擎、数据加工厂、查询统计、报表工具等不同的查询、统计、分析工具，同时根据规则进行结构分析、变化趋势分析等工作，实现强大的数据组合分析功能，实现决策支持。

5. 辅助支持功能

企业人力资源管理系统在"政策制度管理"中提供对国家和地方的政策法规等的分类检索和管理维护，给员工和人力资源管理者提供辅助支持，实现人力资源管理透明化。

6. 信息共享，灵活对接

作为企业信息系统的核心平台，通过可扩展平台实现人力资源管理系统与其他相关系统的对接，外部系统人力资源数据的共享，以及随着信息化发展存在的复杂的系统对接，从根本上扭转了相对独立的各系统之间信息无法共享的弊端。同时，所有信息由专人进行维护，并通过制定相应的信息浏览、调用和修改权限，保证了系统相应的子模块信息只能在权限范围内被正确使用，从而实现信息的及时、准确、安全。

7. 纵向管理，高效便捷

通过开发人力资源管理系统，逐步实现企业人力资源管理上下一条主线，充分发挥企业人力资源部门与各分子公司人力资源部门工作的指导、协调和沟通作用。

（二）人力资源管理信息系统建设的风险控制建议

信息化人力资源管理建设的风险存在于整个项目的推进过程中，针对系统实施提出几点能有效控制风险的建议：

第一，项目组织保证。信息化人力资源管理建设工作是一项多方参与、共同完成的项目，为了保障项目规范化运作，需要设置相适应的组织机构，进行合理的人员分配，建立有效的沟通机制。

第二，项目制度建设。信息化人力资源管理的信息存在安全性和保密性高的特点，需要建立一整套相关制度，如系统管理部门、运行范围界定、操作人员等级权限划分、安全操作注意事项、违纪违规处理等。严格按运行规则操作，保障系统安全稳定。

第三，培训工作。培训工作主要分为计算机网络技术和人力资源管理业务。可以按员工职能和工作授权的不同，有针对性地安排不同内容的培训，保障信息化人力资源管理系统的正常运转。

第四，预算控制。信息化人力资源管理建设的预算主要包括硬件、软件和实施三方面。在项目规划之初，做好预算管理工作，明确项目推进过程中各阶段的费用，并严格按照预算管理。

信息化人力资源管理建设是个复杂的管理过程，所以应从组织建设、规章制度、培训教育、财务控制等多方面进行持续性的保障与监管。

参考文献

［1］罗哲，段海英. 人力资源开发与管理［M］. 成都：四川大学出版社，2022.

［2］欧阳帆，南锐. 应急人力资源开发与管理［M］. 北京：应急管理出版社，2022.

［3］冯拾松，李菁羚. 人力资源管理与开发［M］. 北京：高等教育出版社，2022.

［4］赵大伟，刘慧芳，倪梦琳. 培训与人力资源开发［M］. 北京：北京理工大学出版社，2022.

［5］张燕娣. 人力资源培训与开发［M］. 上海：复旦大学出版社，2022.

［6］白永亮，陈冠君. 人力资源服务业管理理论与实务［M］. 北京：北京首都经济贸易大学出版社，2022.

［7］范围. 人力资源管理理论与实务［M］. 北京：北京首都经济贸易大学出版社，2022.

［8］刘俊宏，刘慧玲，叶梁俊. 人力资源管理［M］. 成都：西南财经大学出版社，2022.

［9］梁金如. 人力资源优化管理与创新研究［M］. 北京：北京工业大学出版社，2022.

［10］王铮，杨夏薇，潘元. 人力资源开发与薪酬绩效管理研究［M］. 北京：中国纺织出版社，2021.

［11］孙茜. 现代人力资源管理与开发研究［M］. 长春：吉林教育出版社，2021.

［12］郎虎，王晓燕，吕佳. 人力资源管理探索与实践［M］. 长春：吉林人民出版社，2021.

［13］李蕾，全超，江朝虎. 企业管理与人力资源建设发展［M］. 长春：吉林人民出版社，2021.

［14］孙鹏红. 现代人力资源管理优化研究［M］. 长春：吉林人民出版社，2021.

［15］李燕萍，李锡元. 人力资源管理［M］. 武汉：武汉大学出版社，2020.

［16］黄建春. 人力资源管理概论［M］. 重庆：重庆大学出版社，2020.

［17］朱舟. 人力资源管理 第 3 版［M］. 上海：上海财经大学出版社，2020.

［18］宋岩，彭春凤，臧义升. 人力资源管理［M］. 武汉：华中师范大学出版社，2020.

［19］潘颖，周洁，付红梅. 人力资源管理［M］. 成都：电子科技大学出版社，2020.

［20］张景亮. 新时代背景下企业人力资源管理研究［M］. 长春：吉林科学技术出版社，2020.

［21］傅航. 基于创新视角下人力资源管理的多维探索［M］. 北京：北京工业大学出版社，2020.

［22］郭冬霞，丁宁. 人力资源开发与管理［M］. 延吉：延边大学出版社，2019.

［23］王晓莹，刘召山，霍柯言. 人力资源开发与管理［M］. 长春：吉林科学技术出版社，2019.

［24］陈维政，程文文，廖建桥. 人力资源管理与开发高级教程版［M］. 北京：高等教育出版社，2019.

［25］徐大丰. 项目管理视角下人力资源开发研究［M］. 北京：九州出版社，2019.

［26］田斌编. 人力资源管理［M］. 成都：西南交通大学出版社，2019.

［27］祁雄，刘雪飞，肖东. 人力资源管理实务［M］. 北京：北京理工大学出版社，2019.

［28］蒋俊凯，李景刚，张同乐. 现代高绩效人力资源管理研究［M］. 北京：中国商务出版社，2019.

［29］周艳丽，谢启，丁功慈. 企业管理与人力资源战略研究［M］. 长春：吉林人民出版社，2019.

［30］闫培林. 人力资源管理模式的发展与创新研究［M］. 南昌：江西高校出版社，2019.

［31］陈昭清. 现代企业人力资源管理研究［M］. 北京：中国商务出版社，2019.

［32］李娟. 人力资源服务产业与企业管理［M］. 长春：吉林出版集团有限责任公司，2019.